Stormie Omartian
Seine KRAFT hat mich stark gemacht
Die Geschichte meines Lebens

STORMIE OMARTIAN

Seine KRAFT hat mich stark gemacht

Die Geschichte meines Lebens

Aus dem amerikanischen Englisch
von Susanne Naumann und
Sieglinde Denzel

SCM

Stiftung Christliche Medien

Der SCM Verlag ist eine Gesellschaft der Stiftung Christliche Medien, einer gemeinnützigen Stiftung, die sich für die Förderung und Verbreitung christlicher Bücher, Zeitschriften, Filme und Musik einsetzt.

© der gekürzten deutschen Ausgabe 2017
SCM-Verlag GmbH & Co. KG · Max-Eyth-Straße 41 · 71088 Holzgerlingen
Internet: www.scm-verlag.de; E-Mail: info@scm-verlag.de

Originally published in English under the title: *Out of Darkness*
Copyright © 2015 by Stormie Omartian
Published by Harvest House Publishers
Eugene, Oregon 97402
www.harvesthousepublishers.com

Soweit nicht anders angegeben, sind die Bibelverse folgender Ausgabe entnommen:
Neues Leben. Die Bibel, © der deutschen Ausgabe 2002 und 2006 SCM-Verlag GmbH & Co. KG, Witten.
Weiter wurden verwendet:
Bibeltext der Schlachter Bibelübersetzung. Copyright © 2000 Genfer Bibelgesellschaft. Wiedergegeben mit der freundlichen Genehmigung. Alle Rechte vorbehalten.

Übersetzung: Susanne Naumann (SuNSiDe)
Umschlaggestaltung: Kathrin Spiegelberg, Weil im Schönbuch
Titelbild: Michael Gomez, Nashville, Tennessee
Satz: Satz & Medien Wieser, Stolberg
Druck und Bindung: CPI books GmbH, Leck
Gedruckt in Deutschland
ISBN 978-3-7751-5767-4
Bestell-Nr. 395.767

Inhalt

Dank 7
Vorwort 8
Flucht 12
Abstieg 29
Ein Leben in Finsternis 38
Endgültige Hoffnungslosigkeit 53
Verpasste Chancen 67
Tödliche Entscheidungen 80
Wahrheit ohne Freiheit 95
Das wahre Licht 102
Nicht schuldig 110
Begegnung mit dem Erlöser 117
Die Schlüssel zum Gottesreich 134
Der Schritt aus der Dunkelheit 141
Vom Opfer zur Täterin 146
Ein unvorstellbares Wunder 157
Verborgene Unversöhnlichkeit 169
Friede über alles Verstehen 177
Verfolgt 197
Aufbruch ins Gelobte Land 203
Das große Beben 212
Die Umkehr 217
Zwischen Leben und Tod 225
In Gesundheit und Krankheit 236
Ein sicherer Ort 243

Dank

Ich danke meinem Mann Michael Omartian für seine Treue zu Gott und zu mir.

Ich danke meinen Gebetspartnern Suzy, Susan und Roz, die seit mehr als dreißig Jahren mit mir zusammen beten, für all ihre Fürbitten für mich und meine Familie. Ich würde gerne darum beten, dass euch die Segnungen, die ich durch euer unbeirrbares Beten erlebt habe, hundertfach vergolten werden, aber ich möchte Gott mit dieser Zahl keine Grenze setzen!

Ich danke meinem Sohn Christopher, meiner Schwiegertochter Paige, meiner Tochter Amanda und meinem Schwiegersohn Dallas für ihre Liebe und Unterstützung. Und ich danke meiner Enkelin Scarlett Grace für die große Freude, die sie mir und meiner Familie immer wieder bereitet. Ich liebe euch alle mehr, als ich sagen kann.

Und schließlich danke ich Bob Hawkins, LaRae Weikert, Tim Moore, Terry Glaspey und den anderen Mitarbeitern von Harvest House Publishers für ihre unermüdliche Hilfe.

Mein besonderer Dank gilt L. Rae, T. Glass und B. Hawk für alle die einzigartigen Gelegenheiten, bei denen wir miteinander über die Zukunft gesprochen und darüber nachgedacht haben, wie wir Gott am besten dienen können. Eure Freundschaft ist seit 30 Jahren eine Quelle der Freude und Ermutigung.

Vorwort

Liebe Leserin, lieber Leser,
in den ersten dreißig Jahren meines Lebens war ich überzeugt, dass kein Mensch auf der ganzen Welt mehr Narben auf der Seele haben konnte als ich. Inzwischen weiß ich, dass das nicht stimmt. Kaum hatte ich angefangen, Bücher zu schreiben und mit meiner Geschichte an die Öffentlichkeit zu gehen, kamen die Menschen auf mich zu und offenbarten mir ihre eigenen, der meinen so ähnlichen Geschichten aus den verborgensten Winkeln ihrer Seele. Viele dieser Geschichten waren unfassbar grausam. Meine Annahme, ich sei der einzige Mensch mit solchen Verletzungen, war grundfalsch gewesen.

Früher wurde über derlei Dinge nicht gesprochen. Sie wurden verschwiegen, weil man fürchtete, bei den anderen keinen Glauben zu finden oder sogar die Schuld oder doch eine Teilschuld an dem Widerfahrenen zugesprochen zu bekommen. Im Hinblick auf seelisches Leid befanden wir uns damals noch im finstersten Mittelalter. Zwar leben wir, was das betrifft, auch heute noch nicht im Zeitalter der Aufklärung, aber es ist doch schon einiges sehr viel besser geworden.

Zu seelischen Verwundungen kommt es nicht nur in der Kindheit. Ein Mensch kann eine wunderbare Kindheit haben und dennoch später im Leben durch die Grausamkeit anderer, durch eigene Fehler oder schlicht und einfach durch schicksalhafte Ereignisse Narben davontragen. Doch was auch immer der Grund für diese Narben ist: Diese Menschen müssen aus der tiefen Dunkelheit, in der sie leben, herausgeholt werden.

In diesem Buch erzähle ich davon, wie ich darum gekämpft habe, meine Vergangenheit zu überwinden. Ich wollte frei sein von der seelischen Verletzung, die ich wegen der Misshandlungen, die ich in meiner Kindheit erlitten hatte, mit mir trug. Und ich wollte niemals ein Mensch sein, der selbst Kinder misshandelt. Jeder Mensch trägt Verletzungen mit sich. Ganz gleich, welcher Schmerz, welche Enttäuschung, welche Lebensumstände Sie ins Dunkel gestürzt haben: Es gibt einen Weg, der Sie wieder ins Licht führt und heil macht.

Dabei geht es nicht darum, anderen die Schuld an dem zu geben, was in unserer Vergangenheit passiert ist. Zum Heilungsprozess gehört es auch, die Verletzungen loszulassen und selbst die Verantwortung für unser Leben zu übernehmen. Wir müssen weitergehen. Mein Ziel ist es, Ihnen die Quelle meiner Heilung zu zeigen.

Da es sich um eine wahre Geschichte handelt, habe ich manche Namen geändert. (Diese wurden mit * gekennzeichnet.)

Ich habe bereits 1986 in *Stormie* über die ersten fünfunddreißig Jahre meines Leben berichtet. Damals begann ich das Buch mit dem Wendepunkt in meinem Leben. Meine neue Biografie setzt dagegen mit der tiefen Finsternis ein, in der ich lebte und die dazu führte, dass ich meinen Zustand erkannte und Hilfe fand. Das meiste von dem, was in den siebenunddreißig Jahren danach geschah, habe ich noch öffentlich erzählt. Nun ist es an der Zeit, die ganze Geschichte zu erzählen. Ich möchte damit zeigen, dass man den Weg aus der Dunkelheit heraus finden kann, wenn man sie erst einmal erkannt hat.

Wir alle haben uns schon einmal in einer solchen dunklen Lebensphase befunden. Es gibt so unvorstellbar viele Menschen, die ähnliches oder schlimmeres emotionales Leid als ich erfahren haben. Ich erzähle meine Geschichte, damit auch Sie aus der Dunkelheit den Weg der Heilung finden, die Sie erwartet. Ich hatte diese Heilung damals verzweifelt nötig und ich habe sie gefunden. Und ich erlebte eine Verwandlung, die ich mir nie hätte träumen lassen. Wenn mir das gelungen ist, gelingt es auch jedem anderen, der es wirklich versucht.

Ich bete dafür, dass dieses Buch meinen Leserinnen und Lesern Heilung, Befreiung, Erneuerung und Verwandlung bringt und ihnen zeigt, dass Gott ihrem Leben einen Sinn gegeben hat. Ich wünsche ihnen allen auf diesem Weg Gottes Segen.

In Liebe
Stormie Omartian

Der, der das wahre Licht ist, das alle Menschen erleuchtet, sollte erst noch in die Welt kommen.

Johannes 1,9

Flucht

Rasch lief ich an dem Wachmann vor dem Eingang des riesigen CBS-Gebäudes vorbei. Er kannte mich seit Jahren und winkte mich schon lange einfach durch. Dann fuhr ich mit dem Aufzug nach oben und ging den langen Flur hinunter auf die riesige Tonbühne, wo *The Glen Campbell Goodtime Hour* aufgezeichnet wurde, und prallte beinahe mit dem Regisseur zusammen.

»Tut mir leid, dass ich mich verspätet habe, Jack«, entschuldigte ich mich, wie schon so oft.

»Du arbeitest zu viel, Stormie«, ermahnte der Regisseur mich streng, aber trotzdem liebenswürdig. Er wusste, dass ich an den drei Tagen in der Woche, in denen ich nicht bei der *Glen Campbell Goodtime Hour* auftrat, bei einer anderen lokalen Fernsehproduktion mitarbeitete, was bedeutete, dass ich so gut wie keine Freizeit hatte. Er sah mich an, als zweifle er an meinem Verstand. Sein Verhalten mir gegenüber war stets von einer väterlichen Güte geprägt, die ich sehr zu schätzen wusste.

Ich mochte nicht zugeben, dass ich zu unsicher war, um irgendeine Arbeit abzulehnen, und nahm Zuflucht zu einem Scherz: »Sie lassen mir keine Ruhe, Jack. Blonde Dummchen sind dieses Jahr sehr angesagt, weißt du?«

Er umarmte mich kurz und sagte dann: »Geh schnell in die Maske. Cher ist krank und kann den Sketch mit Glen nicht machen. Du musst für sie einspringen.«

»Was!«, rief ich überrascht. Mit einem Schlag hatte ich fürchterliches Lampenfieber.

»Du bist so groß wie sie, ihr Kostüm wird dir passen«, meinte er zuversichtlich. »Außerdem lernst du schnell, du wirst also keine Probleme mit dem Text haben. Und nicht zuletzt hast du ihnen schon oft bei den Proben zugesehen und kennst die Einsätze.«

Jacks Vertrauen in mich überraschte mich immer wieder. Trotzdem fragte ich: »Und was ist mit meinem eigenen Sketch mit Glen?«

»Du schaffst beides. Chers Garderobiere hilft dir beim Umziehen. Ich schicke jemand rüber, der den Text mit dir durchgeht, sobald du in der Maske fertig bist.«

Eigentlich war ich ursprünglich als eine der vier Sängerinnen und Tänzerinnen in Glens Show angeheuert worden, doch inzwischen spielte ich auch in Sketchen mit.

Ich lief in die Maske und ließ mich in den Stuhl des Visagisten fallen. »Ich brauche ein Wunder, Ben. Ich soll heute den Star spielen, und dafür musst du mich schön machen«, erklärte ich lachend.

Ben Nye und sein Vater waren ausgezeichnete Maskenbildner, beide hatten einen hervorragenden Ruf in der Branche. Ich brauchte mir also keine Sorgen zu machen. Müde schloss ich die Augen und versuchte, ruhig zu atmen und mich zusammenzureißen. Es war erst acht Uhr morgens und ich war bereits völlig erschöpft. Ich machte zwei Fernsehshows in der Woche und jede freie Stunde dazwischen war mit Aufzeichnungen und Werbesendungen ausgefüllt. Ich war geradezu besessen von meiner Arbeit, denn sie half mir, die negativen Empfindungen im Zaum zu halten, die mich ständig umtrieben und mein Leben bedrohten: das tiefe Gefühl der Unzulänglichkeit, die Furcht, irgendwann hungrig und obdachlos auf der Straße zu sitzen, die Depressionen und die Angst.

Ich kämpfte praktisch jeden Tag mit Depressionen. Die meiste Zeit meines Lebens, spätestens seit meinem dreizehnten Lebensjahr, erwachte ich morgens mit dem Gedanken: *Soll ich mich heute umbringen oder schaffe ich noch einen Tag?* Auch heute Morgen um fünf war es so gewesen. Als mein Wecker klingelte, blieb ich im Bett. Ich konnte mich nicht rühren und versuchte, zu einem Entschluss zu kommen. *Du hast eine Aufgabe*, sagte ich mir. *Du wirst einen großartigen Sketch mit Glen Campbell machen. Die Proben sind gut gelaufen.*

Schließlich entschied ich mich. *Nein, heute kann ich mich nicht umbringen. Wenn ich mich bewähre, entdeckt vielleicht jemand mein Talent. Dann werden mich alle mögen und es wird mir richtig gut gehen.* Heute Morgen hatte ich nur ein paar Minuten gebraucht, bis ich aufstehen konnte, doch manchmal dauerte es Stunden. Leider hielt ich mich immer nur für so gut, wie mein letzter Auftritt gewesen war. Wenn ein Auftrag beendet war, war es auch mit dem guten Gefühl für mich selbst und mein Leben zu Ende.

»Du siehst großartig aus!«, sagte Ben, während er zum Abschluss noch meine falschen Wimpern tuschte.

»Und du bist ein Genie, Ben.« Ich lächelte ihm dankbar zu und ging in Chers Garderobe. Es war die Nobelgarderobe mit dem großen Stern. Die Crew hatte Chers Namen abgenommen und einen Zettel mit meinem Namen an die Tür geklebt. Ich musste lachen, aber ich wusste ihre Unterstützung zu schätzen. Ich bewunderte Cher, die damals Anfang zwanzig war. Für mich war sie eine der schönsten Frauen, die ich je gesehen hatte. Es tat mir leid, dass sie krank war, aber gleichzeitig war ich begeistert, für sie einspringen zu dürfen.

»Hi, Maggie«, begrüßte ich die Garderobiere.

»Stormie, wir sind spät dran.« Ihre Sorge galt nicht nur mir. Jacks Zeitplan war äußerst knapp und die Garderobiere war dafür verantwortlich, dass der Star fertig angezogen zum richtigen Zeitpunkt auf dem richtigen Platz auf der Bühne stand. Eine Assistentin brachte mir meinen Text. Maggie half mir beim Ankleiden, während ich ihn rasch durchlas.

»Die Besetzung für die erste Szene sofort auf die Bühne«, verkündete der Regieassistent über Lautsprecher genau in dem

Moment, in dem Maggie den Reißverschluss meines Kostüms schloss. »Passt perfekt«, sagte sie strahlend.

Ich lief an meinen Platz vor der Kamera, der durch ein Stückchen blaues Klebeband auf dem Boden gekennzeichnet war.

Glen Campbell kam herein und umarmte mich fest. »Wie geht es dir heute Morgen?«, fragte er lächelnd.

»Großartig!«, log ich. »Sehe ich aus wie Cher?« Ich fuhr mir nervös mit den Händen durch mein langes blondes Haar und blinzelte mit meinen blauen Augen. Im Vergleich zu der dunkeläugigen, schwarzhaarigen Schönheit fühlte ich mich wieder einmal schrecklich unzulänglich.

»Du siehst fantastisch aus!«, meinte Glen in seiner üblichen liebenswürdigen, ermutigenden Art. Er war ein wunderbarer Chef. Ich bewunderte nicht nur sein Talent, sondern auch ihn als Mensch.

»Kameras bereit? Fünf, vier, drei, zwei, eins … Action!«

Ich kannte die Einsätze noch genau und mithilfe von Stichwörtern kam ich fehlerfrei durch meinen Text.

»Großartig!«, erklang Jacks Stimme über den Lautsprecher. »Noch einmal und wir haben es. Gute Arbeit, Stormie. Ich wusste, dass du es schaffst!« Ich freute mich über sein Lob und fragte mich gleichzeitig, warum ich selbst nie stolz auf meine Leistung sein konnte.

Als ich später auf dem Rückweg in die Garderobe war, sagte eine der anderen Sängerinnen zu mir: »Das Kostüm steht dir blendend, Stormie. Schade, dass du nicht auch Chers Stimme hast.«

»Ja, und ihr Geld«, antwortete ich lachend, damit sie nicht merkte, wie verletzt ich war.

Es mochte eine völlig unschuldige Bemerkung gewesen sein, doch sie rief mir ein weit zurückliegendes Ereignis ins Gedächtnis. Eine unerklärliche Angst schnürte mir die Brust zusammen und tief in meinem Bauch stieg ein krampfartiger Schmerz auf, bis hoch in meine Kehle, sodass ich nicht mehr sprechen konnte.

Ich bekam kaum noch Luft und hatte das Gefühl, ersticken zu müssen. Jetzt musste ich so schnell wie möglich irgendwohin, wo ich allein war, in einer Toilette, einer Garderobe oder einem leeren Probensaal.

»Ich bin gleich wieder da, Maggie«, würgte ich noch heraus, dann rannte ich an ihr vorbei in die Toilette für die Schauspielerinnen.

Drinnen schloss ich die Kabinentür ab und ließ mich gegen die Wand fallen. Dabei kämpfte ich gegen ein krampfhaftes Schluchzen an, das mich zu überwältigen drohte. Die Bauchschmerzen wurden so schlimm, dass ich nur noch sterben wollte. Als ich mich endlich so weit gefasst hatte, dass ich wieder hinausgehen konnte, tat ich, als sei nichts geschehen. Die Fassade zu wahren, war mir immer das Allerwichtigste.

»Alles in Ordnung, Süße?«

»Klar, Maggie. Mir war nur kurz ein bisschen übel«, antwortete ich und ging mit einem Lachen über das Ganze hinweg.

Ich atmete auf, obwohl ich innerlich noch immer zitterte. Doch es war mir wieder einmal gelungen, meine Panikattacken vor den anderen zu verbergen. Diese Anfälle waren der Grund, weshalb ich niemand nah an mich heranließ. Wie sollte ich mein Verhalten einem anderen erklären, wenn ich es selbst nicht verstand? Meiner Ansicht nach rührten die Panikattacken daher, dass ich irgendwie seltsam war – eine Außenseiterin eben. Wenn ich engere Freundschaften zugelassen hätte, hätte eines Tages jemand Zeuge eines solchen Anfalls werden können –, und eine Zurückweisung hätte ich nicht ertragen. Außerdem waren in meinen Augen alle anderen perfekt und ich konnte im Vergleich mit ihnen nur verlieren. Je besser ich einen Menschen kennenlernte, desto stärker musste ich mich mit ihm vergleichen und desto deutlicher wurden mir meine vielen Mängel. Deshalb hielt ich es für besser, die anderen auf Abstand zu halten.

Nach einer weiteren Kostümprobe nahmen wir gegen fünfzehn

Uhr eine Livesendung mit Studiopublikum auf. Alles ging glatt und ich war sehr erleichtert.

»Gute Arbeit, Stormie«, rief mir ein strahlender Jack auf dem Weg nach draußen zu. »Wir sehen uns dann in ein paar Wochen.«

»In ein paar Wochen?«, fragte ich. Doch bevor er antworten konnte, fuhr ich fort: »Ach so, ja. Die zweiwöchige Pause, weil Glen nicht da ist. Klar. Bis dann.«

All mein Mut verließ mich. Bei der anderen Fernsehsendung, in der ich auftrat, war gerade eine dreizehnwöchige Staffel zu Ende gegangen. Das bedeutete, dass ich die nächsten vierzehn Tage gar keine Arbeit hatte. Schon der Gedanke ängstigte mich zu Tode. Wenn ich nicht arbeitete, kam ich überhaupt nicht mehr aus meinen Depressionen heraus. Ich hatte festgestellt, dass mir Drogen halfen, und in den späten Sechzigerjahren waren sie auch leicht erhältlich – im Grunde genommen war es schwieriger, sie zu meiden, als sie zu konsumieren. Auch psychedelische Drogen waren weit verbreitet, doch wer sie nahm, rastete regelmäßig aus und nicht wenige landeten sogar in der Psychiatrie. Daher wollte ich kein LSD nehmen, die Gefahr, dass ich in eine solche Klinik eingewiesen wurde, war auch so schon groß genug. Kokain kam für mich ebenfalls nicht infrage. Ich hatte immer noch meine Grundsätze. Mir reichte schlichtes Marihuana.

Ich hatte herausgefunden, dass ich mit dem Leben zurechtkam, solange ich entweder arbeitete oder high war. Dabei achtete ich sorgfältig darauf, beides nicht zu vermischen. Ich war viel zu sehr Profi, um etwas so Dummes zu tun, wie während der Arbeit zu trinken oder Joints zu rauchen. Meine Arbeit bedeutete mir viel zu viel; ich hätte sie nie wegen so etwas aufs Spiel gesetzt.

In jener Nacht nahm ich ein paar Schlaftabletten und ging ins Bett, voller Angst vor dem nächsten Tag. Wie erwartet, wachte ich am späten Vormittag auf und dachte: *Du taugst nichts. Warum bringst du dich nicht um?*

Gestern warst du ganz in Ordnung, aber das war gestern, noch einmal wirst du bestimmt nicht eine solche Leistung bringen.
Du wirst überhaupt nie mehr irgendetwas zustande bringen.
Wen willst du hinters Licht führen? Alle wissen doch, dass du zu nichts taugst.
Du bist ein Nichts, ein Niemand.
Langsam, unausweichlich senkte sich die Depression über mich wie eine dicke, schwere Decke. Als ich mich nicht mehr gegen sie wehren konnte, wusste ich, dass ich im Begriff war, in eines meiner »schwarzen Löcher« zu fallen.

Die beiden nächsten Wochen funktionierte ich kaum noch. Ich lag im Bett, konnte weder lesen noch fernsehen und stand nur für die allernötigsten Verrichtungen kurz auf. Das Einzige, was mich aus diesem Loch hätte herausholen können, wäre ein Anruf mit einem Jobangebot gewesen. Doch es rief niemand an.

Als die Arbeit für *The Glen Campbell Goodtime Hour* wieder aufgenommen wurde, kehrte ich mit den üblichen gemischten Gefühlen zu CBS zurück. Ich konnte es kaum erwarten, wieder zu arbeiten, litt jedoch unter der ständigen Angst, dass irgendjemand meine Unfähigkeit und meine Ängste bemerken könnte. Am Tor winkte ich dem Wachmann zu. »Hattest du einen schönen Urlaub, Stormie?«, rief er.

»Großartig!«, antwortete ich. »Nur viel zu kurz!«

»Schon klar«, sagte er und lachte. Ich lachte mit. Wieder einmal war es mir gelungen, mein wahres Ich zu verstecken.

Ein paar Wochen später war ich bei meinem Freund Rick* und backte ein Blech Brownies – mit einer beträchtlichen Menge Marihuana, die er dem Teig beigemischt hatte. Rick aß ein paar, den Rest verzehrte ich. Schokolade war eine meiner großen Schwächen, und wenn ich erst einmal angefangen hatte, konnte ich nicht aufhören, bis alles weg war.

Wenn man Marihuana isst, wird man langsamer high, als wenn man es raucht, doch dafür hält die Wirkung umso länger an. Ich hatte nicht darauf geachtet, wie viel ich gegessen hatte. Zuerst wurde mir schwindelig, ich machte alberne Bemerkungen und kicherte, dann war ich plötzlich wie betäubt. Mir wurde klar, dass ich viel zu viel Marihuana zu mir genommen hatte. Eine erdrückende Schwere breitete sich in meinem Körper aus, ich glaubte, sterben zu müssen.

»Ich muss mich hinlegen«, sagte ich atemlos zu Rick, stolperte zum Sofa und ließ mich, mit dem Gesicht nach unten, darauf fallen. Dann klammerte ich mich an ein Kissen. Das Zimmer begann sich so rasend schnell um mich herum zu drehen, dass ich glaubte, mich aufzulösen. Schon bald konnte ich mich nicht mehr bewegen, ich war wie gelähmt. Mein Körper fühlte sich an wie tot, doch mein Geist war höchst lebendig, gefangen, unfähig zu fliehen.

Wo ist Rick? Warum hilft er mir nicht? Ich rief seinen Namen oder glaubte zumindest, ihn zu rufen. Doch er antwortete nicht.

Etwa sechs Stunden später gelang es mir schließlich, den Kopf zu heben. Rick lag im Schlafzimmer und schlief. Es dauerte zwei Stunden, bis ich mich in die Küche gequält hatte. Ich wusch mir mit kaltem Wasser das Gesicht und holte mir etwas zu trinken.

Wie dumm ich war! Wieder einmal hatte ich mich mit Drogen beinahe selbst umgebracht. Ich musste mein Leben in Ordnung bringen oder ich würde mich selbst zerstören – aber mir fehlte die Kraft dazu. Irgendetwas in mir trieb mich, immer wieder schlechte Entscheidungen zu treffen – Entscheidungen, die in den Tod führen. Jeden Tag dachte ich an Selbstmord, dabei wollte ich gar nicht wirklich sterben. Aber ich sah einfach keinen anderen Weg, dem unerträglichen Schmerz zu entkommen.

Eines Morgens gegen halb fünf fing mein Bett plötzlich an zu schwanken. Ein lautes Rumpeln im Innern der Erde zeigte mir, dass es sich um ein heftiges Erdbeben handelte. Die Erde bebte stärker, als ich es je erlebt hatte. Ich rechnete jeden Moment damit, dass die Decke und die Wände unter dem Gewicht der Wohnung über mir einstürzen und ich auf grauenvolle Weise sterben würde – zermalmt, verstümmelt, völlig allein. Das Beben war so stark, dass es jeden in große Angst versetzt hätte, aber da Angst mein Normalzustand war, geriet ich in absolute Panik.

Ich rannte zur Schlafzimmertür, hinaus auf den Flur. Die Gewalt des Erdbebens schleuderte mich gegen die Wände des schmalen Durchgangs zum Wohnzimmer. Im Wohnzimmer fiel ich mit einem harten Aufprall gegen den Sofatisch. Mit dem Telefon in der Hand stolperte ich zurück in den Flur, wo ich immer noch am sichersten war. Dort ließ ich mich zu Boden fallen und versuchte zu wählen, doch die Erschütterungen waren so stark, dass ich ständig die Tasten verfehlte. Ich versuchte es drei oder vier Mal, ehe ich bemerkte, dass das Telefon tot war. Das Stromnetz in unserer Gegend war zusammengebrochen. Auch die Straßenlaternen draußen waren erloschen. In völliger Finsternis ließ ich das Telefon fallen, kroch zum Türpfosten und klammerte mich daran fest, um nicht weiter ständig gegen die Wände geschleudert zu werden. »Gott, hilf mir!«, betete ich. »Bitte, Gott, hilf mir!« Ich hatte noch nie solche Angst gehabt.

Endlich ließ das Beben nach und die Sonne ging auf. Rasch lief ich zu meinem Auto und fuhr, so schnell ich konnte, zu Rick. Auf den Straßen lagen Glasscherben, Müll und umgestürzte Bäume. Noch auf dem Weg kam das erste Nachbeben. Ich fuhr an den Straßenrand und hielt an, um nicht mit einer der gerissenen Hochspannungsleitungen in Kontakt zu geraten. Die Straße vor mir bewegte sich auf und ab, als sei sie aus Gummi. Risse taten sich auf; ich hatte Visionen, wie die Erde sich öffnete und mich verschluckte und kein Mensch jemals mehr von mir hörte. Als das Nachbeben vorüber war, fuhr ich vorsichtig weiter.

Auf dem Weg zu Rick beschloss ich, dass ich nicht länger alleine wohnen wollte. Ich hatte nicht den Mut, ohne Trauschein mit einem Mann zusammenzuleben, aber eine Mitbewohnerin kam nicht infrage, weil ich die Zärtlichkeiten eines Mannes brauchte. Auch die geduldigste Frau hätte meinen Strom von ständig wechselnden Partnern nicht toleriert.

Die Ehe war der einzige Ausweg und Rick war der plausibelste Kandidat. Ihn kannte ich von allen Männern, mit denen ich mich getroffen hatte, am längsten. Wir kamen gut miteinander aus. Was bedeutete eine Beziehung schon, außer zusammen zu essen und miteinander zu schlafen? Außerdem war er einer der wenigen meiner Freunde, die nicht verheiratet waren. Ich landete nicht selten bei Männern, die sich gerade von ihrer Frau getrennt hatten – oder vielmehr vorhatten, sich zu trennen, wie ich erst im Nachhinein herausfand. Sie kamen als Ehemänner naturgemäß weniger infrage. Rick war zwar nicht meine erste Wahl, doch ich dachte, dass zwei Ehejahre mit anschließender Scheidung in gegenseitigem Einvernehmen dem Alleinleben vorzuziehen seien.

In den folgenden Wochen versuchte ich, Rick zu einem Heiratsantrag zu bewegen. Ich schmeichelte, bat, drohte und schmollte. Ich sagte ihm, ich wolle nicht mehr allein leben, und wenn er mich nicht heiratete, würde ich mit ihm Schluss machen. Eines Abends willigte er endlich ein: »Gut, ich heirate dich. Wir machen finanziell halbe-halbe. Ich leiste eine Anzahlung auf ein Haus, wenn du die Ratenzahlungen und alle anderen Rechnungen übernimmst.«

Ich war einverstanden. Damals verdiente ich mehr als er, aber ich wäre ohnehin mit allem einverstanden gewesen, was er vorschlug.

Rick leistete eine Anzahlung auf das Haus, das wir uns ausgesucht hatten, und wir begannen mit den Hochzeitsvorbereitungen. Seine Familie war katholisch und er bestand auf einer katholischen Trauung, obwohl ich ihn in all den Jahren nicht ein einziges Mal das Wort *Gott* hatte aussprechen hören. Mir war es gleich, ich wäre auch mit einer buddhistischen Zeremonie einverstanden gewesen. Ich wollte einfach nur einen männlichen Mitbewohner.

Ein paar Wochen vor der Hochzeit rief eine meiner Freundinnen aus der Musikszene an und bat mich, bei einer christlichen Veranstaltung mit ihr zusammen zu singen. Terry hatte mir mindestens die Hälfte all meiner Studioverträge vermittelt und viele Fernsehshows mit mir zusammen gemacht. Ihr Vorschlag bedeutete drei Tage Arbeit, die mir mehr als gelegen kamen.

Die Arbeit erwies sich von Anfang an als friedlich und angenehm – ein völliger Gegensatz zu dem Stress und dem Druck, die ich aus Hollywood gewohnt war. Außer Terry, die mir gesagt hatte, dass alle Anwesenden Christen seien, kannte ich niemand im Studio. Meine Freundin sagte aber auch keinem, dass ich nicht Christin war. Terry sprach oft mit mir über Gott und ihre Gemeinde und ich fand alles, was sie erzählte, immer sehr schön – für sie.

Nun beobachtete ich diese Leute ganz genau. Für mich gab es im Großen und Ganzen zwei Gruppen von Christen: Entweder waren sie unsensibel und schäbig und betrieben eine geradezu brachiale Missionierung mit ihren Bibeln in der Hand oder sie waren fade, langweilig, uninteressant und besaßen keinerlei Persönlichkeit.

Die Christen, die ich bei dieser Gelegenheit kennenlernte, waren anders. In gewisser Weise waren sie tatsächlich langweilig, weil nicht ein einziger von ihnen trank, rauchte, Drogen nahm oder auf Partys ging. Ich fragte mich, was sie wohl zu ihrer Unterhaltung machten. Und doch wirkten sie irgendwie sehr anziehend auf mich. Sie waren warmherzig und fürsorglich, und wenn ich mit ihnen zusammen war, fühlte ich mich geborgen und sicher. Außerdem behandelten sie mich wie jemand ganz Besonderen, überhaupt nicht wie die Außenseiterin, die ich eigentlich für sie war.

In unserer ersten Pause stellte Terry mich einem jungen Mann vor, von dem sie mir schon vor ein paar Wochen erzählt hatte. Ich dachte, sie wollte uns verkuppeln, deshalb war ich sehr zurückhaltend, aber trotzdem neugierig. Doch in dem Augenblick, in dem ich ihn sah, war es um mich geschehen. Er hatte dichtes dunkles, lockiges Haar, wunderschöne olivfarbene Haut, große, ausdrucksvolle braune Augen und war armenischer Herkunft. Die Intensivität und Entschlossenheit, die er ausstrahlte, machten ihn außerordentlich anziehend für mich. Ich verliebte mich sofort in ihn.

»Stormie, ich möchte dir Michael Omartian vorstellen«, sagte Terry und ließ uns gleich darauf allein. Michael war warmherzig und freundlich, ich genoss seine Gesellschaft in vollen Zügen. Wenn ich mit ihm sprach, lebte ich in einem anderen Raum, in dem niemand außer uns beiden existierte.

Von nun an verbrachten wir in den Pausen jede Minute miteinander. Der Gesprächsstoff ging uns nie aus. Einmal verließen alle außer Michael und mir das Studio und gingen Kaffee trinken. Er setzte sich ans Klavier und spielte ein bisschen, ich lehnte mich dagegen, beobachtete seine Hände und hörte aufmerksam zu.

Als das Stück beendet war, sagte ich überrascht: »Michael, du bist einer der besten Pianisten, die ich je gehört habe.«

Er lächelte, blickte auf die Tasten hinunter und schüttelte den Kopf. »Das ist sehr nett von dir, aber es war alles andere als leicht, Arbeit zu finden.« Ich hörte den frustrierten Musiker heraus.

»Das ist nur eine Frage der Zeit. Du hast ein großes Talent und es wird nicht lange dauern, bis dich alle kennen.« Ich lebte und arbeitete lange genug in Hollywood, um sicher zu sein, dass ich ihm damit eine Tatsache sagte und nicht nur schmeichelte.

»Das hängt davon ab, was Gott für mich will.«

»Gott? Was hat denn Gott damit zu tun?«

»Weißt du etwas über Jesus, Stormie?«

»Klar. In meinem Ethikbuch steht, dass er ein guter Mensch war. – Spiel mir noch ein Lied vor«, bat ich, um das Thema zu wechseln.

Er tat es und ich beobachtete ihn genau, während er spielte. Er war unglaublich attraktiv. Er besaß ein Selbstvertrauen und eine Energie, die ich unwiderstehlich fand. Und je mehr er mir gefiel, desto größer wurde meine Verwirrung. *Was mache ich hier eigentlich?*, fragte ich mich. Ich hatte keine Ahnung.

Am Ende des dritten Tages lud ich Michael zu einem Gesundheits-Getränk in mein Appartement ein. Er war mehrere Wochen krank gewesen und litt seitdem unter einem unangenehmen Druckgefühl im Kopf. Da ich mich seit längerer Zeit mit gesunder Ernährung befasste, wusste ich, dass ich ihm helfen konnte.

»Hi, Michael«, begrüßte ich ihn begeistert, als ich die Tür öffnete, denn ich freute mich, ihn wiederzusehen.

»Hallo«, antwortete er kühl. Ich fuhr förmlich zurück angesichts der plötzlichen Verwandlung des warmherzigen, freundlichen Menschen, den ich im Studio kennengelernt hatte.

Wir unterhielten uns ein bisschen, während ich ihm ein Getränk aus Bierhefe, Weizenkeimen, Lecithin, Vitamin C, Acidophilus-Bakterien und Grapefruitsaft mischte. Er trank – und war ganz offensichtlich überzeugt, dass ich ihn umbringen wollte. Doch meine Glaubwürdigkeit war gerettet, als sein Kopf nach zwanzig Minuten anfing, klarer zu werden.

Wir unterhielten uns noch ein bisschen, doch er blieb die ganze Zeit einsilbig. Irgendwie war er plötzlich völlig verändert. Im Studio war er aufgeschlossen und freundlich gewesen, jetzt war er mehr als zurückhaltend. Ich begriff es nicht. Vielleicht hatte ich seine Freundlichkeit missverstanden. Oder vielleicht war es ihm unangenehm, so spät abends mit mir in meiner Wohnung allein zu sein, schließlich war er Christ. Oder aber er durchschaute mich und sah Dinge, die ihm nicht gefielen.

Als er ging, war ich sehr traurig. Im Studio hatte ich mich in seiner Gesellschaft so wohlgefühlt, doch unser jetziges Treffen war anstrengend gewesen. Das bestärkte mich in meiner Überzeugung, dass es keine wirklich guten Beziehungen gab, sondern nur gerade eben erträgliche. Man musste also einen erträglichen Mann finden und das Beste daraus machen, bis es Zeit wurde, weiterzugehen zum Nächsten. Ich würde nur heiraten, weil ich nicht allein leben konnte und Rick noch der Erträglichste der Männer war, die ich kannte. Wir würden ganz gut miteinander auskommen; vielleicht schafften wir es tatsächlich zwei Jahre.

Obwohl ich die Tatsache akzeptiert hatte, dass eine potenziell fantastische Beziehung zu diesem jungen Mann gar nicht erst zustande gekommen war, gelang es mir nicht, die Gedanken an Michael Omartian ganz abzuschütteln. Er hatte etwas an sich, das ich liebte. Etwas, das über das rein Körperliche hinausging, aber ebenso fassbar war. Ich konnte es nicht benennen, doch es war die gleiche Lebendigkeit, die ich von meiner Freundin Terry kannte.

Zwei Wochen später bat sie mich, mit ihr zusammen ihren Freund Paul Johnson zu besuchen, einen bekannten christlichen Musiker. Es stellte sich heraus, dass Michael einer seiner beiden Mitbewohner war. Sie lebten zusammen in den Hügeln von Sherman Oaks, in einem schönen, großen, modernen Haus mit riesigen Fenstern, von denen aus man die ganze Stadt überblickte. Die Aussicht war überwältigend – und fast noch überwältigender war es, wenn man sich umdrehte und die drei gut aussehenden jungen Männer betrachtete. Alle drei wirkten rein, gesund, voller Lebenskraft und besaßen gleichzeitig jene angenehme liebevolle, unwiderstehliche Art, die ich so schwer beschreiben konnte.

Dieses Mal war Michael nicht kühl, nur vorsichtig. Wie bei unserem letzten Treffen schwebte ich auch heute irgendwo zwischen Himmel und Erde, während wir uns unterhielten. Er lud mich für den folgenden Abend zum Essen ein und ich nahm an.

Im Restaurant unterhielten wir uns anfangs über Dinge, Orte und Menschen, kamen dann aber ziemlich rasch auf das Thema Gefühle. Michael gestand mir, dass er sich in meiner Wohnung plötzlich so anders verhalten hatte, weil Terry ihm von meinen

Heiratsplänen erzählt hatte. Er war verwirrt und völlig ratlos gewesen. »Terry glaubt, dass du einen großen Fehler machst, und ich denke genauso, Stormie«, sagte er eindringlich.

»Ich weiß, dass ich einen Fehler mache, aber ich kann es nicht ändern. Das Ganze ist auf dem Weg und ich kann es nicht mehr aufhalten.« Ich schluckte und versuchte, die Tränen zurückzudrängen.

Ich konnte ihm nicht sagen, dass ich panische Angst hatte, allein zu leben, dass ich es nicht anders verdient hatte und dass kein Mann mich noch haben wollen würde, wenn er herausfand, wie ich wirklich war. Ich glaubte nicht, dass es wirklich gute Beziehungen gab – jedenfalls nicht für mich.

Von jetzt an traf ich mich jeden Abend mit Michael, zehn Abende lang, bis zu meiner Hochzeit. Rick fragte nie, wo ich hinging, und wollte sich auch nie mit mir treffen. Er wohnte damals noch bei seiner Mutter. Eines Abends kam Michael in meine Wohnung, um mich abzuholen. Kurz darauf schaute Rick vorbei und ich stellte die beiden einander vor. Rick ging sehr schnell wieder und bat mich nie um eine Erklärung. Dieser Zwischenfall war bezeichnend für unsere verworrene Beziehung.

Rick und ich hatten ganz eindeutig keine Basis für eine Ehe. In den zwei Wochen vor der Hochzeit sahen wir uns kaum. Es war verrückt. Ich wusste, dass Michael überzeugt war, ich könne das Ganze einfach abblasen, aber mein Leben war völlig außer Kontrolle geraten. Es bewegte sich in rasender Geschwindigkeit spiralförmig abwärts und ich war sicher, dass nur eine Heirat meinen Aufprall auf felsigem Grund noch verhindern konnte.

Am Abend vor der Hochzeit traf ich mich mit Michael, wir wollten Abschied nehmen. Er holte mich aus meiner Wohnung ab. Im Auto war ich so deprimiert, dass ich kaum reden konnte, weil ich wusste, dass wir einander nie wiedersehen würden.

»Was machst du nur, Stormie?«, fragte er; seine Stimme klang angespannt vor lauter Enttäuschung. »Du heiratest einen Mann, den du nicht liebst. Alle halten es für einen großen Fehler, ich weiß, dass es ein großer Fehler ist. Noch kannst du alles absagen – warum tust du es nicht?«

»Ich kann nicht, Michael«, rief ich. »Ich weiß, dass es dumm klingt, aber ich kann nicht.« Nicht ich, sondern meine Angst und meine riesigen emotionalen Bedürfnisse trafen diese Entscheidung. Der Schmerz und die Selbstzweifel waren stärker als meine Vernunft. Aber das konnte ich ihm nicht sagen. Er würde es nicht verstehen.

Er fuhr an den Straßenrand, nahm meine Hand und sagte: »Du weißt, dass ich dich sehr liebe.«

»Ich liebe dich auch«, sagte ich, schmiegte mich in seine Arme und fing an zu weinen. »Ich liebe dich mehr, als ich je einen Menschen geliebt habe.«

»Warum sagst du das Ganze dann nicht ab?«, fragte er wütend.

»Ich kann nicht«, schluchzte ich, »ich kann einfach nicht.«

Es muss ihn völlig verwirrt haben. Kein normaler Mensch würde sich so verhalten. Schließlich zwang mich niemand, zu heiraten, ich hatte mich selbst dazu entschlossen.

Ein paar Wochen zuvor, als Michael versucht hatte, mit mir über Jesus zu reden, hatte ich es nicht hören wollen. Für mich war das Christentum gleichbedeutend mit intellektuellem Selbstmord – ich wollte schlicht und einfach nichts davon hören. Jetzt wünschte ich, ich hätte ihm zugehört, aber es war zu spät. Auch wenn es mir schwerfiel, die Reinheit und Klarheit unserer Beziehung aufzugeben, wusste ich doch, dass ich Michael vergessen und mich ganz der Aufgabe widmen musste, zu überleben. Als wir uns verabschiedet hatten, ging ich ins Bett und weinte mich in den Schlaf. Ich weinte so bitterlich wie jemand, der um einen geliebten Menschen trauert.

Am nächsten Morgen erwachte ich wie üblich depressiv und mit Selbstmordgedanken. Das Gefühl totaler Vergeblichkeit, das mich erfüllte, war stärker denn je. Ich würde heiraten. Es war der einzige Ausweg für mich und doch hatte ich das Gefühl, auf dem direkten Weg in die Hölle zu sein.

Ich überwand meine Morgendepression, indem ich mir einredete, dass die Ehe auf jeden Fall besser war, als allein zu leben. Einen Moment lang dachte ich an Michael, doch ich war sicher, dass er inzwischen erkannt hatte, wie ich wirklich war, und mich ganz bestimmt abgewiesen hätte. Das wäre dann endgültig mein Untergang gewesen. Ich musste mich mit einem gewissen Grad an Sicherheit zufriedengeben und damit, dass meine schreckliche Einsamkeit und Angst ein wenig leichter wurden. Ich brauchte einen Ort, an den ich gehörte, ganz gleich, unter welchen Bedingungen.

Völlig gleichmütig und leidenschaftslos ließ ich die Hochzeitszeremonie über mich ergehen. Doch die Ehe brachte mir nicht den ersehnten Ausweg.

Abstieg

»Rick, könntest du bitte das Frühstücksgeschirr abräumen und schon mal kurz vorspülen? Ich spüle es dann richtig, wenn ich heute Abend nach Hause komme«, rief ich. Es war acht Uhr morgens und ich musste dringend los, wenn ich den Termin mit meiner Sprachtherapeutin nicht verpassen wollte.

»Das ist nicht meine Aufgabe«, entgegnete er.

»Was genau ist eigentlich deine Aufgabe?«, versetzte ich scharf. »Wir sind jetzt seit anderthalb Jahren verheiratet und du hast in dieser Zeit genau vier Tage gearbeitet. Du könntest wenigstens mal eine Stunde aufs Fernsehen verzichten oder einen Abend nicht bei deiner Mutter, sondern zu Hause verbringen und mir bei der Hausarbeit helfen. Ich kann doch nicht immer alles alleine machen!«

Ich hatte von Anfang an gewusst, dass Rick eine ungewöhnlich starke Mutterbindung hatte und seine Mutter mehr liebte, als er mich je lieben würde. Er wollte, dass ich war wie sie, und ich tat auch mein Bestes, ihre guten Eigenschaften zu übernehmen, aber ich konnte nie mit ihr mithalten. Er kritisierte mich, weil er mich ändern wollte, doch ich reagierte darauf meist gekränkt und verkroch mich in mein Schneckenhaus.

»Die Autoversicherung ist heute fällig«, mahnte er und ignorierte einfach, dass ich ihn gerade gebeten hatte, mir bei der Hausarbeit zu helfen.

»O nein! Das sind über sechshundert Dollar! Kannst du nicht die Hälfte zahlen?«, bat ich ihn.

»Das war nicht abgemacht. Ich habe die Anzahlung für das

Haus geleistet, du zahlst alles andere«, erinnerte er mich gnadenlos.

Ich hatte bald erkannt, dass unsere finanzielle Abmachung ziemlich ungerecht war. Ich zahlte für sehr viel mehr als er bezahlt hatte, aber ich war einverstanden gewesen und jetzt gab es kein Zurück.

Als ich das Haus verließ, knallte ich die Tür hinter mir zu. Durchs Fenster sah ich, wie Rick sich wieder vor den Fernseher setzte, wo er den Rest des Tages sitzen würde, während das schmutzige Geschirr auf dem Tisch stehen blieb. *Bei unseren Absprachen vor der Hochzeit scheine ich mich ziemlich verkalkuliert zu haben*«, dachte ich, während ich zu meiner Sprechtrainerin fuhr.

Das Zusammenleben mit einem Mann entsprach definitiv nicht meinen Erwartungen. Meine Einsamkeit war von Tag zu Tag gewachsen und mit ihr meine Angst und meine Selbstzweifel. Inzwischen war ich der Ansicht, dass es mir wahrscheinlich besser ginge, wenn ich allein geblieben wäre. Wenigstens hatte ich damals finanziell nur für mich selbst sorgen und nur meine eigene Unordnung aufräumen müssen. Da ich ständig einen übervollen Terminkalender hatte und Rick mich in keiner Weise unterstützte, war ich immer öfter wütend auf ihn. Wir redeten kaum noch miteinander, und obwohl wir miteinander schliefen, gab es abgesehen von diesen Gelegenheiten keinerlei Zuneigung oder Zärtlichkeit zwischen uns. Ich brauchte mehr von ihm, als er mir geben konnte, und nahm ihm übel, dass er es mir nicht geben konnte. Im Grunde wollte ich, dass er mich liebte und bewunderte, doch das konnte er nicht. Er hatte seine eigenen Probleme, seine eigene Depression und ich war so tief in meiner gefangen, dass ich mich nicht mit seiner befassen konnte. Ich hatte keine Ahnung, was er sich von unserer Beziehung wünschte – doch ganz sicher bekam er es nicht.

»Hi Gloria«, begrüßte ich meine Sprechtrainerin. »Tut mir leid, dass ich zu spät komme.« Ich ging hinter ihr her in das gemütliche, rustikale Wohnzimmer, das damals typisch für so viele Häuser in den Hügeln von Beverly Hills war.

»Du siehst müde aus, Stormie. Und warum nuschelst du so?«, fragte sie tadelnd.

»Ich bin müde und außerdem habe ich mich gerade mit Rick gestritten.« Ich versuchte, langsam zu sprechen und zu beherzigen, was sie mir beigebracht hatte.

Jahrelang nahm ich nun schon bei verschiedenen Spezialisten Sprachtherapie und hatte den Sprachfehler, unter dem ich seit meiner Kindheit litt, ganz gut in den Griff bekommen. Unzählige Stunden mühseliger, langweiliger Übungen hatten anfangs nur minimale Verbesserungen gebracht. Als Kind hatte ich versucht, das Problem zu verbergen, indem ich entweder still war oder alles, was ich sagen wollte, sorgfältig einstudierte. Deshalb erschien mir auch die Schauspielerei so verlockend: Ich konnte meinen Text üben, mit meinen Sprachtherapeuten einstudieren und dann klar und deutlich sprechen.

Gloria hatte mir mehr geholfen als alle anderen. Neben unseren regelmäßigen, zweimal wöchentlich stattfindenden Sitzungen übte sie fast jede meiner Rollen sorgfältig mit mir ein. Heute Morgen sollte sie mir helfen, den Text für die nächste Comedy-Folge zu lernen. Die Probe war für zehn Uhr im CBS-Studio angesetzt.

»Beruhige dich erst einmal! Du redest viel zu schnell«, ermahnte sie mich, als ich begann. »Und du nuschelst.«

Ich versuchte es erneut. »Nein. Das ist zu nasal. Fang noch mal an.«

Eine Minute später unterbrach sie mich abermals. »Stormie, deine Kehle ist viel zu angespannt. Nimm einen Weinkorken zwischen die Zähne und probiere es noch einmal.« Ich öffnete pflichtschuldigst den Mund, damit sie mir den Korken geben konnte. »Jetzt sprich aus dem Zwerchfell heraus, nicht aus der Kehle.«

Beharrlich wiederholte ich den Text. Falsche oder schlechte Sprechgewohnheiten abzulegen, ist sehr viel schwieriger, als von

Anfang an die richtigen zu lernen. Wir arbeiteten eine gute Stunde, dann war ich so erschöpft, dass ich zitterte. Die Depression und eine wachsende Verbitterung gegenüber Rick forderten ihren Tribut. Ich war häufig krank und fühlte mich alt und hässlich. Es war, als stürbe ich innerlich ab. Alle Entscheidungen, die ich in meinem Leben getroffen hatte, weil ich dachte, dass sie mich retten könnten, führten stattdessen innerlich zu meinem Tod. Manchmal fühlte ich mich, als lebten andere Personen in mir, die ich nicht kontrollieren konnte. Das lag möglicherweise an den Drogen, die ich im Laufe der Jahre genommen hatte, oder an der Beschäftigung mit okkulten Praktiken, die bei mir nicht selten zu außerkörperlichen Erfahrungen geführt hatten.

Als ich Gloria bezahlt hatte und gehen wollte, schaute sie mich mit dem gleichen Ausdruck an, den ich schon bei so vielen Menschen gesehen hatte. Er schien zu sagen: »Stormie ist so ein nettes Mädchen mit so viel Potenzial. Ich frage mich, was für ein Problem sie hat.«

Ich fuhr über den Canyon zu CBS, voller Vorfreude auf die Arbeit, aber gleichzeitig wie immer auch voller Angst. Da ich in meinem Privatleben so unglücklich war, stürzte ich mich mehr denn je in die Arbeit. Wir fingen gerade mit einer neuen Staffel der *Glen Campbell Goodtime Hour* an und ich hatte im ersten Beitrag einen ziemlich großen Part erhalten. Darüber hinaus machte ich so viele Studioaufnahmen und Werbesendungen wie möglich und hin und wieder hatte ich auch kleine Film- und Fernsehrollen. Vor allem Letztere machten mir großen Spaß. Damals war CBS mein eigentliches Zuhause, mehr jedenfalls als unser Haus am Benedict Canyon.

An diesem Abend kam ich früher als sonst aus dem CBS-Studio nach Hause. Rick saß natürlich wieder vor dem Fernseher. »Ich bin völlig erledigt, ich lege mich erst mal ein bisschen hin«, sagte ich und ging die Treppe hinauf ins Schlafzimmer. »Weck mich um acht, dann mache ich uns etwas zu essen.«

Ich legte mich aufs Bett und zog mir die Decke über den Kopf, um das Tageslicht auszuschließen. Das Nächste, woran ich mich erinnere, war, dass Rick mir die Decke vom Gesicht zog. Meine Augen waren offen und ich starrte auf die Wand. Er rief meinen Namen, doch ich sah und hörte nichts.

Als er mich an der Schulter packte und schüttelte, kam ich mit einem Ruck zu mir – und als ich merkte, was geschehen war, bekam ich einen hysterischen Anfall. Es war, als hätte mein Geist meinen Körper verlassen und sei an einen Ort größter Qualen gegangen. Einen Moment lang hatte ich das Gefühl, ich hätte die Kontrolle über mich verloren und könnte sie nie zurückgewinnen. Es war schrecklich und ich schluchzte verzweifelt.

In dem Versuch, mich zu beruhigen, sagte Rick: »Ich hol dir einen Schluck Wasser.« Er drehte sich um und wollte hinausgehen.

»Nein! Nein, lass mich nicht allein!«, flehte ich. »Bitte. Ich komme mit.«

Er half mir die Treppe hinunter und half mir, mich auf die vorletzte Stufe zu setzen. Ich schlug die Hände vors Gesicht und weinte weiter, deshalb sah ich nicht, dass er in die Küche ging. Als ich Schritte im Flur hörte, blickte ich auf und sah eine dunkle Gestalt auf mich zukommen. Sie sah aus wie meine Mutter und hatte ein Messer in der Hand. Ich war überzeugt, dass sie mich umbringen wollte. »Hilfe! Bitte, helft mir!«, schrie ich völlig hysterisch.

Rick merkte, dass ich halluzinierte, packte mich an der Schulter und schüttelte mich. »Stormie, ich bin's, Rick!«, schrie er mir ins Gesicht.

Ich starrte ihn fassungslos an. »Rick!«, schluchzte ich. »Ich dachte, es sei ...« Meine Stimme brach. Anscheinend hatte das Glas Wasser, das er trug, das Licht so reflektiert, dass es aussah wie ein Messer. Aber das konnte ich ihm nicht sagen. Ich hatte noch keinem Menschen davon erzählt. »Ich weiß gar nicht, was mit mir los war«, murmelte ich zitternd.

Nach diesem Erlebnis hatte ich sogar tagsüber Angst, allein zu sein. Rick selbst erwähnte den Zwischenfall später mit keinem Wort mehr. Vielleicht dachte er, ich sei im Begriff, den Verstand zu verlieren, aber vielleicht war es ihm auch einfach egal. Genau genommen sprach er überhaupt nur selten mit mir.

Ein paar Tage später bekam ich schmerzhafte Geschwüre im Mund. Ich konnte kaum essen oder auch nur schlucken. Als ich schließlich einen Arzt aufsuchte, diagnostizierte dieser einen starken Vitamin-B-Mangel.

»Ich kenne Ihren Lebensstil nicht, aber ich kann Ihnen sagen, dass Sie viel zu viel Stress haben.«

»Aber ich ernähre mich sehr gesund und treibe regelmäßig Sport«, protestierte ich.

»Gesundes Essen und Sport sind eine gute Sache, nützen aber wenig, wenn Sie zu viel Stress haben. Sie sollten lieber weniger arbeiten. Und sehen Sie zu, dass Sie Ihre Ängste in den Griff bekommen. Sie sind erst achtundzwanzig, das ist viel zu jung für die gesundheitlichen Probleme, die Sie haben. Je älter Sie werden, desto schlimmer wird es werden. Ich gebe Ihnen für den Anfang drei Mal wöchentlich Vitamin-B-Spritzen, bis es Ihnen wieder besser geht.«

Als ich an diesem Nachmittag nach Hause kam, stellte ich mich vor den Spiegel. Ich hatte tiefe Falten um den Mund und die Augen und auf der Stirn. Mein Haar war stumpf und leblos, außerdem litt ich häufig unter starkem Haarausfall. Meine Haut wirkte gelbgrau. Ich war chronisch müde und meine Figur war völlig aus der Form geraten – alles andere als straff, wie sie es bei dem vielen Sport, den ich trieb, eigentlich hätte sein müssen. Ich fühlte mich alt und verbraucht, doch ich hatte keine Ahnung, wie ich diesen Zustand ändern sollte. In meinem Beruf galt man mit vierundzwanzig schon als alt. Voller Angst, dass jemand mein wahres Alter herausfinden könnte, tat ich alles, um diese Tatsache zu verschleiern. Ich wusste zwar, dass ein paar meiner Kollegen älter waren als ich und deshalb ebenfalls logen, doch das war kein Trost für mich.

Ich versank in einer Depression, die schlimmer war als alle, die ich je gehabt hatte. Wieder einmal dachte ich ernsthaft an Selbstmord und plante ihn schließlich bis ins kleinste Detail. Ich sprach mit niemand über das, was in mir vorging. Doch als ich meine Freundin Terry im Rahmen eines kleinen Auftrags wiedersah, erzählte ich ihr von meiner außerkörperlichen Erfahrung und meiner großen Angst dabei. Sie sagte, wenn die Angst mich zu überwältigen drohe, solle ich den Namen Jesu wieder und wieder laut aussprechen. »Das wird dir die Angst nehmen«, meinte sie.

In meinen Augen war das ein mehr als seltsamer Rat. Dennoch tat ich, was sie mir geraten hatte, als ich den nächsten Angstanfall kommen spürte. Zu meinem großen Erstaunen verschwand die Angst fast sofort. Der Name Jesu hatte keine besondere Bedeutung für mich, doch wenn er tatsächlich Macht besaß, warum sollte ich mir diese Macht dann nicht zunutzemachen? Immerhin hatte er mir wenigstens dieses Mal geholfen.

Meine psychische Krankheit begann schließlich, meine Arbeit zu beeinträchtigen. Ich war unkonzentriert und meine Stimme versagte immer öfter, weil die Spannung in meiner Kehle zu groß war. Eines Abends rief mich eine Freundin an, die wusste, wie schlecht es mir ging, und empfahl mir, zu einem Psychotherapeuten zu gehen. »Warum rufst du Dr. Foreman[*] nicht mal an?«, schlug sie vor. »Er hat mir sehr geholfen, ich bin sicher, dass er dir auch helfen kann.«

»Wird er mit mir reden?«, fragte ich und dachte an das viele Geld, das ich schon so oft zu verschiedensten Ärzten getragen hatte, die meiner Ansicht nach noch dringender Hilfe brauchten als ich. »Ich habe kein Interesse an einem weiteren Psychologen, der mich die ganze Zeit reden lässt und mich dabei anschaut, als würde er sich unendlich langweilen oder überlegen, ob ich verrückt bin.«

»Dieser Arzt redet. Und sein Rat ist gut.«

Mit dieser Versicherung und der Hoffnung, dass der Arzt mir helfen könnte, meinen seelischen Schmerz zu kontrollieren und meine Depression in den Griff zu bekommen, machte ich einen Termin für die nächste Woche aus.

Dr. Foreman war ein zuvorkommender, höflicher Mann. Er war äußerst distinguiert, mittleren Alters, grauhaarig und fünfmal so teuer wie jeder andere Arzt, den ich je aufgesucht hatte, doch wenn er auch fünfmal so einfühlsam sein sollte, war er mir das Geld wert. Immerhin behandelte er mich von Anfang an wie einen vernünftigen Menschen und nicht wie eine Geisteskranke. Das beeindruckte mich so sehr, dass es mir sofort besser ging. Er bedeutete mir, mich auf einen Stuhl ihm gegenüber zu setzen.

»Was bedrückt Sie, meine Liebe?«, fragte er mit einem freundlichen Lächeln.

»Ich lebe in ständiger Angst, Dr. Foreman. Und ich weiß noch nicht einmal, wovor genau ich Angst habe. Obwohl ich von Menschen umgeben bin, empfinde ich eine große Einsamkeit, die nicht auszuhalten ist. Ich habe Depressionen und Angstanfälle, die mir das Gefühl geben, ich müsse sterben. Ich habe die ganze Zeit unvorstellbaren Kummer und weiß nicht, was ich dagegen tun soll. Ich dachte, wenn ich heirate, würde es besser, aber es ist nur noch schlimmer geworden.«

Ich konnte nicht fassen, dass ich ihm alle diese Informationen einfach so entgegenschleuderte, doch ich konnte mich nicht beherrschen. Dr. Foreman lachte verständnisvoll, beugte sich über den Schreibtisch und tätschelte mir beruhigend die Hände. »Gucken Sie nicht so verängstigt«, sagte er. »Das klingt ganz nach Symptomen für etwas tief in Ihrem Inneren, das Sie wahrscheinlich verdrängt haben. Es ist, als hätten Sie als Kind etwas, das Sie für einen Löwen gehalten haben, in einen Schrank gesperrt, weil es Ihnen große Angst eingejagt hat. Während Sie erwachsen geworden sind, hatten Sie jedes Mal, wenn Sie an diesen Löwen dachten, große Angst. Wenn Sie aber später, als Erwachsene, vor diesen Schrank treten und den Löwen herauslassen, stellen Sie wahrscheinlich fest, dass er nur eine kleine Katze war. Als kleines Mädchen kam er Ihnen riesig vor, doch heute brauchen Sie keine

Angst mehr vor ihm zu haben. Wir müssen einfach ein paar Türen in Ihrer Vergangenheit öffnen, sodass Sie sehen, dass das, was Ihnen früher solche Angst gemacht hat, heute keine Bedrohung mehr für Sie darstellt.«

Ich war überrascht, dass er das Beispiel eines Schranks wählte. Ein Wandschrank spielte eine große Rolle in meiner Vergangenheit, doch ich hatte ihm davon noch gar nichts erzählt!

Nach Dr. Foremans ruhigen, tröstenden Worten wusste ich, dass ich endlich jemand meine Geschichte erzählen konnte – Dinge, die ich noch niemals irgendwem erzählt hatte. Ich holte tief Luft und fing an – mit meiner allerfrühesten Erinnerung.

Ein Leben in Finsternis

Ich hockte mit gekreuzten Beinen auf dem großen Wäschekorb, der bis oben hin mit schmutziger Kleidung gefüllt war. Der muffige Gestank der Hemden meines Vaters war mir beinahe ein Trost in der Dunkelheit des kleinen Wandschranks unter der Treppe. Das alte, zweistöckige Haus war so winzig, dass ich genau hörte, wo sich meine Mutter gerade befand. In diesem Augenblick kam sie aus einem der Schlafzimmer im ersten Stock, ich hörte ihre Schritte auf dem Holzboden, als sie die Treppe herunterkam.

Ich hielt den Atem an, als sie zum Schrank trat.

Vielleicht will sie mich herauslassen, dachte ich. *Vielleicht bekomme ich aber auch noch einmal Prügel!*

Doch sie ging an der Schranktür vorbei in die Küche.

Ich glaube, sie hat mich vergessen. Wie lange werde ich wohl diesmal hier drinbleiben müssen?, dachte ich und fing leise an, zu weinen.

Die einzige Lichtquelle in dem engen Wandschrank war ein schmaler Spalt unter der Tür. Doch wegen der Mäuse und Ratten, die immer wieder über den Boden huschten, wagte ich es nicht, von meinem Sitz auf dem Wäschekorb hinunterzuklettern und einen Blick nach draußen zu riskieren. Ich war knapp vier Jahre alt und manche der Tiere kamen mir riesengroß vor. Der Gedanke, eins könnte mich anspringen, erschreckte mich zu Tode. Einmal hatte ich eine große Schlange in dem kleinen Schrank vor der Küche gefunden und so schien mir der Gedanke, dass auch in diesen Wandschrank eine eindringen könnte, keineswegs abwegig. Deshalb achtete ich sorgfältig darauf, mit den Füßen niemals den Boden zu berühren.

Warum ist Mama immer so böse auf mich?, fragte ich mich in der Stille, die mich umgab. Ich hatte nur nach einem Glas Wasser gefragt, da hatte sie sich umgedreht und geschrien: »In den Schrank mit dir, bis ich dein Gesicht wieder ertragen kann!« Ich hatte schon früh gelernt, dass ich, wenn ich weinte oder mich wehrte, geschlagen und danach trotzdem in den Schrank gesperrt wurde, deshalb leistete ich niemals Widerstand. Die Macht der Persönlichkeit meiner Mutter war so groß, dass sogar mein Vater wehrlos dagegen schien, denn er ließ sie stets gewähren.

Ich sah ihren Schatten ein zweites Mal vor der Tür vorübergleiten und konnte hören, dass sie, wie so oft, mit sich selbst oder einer unsichtbaren Person sprach. Sie war wieder in ihre Traumwelt eingetreten und es würde Stunden dauern, bis mein Vater nach Hause kam und sie in die Realität zurückholte.

Ich stellte mir vor, wie mein Vater draußen in der heißen Sonne arbeitete. Er war ein großer, ruhiger, besonnener Mann mit festem Kinn und großen Händen, der hart arbeitete, um unseren Lebensunterhalt zu verdienen. Wenn er nicht arbeitete, war er »todmüde«, wie er zu sagen pflegte. An jenem Tag transportierte er Holz für einen anderen Viehzüchter. Obwohl er eigentlich auf unserer eigenen Ranch mehr als genug zu tun hatte, brauchten wir hin und wieder ein wenig Bargeld. Doch ich wünschte mir, dass er häufiger daheim wäre. Wenn mein Vater zu Hause war, sperrte meine Mutter mich nicht in den Schrank. Einmal hatte ich ihm erzählt, dass ich manchmal in den Wandschrank musste, doch Mutter hatte mich eine Lügnerin genannt und mir den Hintern versohlt. Ich hatte es kein zweites Mal versucht.

Heiße Tränen liefen mir über die Wangen. Ich überlegte, ob wohl alle Kinder regelmäßig in einen dunklen, engen Schrank gesperrt wurden, aber ich kannte keine anderen Kinder, denn wir lebten auf einer kleinen Rinderfarm in Wyoming, dreißig Kilometer von der nächsten Stadt und mehrere Kilometer von unserem nächsten Nachbarn entfernt. Wir hatten weder Telefon noch Fernsehen – das besaßen nur die Wohlhabendsten – ja, wir kannten nicht einmal jemand, der ein Telefon oder einen Fernseher besaß. Bis auf einen gelegentlichen Verwandtenbesuch lebten wir völlig isoliert von der Welt.

Die Besuche meiner Tanten, Onkel, Cousins und Cousinen waren die Höhepunkte meines Lebens. Mutter war ein völlig anderer Mensch, wenn sie kamen, fröhlich und aufgeschlossen – jedenfalls ihnen gegenüber. Ihre eisblauen Augen funkelten, wenn sie Klavier spielte und sang und die anderen sich neben sie stellten und einstimmten. Ich bewunderte ihre schöne Stimme und ihr hübsches Lächeln. Die Schwestern meiner Mutter pflegten zu sagen, dass ihre dunklen Haare und ihre Schönheit sie an die Schauspielerin Vivian Leigh in *Vom Winde verweht* erinnere. Ich weiß noch, wie sehnlich ich mir wünschte, den Film eines Tages zu sehen.

Am häufigsten besuchte uns die hübsche, fröhliche jüngere Schwester meiner Mutter, Jean. Sie kam mehrmals im Jahr. Ich bewunderte sie maßlos. Wenn sie da war, war ich glücklich, doch wenn sie wieder abreiste, ging das Glück mit ihr. Es war wie Sterben. Wir umarmten uns zum Abschied, doch sobald ihr Auto vom Hof fuhr, kämpfte ich mit den Tränen, weil im selben Augenblick der für meine Mutter typische Strom kritischer Bemerkungen wieder einsetzte. »Lauter Blutegel«, murmelte sie, während sie sich umdrehte und ins Haus ging. »Sie wollen nur freie Kost und Logis, ansonsten interessieren wir sie überhaupt nicht.« Ich wusste, dass das nicht stimmte, sie waren freundlich und großzügig, doch ich schwieg. Dad schwieg ebenfalls und ging hinaus in die Scheune. Ich wusste, dass ich spätestens am nächsten Tag wieder im Wandschrank sitzen würde.

Einmal lebte der Vater meiner Mutter eine Zeit lang bei uns. Pappy, wie wir ihn nannten, wurde mein bester Freund. Solange er bei uns war, hatte ich ein gutes Leben. Pappy und Mutter stritten fast ständig, doch sie legte niemals Hand an mich, wenn er da war. Als er uns wieder verließ, vermisste ich ihn schrecklich. Sein Besuch war eine willkommene Atempause in meinem elenden Dasein gewesen.

Mutter hatte zwei völlig unterschiedliche Persönlichkeiten. Wenn wir allein waren, bekam ich nur die böse Seite von ihr zu sehen. Dann war sie überkritisch, kalt, gemein und unberechenbar. Von einem Moment zum anderen konnte ihr Zorn aufflackern. Sie jagte mir so viel Angst ein, dass ich ständig unter Albträumen litt. Wenn Besuch da war, tat Mutter alles, um einen guten Eindruck zu machen. Es war ihr sehr wichtig, absolut perfekt zu erscheinen, ja sie sagte oft zu mir: »Ich bin perfekt. Ich habe noch nie etwas Falsches getan.«

Mir hingegen sagte sie immer wieder, dass ich hässlich, dumm und schlecht sei und nie irgendetwas erreichen würde.

Als ich erkannte, dass ich unwichtig und unerwünscht war, legten sich negative Gefühle wie eine erstickende Decke auf mich: Hilflosigkeit, Hoffnungslosigkeit und Sinnlosigkeit, Ablehnung und Zurückweisung, Trauer, Furcht und Selbsthass. Diese Begriffe waren zu groß, als dass ich sie damals schon hätte verstehen oder zum Ausdruck bringen können, doch es waren echte Gefühle, die ich jeden Tag empfand.

Die Stunden vergingen nur langsam an jenem schwülen Tag im Schrank. Die stickige Luft machte mich schläfrig und ich döste ein Weilchen vor mich hin. Als ich aufwachte, hörte ich, wie Mutter in die Küche ging, um zu kochen. Ein paar Minuten später öffnete sie die Tür zum Wandschrank und ließ mich hinauskrabbeln. Ich war dankbar, frei zu sein. Kurz darauf kam mein Vater nach Hause. Er ließ sich auf das Sofa fallen und sagte: »Ich bin todmüde.« Er war nicht abweisend zu mir, doch ich wusste, dass er keine Zeit für mich hatte. Körperliche Zuneigung und Gespräche gehörten nicht zu unserem Leben.

Ich hatte schreckliche Angst vor der Dunkelheit, doch da es keine Elektrizität auf der Ranch gab, hatten wir auch keine Lampen, die ich nachts hätte anmachen können. Wenn ich zu Bett ging, war es im ganzen Haus stockdunkel, außer in der Küche, wo eine Kerosinlampe brannte. Im Bett zog ich mir die Decke über den Kopf und bewegte mich nicht mehr. Es gab auch keine Toilette im Haus und ich hatte jedes Mal Angst, nachts aufzustehen und den Nachttopf zu suchen.

Eines Nachts wachte ich voller Angst auf, ich hatte wohl schlecht geträumt. Ich schlüpfte aus dem Bett und lief in die Küche, um einen Schluck Wasser zu trinken. Mutter war noch auf. Als ich hereinkam, stieß ich beinahe mit ihr zusammen. Völlig verängstigt sah ich, dass sie ein großes Fleischermesser umklammerte. Die erhobene Stahlklinge blitzte im Dämmerlicht. Ein seltsames Lächeln lag auf ihrem Gesicht, während sie mich mit kalten, stahlblauen Augen anstarrte. Als ich zurückschreckte, fing sie an zu lachen, ein Lachen, das in ein wildes, heulendes, schrilles Gackern überging, während ich die Stufen zu meinem Zimmer hinaufrannte und ins Bett kroch. Es dauerte eine ganze Weile, bis ich in einen unruhigen Schlaf fiel.

Als ich in der Morgendämmerung erwachte, dachte ich an meine Mutter. Sie hatte das Messer in der Hand gehalten, als wollte sie mich erstechen. Die Erinnerung an diesen schrecklichen Augenblick ließ mich nicht mehr los. Sie führte zu einem Albtraum, der immer wiederkehrte: Meine Mutter stand in der Küche mit dem Messer in der erhobenen Hand und lachte über meine Angst.

Kurz vor meinem sechsten Geburtstag zogen wir auf eine kleine Farm etwa dreißig Kilometer von der Stadt entfernt. Wie auf unserer alten Ranch gab es auch dort keinerlei Komfort. Keine Innentoilette, nur ein faulig stinkendes Klohäuschen draußen. Kein fließendes Wasser, keine Badewanne. Kein Telefon, Radio oder Fernsehen. Wir hatten zwar elektrisches Licht, was eine große Verbesserung war, aber keine Heizung bis auf den Kanonenofen in unserem winzigen Esszimmer. Das Leben war hart, alle Arbeiten schwer und umständlich. Ein Lichtblick waren die vielen netten Nachbarn, die nur wenige Kilometer von der Farm entfernt lebten. Sie schauten nicht oft vorbei, aber wenn, war Mutter sehr freundlich.

Ich wurde nicht mehr in einen Schrank gesperrt, vielleicht, weil unser Haus so winzig war und die beiden Wandschränke nicht groß genug für mich waren. Doch die Farm selbst konnte ein schauriger Ort sein, vor allem wegen der vielen Klapperschlangen. Erstaunlicherweise wurde ich nie von einer gebissen, obwohl ich häufig eine ganz in meiner Nähe entdeckte, zusammengerollt und bereit, zuzustoßen. Sie waren unheimlich und schrecklich und ängstigten mich mehr als alles andere.

In jenem Winter bekam ich eine Halsentzündung. Mein Hals war so stark geschwollen, dass ich kein Essen mehr zu mir nehmen konnte, und er tat sehr weh. Auch Trinken war kaum noch möglich. Meine Nasengänge waren mit einer dicken Masse verstopft, die der Arzt fast wie ein Seil mit einem speziellen Instrument herauszog. Wie alles andere in der kleinen Stadt war auch das Krankenhaus überfüllt und konnte mich nicht aufnehmen. Wir mussten jeden Tag zweimal die lange Fahrt durch den Schnee in die Stadt machen, damit der Arzt mir eine Spritze geben und die zähe Substanz aus meiner Nase entfernen konnte. Die Behandlung war schmerzhaft, doch ich ertrug sie in der Hoffnung, dass es mir bald besser gehen würde und ich wieder essen konnte.

Nach ein paar Wochen, in denen mein Zustand sich nicht verbesserte, war der Arzt sehr beunruhigt, weil ich zu viel Gewicht verlor und immer schwächer wurde. Er beschloss, eine Probe des Zeugs, das er regelmäßig aus meiner Nase holte, zusammen mit einer Blut- und einer Urinprobe an eine Spezialklinik zu schicken, um festzustellen, was mir fehlte. Wir fuhren unterdessen nach Hause und warteten auf das Ergebnis.

In dieser Nacht wütete ein so heftiger Schneesturm, dass wir die nächsten Tage eingeschneit waren. Als der Sturm schlimmer wurde, machte Mutter mir ein Bett auf einer Liege im Esszimmer neben dem Kanonenofen. Die Temperaturen lagen weit unter null Grad. Da es keine Innentoilette gab, musste ich mit dem großen metallenen Topf, der neben meinem Bett stand, regelmäßig ins Badezimmer gehen.

Das Atmen und Schlucken fiel mir inzwischen so schwer, dass ich fast nichts mehr zu mir nehmen konnte. Ich wurde immer schwächer und fing bereits an, den Tod als Erlösung zu sehen. In diesem Elend legte meine Mutter eine Besorgnis für mich an den Tag, die ich nie zuvor an ihr erlebt hatte. Immer wieder versuchte sie, mir zu trinken zu geben, doch ich konnte nur zwei oder drei Schlucke nehmen, dann wurden die Schmerzen unerträglich.

Eine Woche nachdem der Arzt die Proben genommen hatte, hatten wir noch immer nichts von ihm gehört. Der Schneesturm tobte weiterhin und wir konnten nicht in die Stadt fahren, denn der Weg war von bis zu vier Meter hohen Schneeverwehungen versperrt. Wir hatten auch keine Möglichkeit, die Klinik zu kontaktieren. Mein Vater tat sein Möglichstes, um das Vieh, das auf den schneebedeckten Weiden eingekesselt war, mit Heu zu versorgen.

Eines Nachmittags klopfte es an unserer Hintertür. Ich war so schwach, dass ich gar nicht wissen wollte, wer es war, ja ich erkannte nicht einmal, wie ungewöhnlich es war, bei diesem Wetter Besuch zu bekommen. Meine Mutter schnappte nach Luft, als sie die Tür öffnete. Es war der Arzt. Sein schwerer Mantel, sein Hut, seine Stiefel und Handschuhe waren über und über mit Schnee bedeckt.

»Ich musste sofort kommen«, sagte er, während er den Hut abnahm. »Ich bin so schnell gefahren, wie ich konnte, und die letzten Kilometer zu Fuß gegangen. Ihre Tochter könnte jeden Moment sterben, wenn sie nicht dieses Medikament bekommt.«

Der Arzt ist den langen Weg gekommen, um mein Leben zu retten?, staunte ich innerlich.

Während er den Mantel auszog und sich die Ärmel hochkrempelte, erklärte er meiner Mutter, dass ich eine Nasen-Diphtherie hätte. Nach einer raschen Untersuchung stieß er eine Nadel in das wenige Fleisch, das ich noch am Po hatte. Ich hasste Spritzen, war aber zu schwach und hatte zu starke Schmerzen, um zu protestieren.

Der Arzt ging fort und ich schlief ein. Als ich nach ein paar Stunden aufwachte, sah ich, wie sich die untergehende Sonne in den Flaschen mit Cream Soda, die auf dem Tisch standen, spiegelte. Cream Soda war mein Lieblingsgetränk. Meinem Hals ging es bereits viel besser und zum ersten Mal seit vielen Wochen trank ich Cream Soda und bat um etwas zu essen.

Meine Mutter schien sich sehr zu freuen. Als mein Vater nach Hause kam, empfing sie ihn mit der guten Nachricht. Vater in seiner ruhigen Art sagte nicht viel, aber an seinem Lächeln sah ich, dass auch er sehr erleichtert war.

Es war eine langsame Genesung. Ich hatte so viel Gewicht verloren, dass ich extrem dünn und schwach geworden war. Mutters ungewohnte Freundlichkeit bewirkte, dass ich am liebsten noch sehr viel länger im Bett geblieben wäre. Ich bekam kein einziges strenges Wort zu hören. Sie lächelte oft, spielte Klavier und sang Lieder. Es war, als ob unsere Beinahe-Tragödie ihr eine zweite Chance im Leben gegeben hätte.

Während der Schnee schmolz und sich die ersten Frühlingsboten zeigten, dachte ich, dass mein Leben ab jetzt vielleicht anders wäre, dass Mutter nicht mehr streng und zornig sein würde, sondern wir von nun an als eine glückliche Familie zusammenleben würden. Leider war diese Hoffnung nur von kurzer Dauer. Ganz allmählich kehrte meine Mutter in ihre unsichtbare Welt zurück, wo sie ständig mit den Stimmen sprach, die sie in ihrem Kopf hörte.

Der Sommer kam. Es war ein schöner, warmer Morgen, doch während ich zur Straße lief, zitterte ich vor Angst vor einem weiteren Schultag. Der kleine Bus hielt an und die Tür ging auf. Ich zögerte nur kurz, da winkte der Fahrer schon ungeduldig und sagte: »Komm schon, wir haben nicht den ganzen Tag Zeit.« An den ersten Tagen schien er noch Mitleid mit mir zu haben, doch inzwischen wirkte er nur noch genervt. Unser Hof war eine der vielen Haltestellen auf der stundenlangen Fahrt in die Stadt, die wir jeden Tag machten.

Ich beeilte mich einzusteigen und schlüpfte auf den Sitz hinter dem Fahrer. Dann drückte ich mich gegen das Fenster in der Hoffnung, dass mich so keiner sehen würde. Je mehr Schüler einstiegen, desto lauter wurde es. Alle schienen einander zu kennen und ihre lebhaften Gespräche ängstigten mich. Ich saß ganz still, starrte aus dem Fenster und hoffte, dass niemand merkte, dass ich lebendig war. Mein Wunsch wurde erhört. Niemand merkte es.

Als der Lieferwagen schließlich vor der Schule hielt, hatte ich eine weitere Fahrt überlebt, ohne dass jemand mich angesprochen hatte.

Die Schule selbst war noch schrecklicher als die Fahrt dorthin. Wegen meiner langen Krankheit war ich nicht in die Vorschule gegangen, sondern kam gleich in die erste Klasse und war dort die Größte und die Älteste. Ich trug keine hübschen Kleider wie die anderen Mädchen. Die anderen hatten schönes, glänzendes Haar, meins sah aus wie wirres Stroh. Mein einziger sicherer Hafen war das Klassenzimmer. Ich sagte nichts, wenn ich nicht angesprochen wurde, und hielt mich peinlich genau an jedes Gebot und jede Regel. Das Lernen selbst fiel mir nicht schwer. Ich war eifrig bei der Sache, lernte schnell und bekam nur Einsen.

Mein Problem lag draußen, außerhalb des Klassenzimmers. Ich hatte schreckliche Angst vor dem Spielplatz, wo die Kinder tobten, schrien und lachten und Spiele spielten, die ich nicht kannte. Ich war außer mit meinen Cousins und Cousinen, die uns ein- oder zweimal im Jahr besuchten, nie mit anderen Kindern zusammen gewesen und hatte keine Ahnung, wie ich mich Gleichaltrigen gegenüber verhalten sollte.

In den Pausen versteckte ich mich im Gebüsch am Rand des Spielplatzes und wartete dort, bis die Schulglocke ertönte. Wenn ein Lehrer mich entdeckte und auf den Spielplatz schickte, stellte ich mich in die längste Warteschlange vor den Schaukeln, wo ich eine Zeit lang unbehelligt blieb. Kurz bevor ich an der Reihe war, stellte ich mich in einer anderen Warteschlange wieder ganz hinten an. Ich wusste nicht, wie man schaukelte oder rutschte.

In der zweiten Woche stand ich wieder einmal in der Warteschlange vor den Schaukeln, als mich ein Junge fragte: »He, Bohnenstange, wie heißt du?«

»Stormie«, murmelte ich.

»Du machst wohl Witze!«, schrie er. »He, hört mal alle her, sie heißt Stormie!«

Die anderen lachten und ich spürte, wie ich knallrot wurde. Dann rief jemand: »He, Stormie, wie bist du zu so einem blöden Namen gekommen?«

»Ganz einfach«, meinte ein anderer, »sie wurde während eines Sturms geboren.«

»Oder sie hat ein Sturmgewehr«, meinte ein Dritter.

Ich spürte, wie Panik in mir aufstieg, und kämpfte verzweifelt gegen die Tränen an. Da klingelte zum Glück die Schulglocke. Ich atmete erleichtert auf. Die Kinder rannten los und stellten sich in Reihen auf, um in ihre Klassenzimmer zurückzugehen. Mich überfiel ein so heftiges Gefühl der Einsamkeit, dass ich am liebsten im Erdboden versunken wäre. Wie sehr wünschte ich mir einen normalen Namen wie Mary Smith, damit ich nie mehr geneckt würde!

Mein Vater hatte mich Stormie genannt, weil ich während eines Sturms geboren wurde und sich beim Weinen mein Gesicht verdunkelte, lange bevor der »Regen«, also die Tränen kamen. Mutter hatte mich Marilyn nennen wollen, doch mein Vater meinte, der Name erinnere ihn an eine Person, die er nie hatte leiden können. Mein Name hatte mich nie gestört, bevor ich in die Schule gekommen war, doch nun schien die Hänselei kein Ende zu nehmen.

Ein anderes Problem war mein Sprachfehler. Die Reaktionen der anderen Kinder zeigten mir, dass etwas mit meiner Aussprache nicht stimmte. Ich konnte die Wörter nicht korrekt bilden und stolperte immer über die einzelnen Wörter. Nur selten sprach ich jemand an. Doch dann redete ich entweder so leise, dass er mich nicht hörte und nicht reagierte, und fühlte mich zurückgewiesen oder ich war schrecklich verlegen wegen meiner Aussprache.

»Stormie redet komisch«, sagten manche Kinder lachend.

Die Pausen und die Mittagszeit waren am schlimmsten, denn da konnte ich den anderen Kindern nicht ausweichen und es waren auch keine Lehrer oder anderen Erwachsenen da, die meine Not erkannt und mir zu helfen versucht hätten.

Zu Hause war es kaum besser als in der Schule. Mutter war fast die ganze Zeit launisch und unberechenbar. Sie konnte aus heiterem Himmel wütend und gewalttätig werden und mich für irgendetwas bestrafen, obwohl ich gar nicht wusste, was ich eigentlich getan hatte. Dann wieder verhielt sie sich tagelang, als sei ich nicht da. Nichts, was ich sagte oder tat, konnte ihr Verhalten beeinflussen. In solchen Zeiten lebte sie in einer Fantasiewelt und sprach mit eingebildeten Personen, meist Menschen, die ihr ein Unrecht zugefügt hatten, wofür sie sie heftig ausschimpfte. Ich lernte rasch, sie in diesen Zeiten nicht zu stören, denn dann wurde sie gewalttätig.

Eines Tages nahm ich Mutters Kunstperlenkette aus dem kleinen Schmuckkästchen in ihrem Schlafzimmer. Ich wollte sie mir für die Schulfotos ausleihen. Ich ließ sie in der Tasche, bis ich in der Schule war, und legte sie dann in der Mädchentoilette an. Alle anderen Mädchen trugen hübsche Kleider, nur ich hatte jeden Tag die gleiche rot karierte Bluse und eine dunkelblaue Hose an. Zu diesem jungenhaften Outfit wirkte die Perlenkette restlos unpassend, doch das wusste ich damals nicht. Ich brauchte einfach nur etwas, das mir half, auf dem Foto hübsch auszusehen. Und mir war auch nicht klar, dass ich echte Schwierigkeiten bekommen würde, wenn meine Mutter das Foto sah. Für mich war es damals geradezu lebenswichtig, auch einmal auf irgendeine Weise attraktiv zu sein.

Ein paar Tage später fragte Mutter, als ich aus der Schule kam: »Hast du meine Perlenkette gesehen?«

»Nein«, antwortete ich und versuchte, meine Panik zu verbergen, während ich fieberhaft überlegte, wo ich die Kette hingelegt hatte. Ich wusste, dass ich sie im Bus abgenommen und in die Tasche gesteckt hatte, aber zu Hause hatte ich dann völlig vergessen, sie zurück in das Schmuckkästchen zu legen.

Meine Mutter nahm meinen Arm und zerrte mich zum Spültisch. »Ich will dich lehren, mich zu belügen«, keifte sie und drückte mir ein schleimiges Stück Seife in den Mund, bis ich würgte. »Ich habe sie in der Tasche deiner blauen Hose gefunden. Du hältst dich von meinen Sachen fern und vor allem: Du lügst mich nie mehr an!« Nachdem sie die Seife wieder aus meinem Mund geholt hatte, musste ich noch eine ganze Weile mit dem brennenden Gefühl in meinem Mund stehen bleiben, bis sie mir erlaubte, ihn auszuspülen.

Seltsamerweise ist diese Strafe für mich keine so schlimme Erinnerung wie das Eingeschlossensein im Schrank, denn diesmal wurde ich für ein Unrecht bestraft, das ich wirklich begangen hatte. Als ein paar Tage später das Foto kam, auf dem ich die Perlenkette trug, lachte meine Mutter nur und ich war sehr erleichtert.

Irgendwie überlebte ich die erste Klasse. Ich war jedoch kaum zwei Monate in der zweiten, da nahm meine Mutter mich mit zu einem Besuch bei meiner Tante, ihrer älteren Schwester, die in Nebraska lebte. Ich war gern dort, denn Mutter behandelte mich besser, wenn andere Menschen anwesend waren, und ich war auch sehr gern mit meinen Cousins und Cousinen zusammen. Im Laufe der Zeit stellte sich jedoch heraus, dass meine Mutter nicht vorhatte, nach Hause zurückzukehren. Mein Vater sagte später, dass es keinen Streit, ja nicht einmal ein Gespräch gegeben habe, das in ihm den Verdacht geweckt hätte, dass sie ihn verlassen wollte. Ich hörte zufällig, wie sie meiner Tante den Grund anvertraute. Sie glaubte, dass mein Vater sie nicht liebe, und das Farmleben war zu schwer für sie.

Ich ging nun also in eine neue Schule, doch die war noch sehr viel schlimmer als die in Wyoming. Hier hatte ich es nicht mit Land-, sondern mit Stadtkindern zu tun. Sie waren besser gekleidet, selbstsicherer und klüger. Sie hatten Eigenheiten und benutzten Ausdrücke, die mir völlig fremd waren. Es war nicht zu übersehen, dass ich nicht zu ihnen passte.

Mittags mussten wir in Zweierreihen sechs Straßen weiter zur Schulkantine gehen und ich war immer der komische Vogel, der allein ging. Es war eine unvorstellbare Qual und ich versuchte den ganzen Weg über krampfhaft, die Tränen zurückzuhalten.

Meine Einsamkeit wurde so unerträglich, dass ich eines Tages nach dem Mittagessen auf dem Schulhof, wo wir uns bis zum Läuten aufhielten, zu einer Gruppe von fünf Kindern ging, die bei einem kleinen Baum standen und Schnee auf seine Äste häuften. Ich trat zu ihnen und versuchte, mit ihnen zusammen zu lachen. Plötzlich drehte sich das größte Mädchen um und sagte: »Du gehörst nicht hierher. Geh weg! Wer hat dich gefragt, ob du mit uns spielen willst?« Die anderen riefen ebenfalls: »Ja, geh weg!«

Der Schmerz dieser Zurückweisung war wie ein Messerstich. Ich drehte mich um und rannte blind vor Tränen über den Schulhof, über die Straße und dann die ganze Strecke bis zum Haus meiner Tante. Drinnen hetzte ich die Treppe hinauf, warf mich aufs Bett, zog mir die Decke über den Kopf und weinte ins Kopfkissen. Meine Mutter und meine Tante waren einkaufen. Mein Onkel schlief im Nebenzimmer, aber er hatte sein Hörgerät ausgeschaltet, deshalb wusste er nicht, dass ich im Haus war.

Wieder und wieder erlebte ich die schreckliche Erfahrung auf dem Schulhof und wollte nur noch sterben. Gab es denn niemand auf Erden, der mich nicht ignorierte? Ich tat doch niemand etwas. Ich wollte doch nur, dass jemand mit mir sprach und irgendwie zu erkennen gab, dass ich existierte.

Als meine Mutter und meine Tante schließlich nach Hause kamen und mich fanden, sagte ich ihnen, dass mir schlecht geworden sei. Ein paar Tage lang kam ich mit dieser Entschuldigung durch, dann musste ich wieder zur Schule. Ich war so verzweifelt und verlassen, dass ich nicht wagte zu widersprechen.

An Weihnachten kam der Weihnachtsmann zu meinen drei Cousins, aber nicht zu mir. Es war schrecklich, dabei zuzusehen, wie die anderen ihre Geschenke auspackten. Mir sagte man, der Weihnachtsmann hätte nicht gewusst, wo ich wohne. Ich überlegte, woher er wissen konnte, ob ich artig war oder nicht, wenn er nicht einmal wusste, wo ich wohnte, und kam zu dem Schluss, dass auch er sich einfach nicht für mich interessierte.

Nach Weihnachten reisten wir völlig überraschend ab. Später fand ich heraus, dass meine Tante meine Mutter gebeten hatte, auszuziehen und zu meinem Vater zurückzukehren. Alle glaubten, dass wir nach Hause gingen, doch meine Mutter hatte andere Pläne. Wir zogen zu Tante Grace, einer anderen Schwester meiner Mutter, in eine andere Stadt. Dort wurde ich bei einer anderen Schule angemeldet und meine Mutter fand bald Arbeit.

Tante Graces Haus war größer. Es war ein schönes, altes, zweistöckiges Haus, dessen Veranda von Fliedersträuchern umgeben war, die im Frühjahr in voller Blüte standen und wundervoll dufteten. Drinnen war es gemütlich und sauber und Tante Grace schien ständig etwas zu kochen, dessen wunderbarer Duft das ganze Haus erfüllte. Trotz dieser angenehmen Lebensumstände vermisste ich meinen Vater sehr. Unablässig fragte ich meine Mutter: »Wann fahren wir wieder nach Hause?«

»Ich weiß nicht. Ärgere mich nicht mit deinen Fragen«, antwortete sie.

An dieser zweiten neuen Schule fand ich mich mit meiner Einsamkeit ab. Ich brachte mich nicht mehr durch meine unbeholfenen Versuche, freundlich zu sein, in Verlegenheit und riskierte damit auch keine grausame Abfuhr mehr. Mein einziger Trost war das Lesen, außerdem schrieb ich meinem Vater häufig. Ich ertrug den Schmerz einfach, bis das Schuljahr im Juni endete.

Als Vater endlich am Ende des Sommers zu Besuch kam, sagte Tante Grace zu Mutter, es sei Zeit, dass sie mit ihrem Mann nach Hause zurückkehre. Da Mutter keinen Ort mehr hatte, an den sie fliehen konnte, erklärte sie sich zögernd dazu bereit. Doch sie war mutlos und verzagt. Kaum waren wir zu Hause, kam wieder ihr altes, übel gelauntes Selbst zum Vorschein. Trotzdem war ich froh, wieder bei meinem Vater zu sein.

Bald darauf ereilte uns ein schwerer Schicksalsschlag. Ein heftiger Winterschneesturm tötete fast den gesamten Viehbestand meines Vaters. Als er endlich auf die Weiden hinausreiten konnte, waren fast alle Tiere tot, begraben unter riesigen Schneeverwehungen. Es war ein schwerer Verlust für uns, doch das war noch nicht alles. Im nächsten Frühjahr säte mein Vater Getreide, das dann durch mehrere schwere Hagelstürme vernichtet wurde. Die Härten des Farmerlebens in Wyoming waren unerträglich für uns geworden, deshalb beschlossen meine Eltern, in Südkalifornien ein leichteres Leben zu suchen. Sie packten unsere wenige Habe zusammen und wir machten uns auf den Weg nach Westen, zu einem unbekannten Ziel und vielleicht in ein besseres Leben für uns alle.

Endgültige Hoffnungslosigkeit

Das »bessere« Leben, für das wir Wyoming verlassen hatten, entpuppte sich als eine kleine Tankstelle in Compton, die mein Vater pachtete, und eine alte, heruntergekommene Hütte, in der wir wohnten. Die Vordertür des Hauses war nur vier Schritte von der Hintertür der Tankstelle entfernt. Fett und Schmutz wurden zu einem festen Bestandteil unseres Lebens. Das leere Grundstück nebenan war eine Brutstätte für Ratten, die keine Schwierigkeiten hatten, von dort bis in mein Schlafzimmer zu gelangen. Manchmal kletterten sie sogar an meiner Decke hinauf und liefen über mein Bett. Wenn das geschah, war ich wie gelähmt vor Schreck und fand die ganze Nacht keinen Schlaf mehr.

Mein Vater arbeitete vierzehn Stunden am Tag, von sieben Uhr morgens bis neun Uhr abends, sechs Tage die Woche. Wenn er nicht arbeitete, war er ständig »todmüde«. Doch so schwer er auch schuftete, wir konnten kaum davon leben.

Unsere Armut zeigte sich an allen Ecken und Enden. Keiner lebte in einem schäbigeren Haus und fuhr ein älteres Auto als wir. Und obwohl ich tatsächlich fünf neue Schulkleider bekam – eines für jeden Wochentag – waren sie doch von so schlechter Qualität, dass sie überhaupt nicht saßen und schon bald abgetragen und schäbig aussahen. Doch sie mussten das ganze Jahr halten, ebenso wie ein einziges, billiges Paar Schuhe. Meist lösten sie sich schon nach einem halben Jahr auf und mussten geklebt werden. Ich schämte mich fürchterlich.

Unser Essen zu Hause war so schlecht, dass das Schulessen mir vorkam wie eine Mahlzeit in einem Drei-Sterne-Restaurant. Ich konnte nicht fassen, dass die anderen Schüler darüber schimpften und sich weigerten, es zu essen. Ich selbst ging an vielen Abenden, wenn es bei uns zu Hause nichts mehr gab als ein fast leeres Glas Mayonnaise und eine Flasche Ketchup, hungrig zu Bett. Ich lebte praktisch von Erdnussbutter- und Marmeladenbroten, war dankbar für unser Schulessen und aß meinen Teller jeden Tag leer, ganz egal, was es gab.

Zwischen dem Hunger, den Ratten und der Armut schien mein Leben hoffnungslos. Ich flüchtete mich in den Traum, irgendwann einmal eine wunderschöne Schauspielerin zu sein. Ich würde Millionen Dollar verdienen, schöne Kleider tragen, in einer Limousine herumgefahren werden und in einem palastartigen Haus wohnen, das von einer Haushälterin makellos sauber gehalten wurde. Jubelnde Fans würden mir die Liebe geben, die ich nie gekannt hatte.

Dann kamen auf einmal neue Hoffnung und ein neues Glück in mein Leben, als ich eine kleine Schwester bekam. Für eine kurze Weile hatte meine Mutter nun jemand anderen, auf den sie sich konzentrieren konnte. Aber auch ich selbst war geradezu außer mir vor Freude. Obwohl Suzy zwölf Jahre jünger war als ich, sah ich eine Gefährtin in ihr – jemand, mit dem ich reden, eine Beziehung haben, den ich lieben und umarmen konnte. Für mich war sie der Fahrschein heraus aus meiner grenzenlosen Einsamkeit. Und nicht zuletzt machte es mir Hoffnung, zu sehen, wie meine Mutter sich um jemand kümmerte. Vielleicht war sie ja trotz allem ein menschliches Wesen.

Eines Nachmittags hörte ich die drei Wochen alte Suzy in Mutters Schlafzimmer weinen, als ich aus der Schule kam. Ich ging in mein Zimmer, um mich an meine Hausaufgaben zu machen, da stand plötzlich meine Mutter neben mir. Als ich aufblickte, legte sie mir Suzy in den Arm.

»Hier. Sie gehört jetzt dir.«

»Aber ich muss Hausaufgaben machen«, protestierte ich.

»Keine Widerrede. Von jetzt an trägst du die Verantwortung für Suzy. Wenn du nicht in der Schule bist, passt du auf sie auf.«
»Aber ich muss doch zur Theaterprobe ...«
»Du kommst nach der Schule sofort nach Hause!«, schrie sie. »Hast du verstanden?«
Ich war völlig überfordert. Wie sollte ich jetzt meine Hausaufgaben erledigen? Außerdem war es mir endlich gelungen, ein paar Freunde zu finden, und jetzt würde ich keine freie Minute mehr haben, um sie zu sehen. Ich konnte sie auch nicht zu mir nach Hause einladen, dafür war es hier viel zu schmutzig und meine Mutter mochte es nicht, wenn Besuch im Haus war. Trotz allem konnte ich es Suzy nicht übel nehmen, dass sie eine solche Last für mich war. Ihr liebes, freundliches Wesen war unwiderstehlich, ich betete sie förmlich an.

Eines Morgens nach meinem zwölften Geburtstag wachte ich mit hämmernden Kopfschmerzen auf. Dazu kamen Kreuzschmerzen und Krämpfe, sodass ich kaum stehen konnte. Ich stolperte ins Badezimmer und zeigte dort meiner Mutter das Blut, das ich an meinem Nachthemd entdeckt hatte.

»Du hast jetzt den Fluch, unter dem alle Frauen leiden«, sagte Mutter mit Abscheu in der Stimme, als sei das mein Fehler. Sie hatte mich nicht im Geringsten auf die Veränderungen meines Körpers vorbereitet. Aus irgendeinem unerklärlichen Grund sprach damals niemand über Vorgänge, die auch nur im Entferntesten mit Sexualität zu tun hatten.

Meine Brüste begannen zu wachsen und mir fiel auf, dass die anderen Mädchen in der Schule alle hübsche BHs trugen. Ich bat meine Mutter, mir ebenfalls einen zu kaufen.

»Für eine solche Verschwendung haben wir kein Geld!«, schalt sie. Dann ging sie in ihr Schlafzimmer und kehrte ein paar Minuten später mit ihrem Schwangerschafts-BH zurück.

»Da hast du deinen BH. Jetzt geh mir aus den Augen!«
»Aber den kann ich nicht tragen!«

»Und warum nicht? Er war schließlich auch gut genug für mich.«

»Aber er ist doch viel zu groß. Kann ich mir nicht einen eigenen BH kaufen? Bitte! Ich verdiene mir auch das Geld dafür.«

»Nein. Ich hatte auch keine hübschen Sachen, als ich ein Kind war. Warum sollte es dir besser gehen?«

Das war ihre Standardantwort, wenn ich ihr sagte, dass ich etwas brauchte. Diskussionen waren ausgeschlossen. Ich musste anziehen, was sie mir gab. Wenn ich mich im Turnunterricht vor den anderen Mädchen ausziehen musste, schämte ich mich zu Tode. Den neuen BH versuchte ich natürlich zu verstecken, doch sie hatten ihn schnell entdeckt. »Wo hast du denn das Ding her?«, fragte ein Mädchen laut. »So was trägt man doch nicht.« Als alle lachten, wäre ich am liebsten in mein Spind gekrochen und für immer verschwunden.

An einem Sonntagmorgen zeigte sich wieder einmal die sprunghafte Natur meiner Mutter. Sie weckte mich und sagte: »Zieh dich an. Wir gehen in die Kirche.«

»Kirche?«, fragte ich verdutzt. Wir waren bisher nie einfach so in die Kirche gegangen, so weit ich mich erinnerte nur einmal bei einer Hochzeit, zweimal bei Beerdigungen und die wenigen Male, die unsere Tante uns mitgenommen hatte, als wir bei ihr lebten. *Wie kommt sie bloß auf diese abwegige Idee?*, fragte ich mich. Doch ein Kirchgang war etwas so völlig unüblich Normales, dass ich es kaum erwarten konnte.

Ich zog Suzy an, dann fuhren wir zu einer hübschen kleinen Kirche, die nicht weit von unserem Zuhause entfernt lag. Mutter hörte sich aufmerksam die Predigt an. Sie muss ihr gefallen haben, denn am nächsten Sonntag gingen wir wieder hin. Ein paar Wochen später fing Mutter an, eine Sonntagsschulklasse zu unterrichten – noch etwas bemerkenswert Normales.

Was mir an diesen Sonntagen besonders gefiel, waren die herrlichen Strandpartys und Picknicks, die die Jugendgruppe veranstaltete. Ich verliebte mich nacheinander in fast jeden Jungen aus der Gruppe. Sie waren nett und freundlich und lustig, und ich versuchte mit allen Mitteln, ihre Aufmerksamkeit zu gewinnen.

Leider wurde ich dabei ertappt, wie ich während einer kleinen Festveranstaltung der Gemeinde einen der Jungen auf dem Parkplatz der Kirche küsste. Der Pastor wurde informiert und er rief meine Mutter an. »Du hast herumgehurt«, schrie sie mich an, packte mich am Haar, stieß meinen Kopf gegen die Wand und schlug mir mit der freien Hand ins Gesicht. »Der Pastor will dich sehen. Wir gehen jetzt gleich zu ihm, vielleicht gelingt es ihm ja, dir ein wenig Vernunft einzuprügeln.«

Ich schämte mich furchtbar, als sie mich in das Büro des Pastors führte. Mutter hatte mich so oft als Hure und Schlampe bezeichnet, dass ich mich jetzt, als ich vor dem Mann stand, tatsächlich so fühlte. *Er muss schrecklich böse auf mich sein*, dachte ich.

Doch der Pastor sah mich mitfühlend und liebevoll an. Er forderte mich auf, mich zu setzen, und sagte freundlich: »Ich möchte nicht, dass ein nettes Mädchen wie du in Schwierigkeiten gerät. Ich werde für dich beten, damit das nicht noch einmal passiert.«

Das war alles?, wunderte ich mich. Er sagte nichts weiter als ein kurzes Gebet. Ich war richtig schockiert. Keine Schläge? Keine Strafen? Wie konnte das sein? Er behandelte mich mit Achtung und Liebe und ich spürte, dass ich eine zweite Chance bekam. Ich schwor mir, ihm diese Güte nie zu vergessen und nie mehr gegen die Regeln zu verstoßen – zumindest nicht in der Nähe der Kirche.

Bevor ich in die achte Klasse kam, zogen wir in ein relativ anständiges Haus in einer südkalifornischen Vorstadt, in der vor allem Angehörige der unteren Mittelschicht wohnten. Mutter ging es die ersten Monate nach einem Umzug jedes Mal wesentlich besser. Es war wie ein neuer Anfang für sie und sie gab sich große Mühe, weiterhin regelmäßig in die Kirche zu gehen. Doch die war jetzt viel weiter entfernt und sie schaffte es einfach nicht. Sie wurde wieder reizbar und gemein und warf mir obszöne Wörter an den Kopf, noch viel Schlimmere als früher. Körperliche

Strafen waren ihre normale Art, mit mir umzugehen. Der einzige physische Kontakt mit ihr beschränkte sich darauf, dass sie mich auf den Mund schlug oder mir Ohrfeigen gab.

Schon bald verschlief sie den größten Teil des Tages. Nachts schlich sie durchs Haus und sprach dabei unablässig mit unsichtbaren Personen. Eines Nachts bei einem Wutanfall – ich habe keine Ahnung, wodurch er hervorgerufen wurde – nahm sie die große Familienbibel, die sie gekauft hatte, als sie begonnen hatte, zur Kirche zu gehen, und schleuderte sie zur Hintertür hinaus über den Hof in den Schmutz. Ich nahm an, dass sie wütend auf Gott und die Kirche war. Gott konnte sie anscheinend wieder vergeben, denn ein paar Tage später war die Bibel wieder im Haus, doch der Kirche vergab sie nicht. Wir gingen nie wieder hin.

Meine Mutter schloss Freundschaft mit ein paar Nachbarn aus unserer Straße. Zwar wurde sie nie so normal, dass sie sie zu uns eingeladen hätte, aber sie war wenigstens höflich. Doch wenn niemand da war, schrie und tobte sie oft ohne ersichtlichen Grund. Ihr Wortschatz wurde immer ordinärer. Für mich hatte sie nur Schimpfnamen, von denen »Hure« und »Schlampe« noch die Harmlosesten waren. Die meisten dieser Wörter würde ich niemals auch nur aussprechen. Meine kleine Schwester lernte damals gerade sprechen. Sie schnappte rasch einige der ordinären Wörter meiner Mutter auf und fing an, ihre Puppen so zu behandeln, wie Mutter mich behandelte. Mutter war entsetzt. Aus Angst, die Nachbarn könnten merken, wie Suzy sprach und was sie machte, achtete sie fortan besser auf ihre Äußerungen und hielt sich allgemein stärker unter Kontrolle – jedenfalls vor Suzy.

Das einzig Beständige am Verhalten meiner Mutter war ihre Unbeständigkeit. Zum Beispiel wurde sie wütend, wenn ich das Haus putzen wollte, und schrie dann: »Das ist mein Haus, nicht deins! Wenn ich es putzen will, mache ich das selbst!« Doch wenn ich etwas wirklich Verbotenes tat, sagte sie gar nichts. Einmal machte ich mit einer Freundin eine Autofahrt, obwohl wir beide noch nicht den Führerschein hatten. Ein anderes Mal setzte ich meine Schlafzimmervorhänge in Brand, weil ich geraucht und ein noch brennendes Streichholz in den Papierkorb neben den Gardinen geworfen hatte. Beide Male schwieg sie. Es war, als sei überhaupt nichts passiert. Ihr Verhalten war völlig unverständlich, deshalb wusste ich nie, was mich erwartete. Doch die ständig gemeiner werdenden Ausdrücke, die sie mir an den Kopf warf, weckten einen solchen Hass in mir, dass ich mir manchmal wünschte, sie wäre tot.

Natürlich konnte ich nie eine Schulfreundin mit nach Hause bringen, weil ich nie wusste, in welchem Zustand ich meine Mutter vorfinden würde. Ich war mir nur zu bewusst, dass ich in einem verrückten Haus lebte – nicht in einer normalen Familie wie die anderen Menschen. Bei uns gab es kein Lachen, keinen Spaß, keinen Frieden und keine Hoffnung, dass es je besser werden würde.

Meinen Vater sah ich nur selten. Er ging zur Tankstelle hinüber, bevor ich aufstand, und abends kam er häufig erst zurück, wenn ich schon im Bett lag. Meiner Schwester gegenüber zeigte meine Mutter eine große Zuneigung, ja sie fiel förmlich in das andere Extrem ihres Verhaltens mir gegenüber. Ich erfuhr nichts als Grausamkeit und Hass, Suzy wurde nie in irgendeiner Weise bestraft. Manchmal dachte ich, dass meine Mutter bei Suzy vielleicht wiedergutmachen wollte, wie sie mich behandelt hatte, weil sie so völlig anders ihr gegenüber war. Dennoch war ich nie eifersüchtig, sondern sehr froh, dass es einen Menschen gab, dem gegenüber meine Mutter nett und völlig normal sein konnte. Außerdem war Suzy einfach hinreißend und ich wusste, dass sie mich liebte, weil ich gut für sie sorgte. Sie war meine kleine Freundin.

In der achten oder neunten Klasse übernachtete ich einmal bei meiner Freundin Martina Hammil*. Mutter war sehr böse darüber, aber ich ging trotzdem. Als Martina und ihre Mutter mich am nächsten Abend nach Hause brachten, erzählte Mrs Hammil meiner Mutter freudestrahlend, dass sie im zweiten Monat schwanger sei.

Eine Woche später packte Mutter mich an den Haaren, als ich aus der Schule kam, knallte meinen Kopf gegen die Küchentür und schlug mich, während sie schrie: »Du Mörderin! Mörderin! Du hast ein unschuldiges Kind umgebracht! Ich hoffe, du bist zufrieden mit dir, du egoistische –!«

Meine Gedanken rasten. Was hatte ich getan? Hatte ich die Vordertür offen gelassen und Suzy war hinausgelaufen und von einem Auto überfahren worden? »Ich weiß nicht, wovon du sprichst!«, schrie ich zurück. »Ich habe niemand etwas getan.«

»Du hast Mrs Hammils Baby getötet. Es ist deine Schuld. Du hast nicht auf mich gehört. Ich hoffe, du bist zufrieden mit dir, du Mörderin!«

»Was für ein Baby? Mrs Hammil hat kein Baby.«

»Sie hat ihr Baby verloren!«, schrie Mutter, so laut sie konnte. »Sie hatte eine Fehlgeburt und das ist deine Schuld, weil sie dich nach Hause fahren musste. Deshalb ist ihr Baby jetzt tot. Du Mörderin!«

Ich riss mich los, lief in mein Zimmer, schlug die Tür zu und warf mich schluchzend aufs Bett. »O nein! Nein, Gott, nein«, weinte ich. »Das Baby ist tot und ich bin schuld. Alle werden mich hassen. Jetzt wird keiner mehr etwas mit mir zu tun haben wollen.«

Nach einer Weile beruhigte ich mich und dachte nach. Ich musste Martina anrufen, musste wissen, was sie von dieser Geschichte hielt. Ich öffnete die Tür und ging auf Zehenspitzen zum Telefon. Doch Mutter sah mich. »Rühr das Telefon nicht an. Es ist mein Telefon, nicht deins«, schrie sie.

Am nächsten Tag in der Schule fragte ich Martina, was geschehen war. »Ach, nichts«, sagte sie beiläufig. »Mutter hat sich komisch gefühlt und ist ins Krankenhaus gefahren. Sie hatte eine Fehlgeburt, aber es geht ihr wieder gut.«

»Meine Mutter sagt, es sei meine Schuld«, sagte ich schüchtern.

»Sie sagt, es hat deiner Mutter geschadet, dass sie mich nach Hause fahren musste.«

Martina lachte. »Wie dumm von ihr! Meine Mutter ist die ganze Zeit Auto gefahren. Deine Mutter ist echt verrückt.«

Ich lachte mit ihr, doch innerlich verhärtete ich mich noch mehr gegen meine Mutter. *Niemals, schwor ich mir, niemals wieder soll sie mich so kaputtmachen. Sie kann mich schlagen und beschimpfen, aber sie wird nie durch den Hass hindurchdringen, den ich für sie empfinde. Von jetzt an ist sie ein verrücktes Tier für mich, dem ich nicht vertrauen kann.*

In diesem Jahr versuchte Mutter, Weihnachten für uns schön zu gestalten, doch für mich hatte dieses Fest keinerlei Bedeutung. Die Tage, in denen andere Familien zusammen feierten und sich freuten, verstärkten lediglich die Einsamkeit, in der ich lebte, und mein einziger Wunsch war, sie hinter mich zu bringen.

Am Weihnachtstag überraschte mich Mutter mit einem kleinen grünen Tagebuch. Ich bekam noch ein paar andere Sachen, aber das Tagebuch war ein ungewöhnlich aufmerksames, wohl überlegtes Geschenk, das mich sehr freute. Ich liebte alles, was mit Schreiben zu tun hatte. In dem Tagebuch konnte ich alle meine aufgestauten Gefühle festhalten. Ich war so begierig, am ersten Januar damit anzufangen, dass ich mir keine Gedanken machte, als ich merkte, dass ich einen der beiden kleinen Schlüssel, die dazugehörten, verloren hatte.

Ich fing an, täglich meine Gedanken und Aktivitäten aufzuschreiben, und hielt dabei vor allem fest, wer mich wahrnahm und jeden Tag irgendetwas zu mir sagte, und wer nicht. Ich sehnte mich verzweifelt nach Bestätigung. Gleichzeitig betrachtete ich jeden, der mich beachtete, mit Misstrauen, weil ich glaubte, dass mit ihm etwas nicht stimmte. Da es in meiner Familie nie so etwas wie Nähe, Kommunikation oder emotionale Wärme gegeben hatte, versuchte ich, diese Bedürfnisse durch Freunde zu stillen. Als das nicht funktionierte, dachte ich mir in meinem Tagebuch Geschichten aus. Ich war weiterhin gut in der Schule, doch das genügte nicht, um die Leere, die Einsamkeit und die Verzweiflung, unter denen ich litt, zu lindern. »Gibt es denn keinen einzigen Menschen, der mich liebt?«, flehte ich nachts zu einem fernen Gott irgendwo draußen im Universum.

Mutter schien alles zu wissen, was ich unternahm, als hätte sie Detektive angeheuert. Doch das Unrecht, das ich tatsächlich beging, stand in keinem Verhältnis zu ihren Anschuldigungen. Die Schimpfwörter, mit denen sie mich bedachte, und die Schläge auf den Mund und gegen den Kopf, die mich stets völlig grundlos und unvorbereitet trafen, wurden immer unerträglicher. Die Albträume, in denen sie mich mit einem Messer bedrohte, kehrten zurück.

Bald hatte sie mich so weit, dass ich glaubte, ich sei die Verrückte in der Familie.

»Wo ist dein weißer Rock?«, fragte sie mich eines Morgens.

»In meinem Schrank, wo sonst«, antwortete ich frech.

»Nein, da ist er nicht. Du hast irgendetwas damit gemacht. Du verschenkst deine Kleider an deine Freundinnen«, warf sie mir vor. Dann wütete sie über meine Nachlässigkeit.

Ich durchsuchte Suzys Zimmer, die Schmutzwäsche und die Bügelwäsche, doch ich konnte den Rock nicht finden. In Mutters Zimmer sah ich nicht nach, denn sie legte großen Wert auf ihre Privatsphäre und ihr Eigentum. Ich hatte noch nie ihr Zimmer betreten, geschweige denn ihren Schrank oder ihre Schubladen öffnen dürfen.

Am Nachmittag wollte ich etwas aus meinem Schrank nehmen. Da hing plötzlich mein Rock, direkt vor meinen Augen.

»Da ist ja mein weißer Rock!«, rief ich meiner Mutter zu. »Hast du ihn dort hingehängt?«

»Wahrscheinlich war er die ganze Zeit dort und du hattest wie gewöhnlich Tomaten auf den Augen«, sagte sie streng. »Vielleicht wirst du auch verrückt. Dein Geist ist krank. Ich glaube, du bist geisteskrank.«

Obwohl solche Zwischenfälle an der Tagesordnung waren und ich immer mal wieder den Verdacht hatte, dass sie das alles geplant hatte, fragte ich mich doch: *Werde ich wirklich verrückt?*

Eines Abends hatte ich ein Mädchen im Haus gegenüber besucht. Sie hatte eine Verabredung und ich half ihr, sich hübsch zu machen. Sie war zwei Jahre älter als ich, sehr schön und sehr beliebt bei den Jungen – kurz, sie war alles, was ich mir wünschte, aber nicht war. Wenn ich mich mit ihr verglich, wuchs meine Niedergeschlagenheit ins Unermessliche. Als ich mich schließlich verabschiedete und nach Hause ging, war ich voller Schmerz und Selbsthass. In dem Moment, als ich die Haustür aufschloss, starrten mich zwei wütende Augenpaare an. Vater fragte: »Wo warst du? Was hast du gemacht?«

Noch bevor ich antworten konnte, fiel Mutter über mich her: »Du hast in der Nachbarschaft herumgehurt wie eine Schlampe. Du warst bei …« Sie fing an, die Namen der Jungen aufzuzählen, die ich mochte.

Ich floh in mein Schlafzimmer. *Woher kennt sie diese Namen und all die Einzelheiten?*, fragte ich mich. *Es stimmt, ich war in diese Jungen verliebt, aber ich habe nie jemand davon erzählt und ganz bestimmt nicht ihr. Woher kennt sie meine Gedanken?*

Mutter folgte mir ins Schlafzimmer und setzte ihre Anschuldigungen fort. Sie spie die Worte förmlich zwischen zusammengebissenen Zähnen hervor: »Dein Vater und ich haben beschlossen, dass du nicht mehr raus darfst. Du darfst deine Freundinnen nach der Schule nicht mehr sehen und du darfst auch nicht mehr telefonieren.« Sie konnte mir nicht damit drohen, mir das Taschengeld zu streichen, weil ich keins bekam, oder mir irgendwelche Privilegien zu nehmen, weil ich keine hatte.

Als sie schließlich ging, weinte ich nicht. Es war, als sei ich in den Schrank zurückgekehrt und wieder ein kleines Kind. Angst, Schrecken, Hoffnungslosigkeit und Sinnlosigkeit überfluteten mich und ich konnte mich nicht dagegen wehren. Die Stimme in meinem Kopf sagte: *Es wird sich nie ändern.* Wenn das stimmte, konnte und wollte ich nicht weiterleben.

Ich wartete, bis es ruhig im Haus war und mein Vater und meine Mutter schliefen, dann schlich ich ins Badezimmer, öffnete den Spiegelschrank und schluckte sämtliche Tabletten meiner Mutter, die ich fand. Ich schluckte anderthalb Fläschchen Aspirin, dazu andere Schmerzmittel, Schlaftabletten und ein paar verschreibungspflichtige Medikamente. Danach kehrte ich in mein Zimmer zurück, zog ein sauberes Nachthemd und einen Bademantel an und legte mich ins Bett in dem Wissen, dass ich nicht mehr aufwachen würde. Ich tat das nicht, um Aufmerksamkeit zu erregen, um die Menschen in meinem Umfeld zu zwingen, mich wahrzunehmen. Ich wollte einfach dem Schmerz ein Ende machen.

Bald fiel ich in einen tiefen Schlaf.

Als ich die Augen wieder aufschlug, konnte ich den Blick nicht fixieren. Das Zimmer drehte sich um mich, ich fühlte mich schwach, benommen und mir war speiübel. Ich rollte mich zur Seite, sah das helle Sonnenlicht und sah auf die Uhr. Es war ein Uhr nachmittags.

Was ist passiert? Was ist schiefgegangen? Warum lebe ich noch?, fragte ich mich. Allmählich fiel mir alles wieder ein. Irgendwann mitten in der Nacht hatte Mutter meinen Kopf über die Badewanne gehalten und mich gezwungen, eine ekelhafte Flüssigkeit zu trinken, bis ich mich übergab.

Ich stolperte ins Badezimmer und schloss die Tür ab. Die leeren Medikamentenpackungen lagen im Mülleimer. Ich hatte hauptsächlich Aspirin genommen. Ich schaute mir die anderen Fläschchen genauer an. Die Schlaftabletten und Schmerzmittel waren schon alt, aus der Zeit von Suzys Geburt, als Mutter nicht schlafen konnte. Vielleicht waren sie unwirksam geworden. Jedenfalls hatten sie mich nicht umgebracht, mir war nur entsetzlich übel.

Ich kroch wieder ins Bett und dachte über Mutters Anschuldigungen vom Vorabend nach. Woher hatte sie nur all diese Informationen? Woher wusste sie von den Jungs? Dann machte es klick. Das Tagebuch! Der verlorene Schlüssel! Es stand alles in meinem Tagebuch und sie las es, um mir hinterherzuspionieren. Sie kannte meine allergeheimsten Gedanken.

Hinter meiner verschlossenen Tür konnte ich hören, dass Mutter Staub saugte. Immer wenn etwas Schreckliches passiert war, saugte sie Staub. Es war ihre Art, ein Problem zu leugnen und einen perfekten Eindruck zu erwecken. Und was genau war das Problem? War ich es?

Oder konnte es sein, dass *sie* das Problem war?

Ich kannte inzwischen genügend Familien, um zu wissen, dass meine Mutter nicht normal war. Irgendetwas war schrecklich schiefgegangen mit ihr. Kürzlich hatte sie behauptet, dass irgendwelche Leute sie durchs Fernsehen beobachteten oder verfolgten, wenn sie aus dem Haus ging. Als Vater und ich ihr das auszureden versuchten, wurde sie beinahe hysterisch, so sehr, dass wir richtig erschraken. Die Zahl der Menschen, die versuchten, sie »umzubringen«, nahm ständig zu – Kommunisten, Katholiken, Schwarze, Weiße, Lateinamerikaner, die Reichen, die Armen, Baptisten, Armenier, die Kennedys und so weiter, bis die Liste schließlich jeden umfasste, den wir kannten.

Als ich an dem Tag nach meinem Selbstmordversuch irgendwann aufstand, sagte Mutter kein Wort, ja sie beachtete mich überhaupt nicht und fragte auch nicht, wie es mir ging. Ich schwieg ebenfalls. Es war, als seien wir stillschweigend übereingekommen, diesen Zwischenfall nicht mehr zu erwähnen.

Zwei Tage später ging ich wieder zur Schule. »Grippe«, stand in der schriftlichen Entschuldigung, die ich mitbrachte. Ich wusste nicht, warum ich weiterleben sollte, doch die Krise war vorüber und aus irgendeinem Grund wollte ich nicht mehr sterben. Vielleicht, weil mir irgendwie klar war, dass Mutter eingesehen hatte, dass sie die Grenzen jeden Anstands überschritten hatte. Dennoch hatte ich keinerlei Hoffnung, dass sie sich ändern würde. Es Vater zu erzählen, kam nicht infrage. Wenn ich das tat, würde Mutter behaupten, dass ich log, und ich würde bestraft werden. Er glaubte grundsätzlich ihr, nicht mir.

Mutter änderte ihr eisiges Verhalten mir gegenüber zwar nicht, doch sie trieb es nicht mehr zum Äußersten. Wir kehrten zu dem zurück, was unsere ganze Familie am besten konnte: Wir taten so, als sei nichts geschehen. Mein einziger Ausweg war, die Highschool abzuschließen und so schnell wie möglich von zu Hause fortzugehen. Von da an arbeitete ich nur noch auf dieses Ziel hin.

Verpasste Chancen

Mein Fluchtplan umfasste mehrere Schritte.

Nachdem wir unmittelbar vor meinem elften Schuljahr abermals umgezogen waren, änderte ich an der neuen Schule zuallererst meine Strategie, mir Aufmerksamkeit und Zuwendung zu verschaffen. Ich versuchte nun, mit allen Mitteln die Eigenschaften nachzuahmen, die ich bei Menschen, die ich bewunderte und die sozial erfolgreich waren, beobachtet hatte.

Ich war schon immer eine Einser-Schülerin gewesen und bekam auch weiterhin gute Zensuren. Einmal, in der achten Klasse, hatte es in Sport nur zu einer Zwei gereicht. Als ich meinem Lieblingslehrer meine Einsen zeigte, sagte er freundlich: »In Sport sollte da aber auch eine Eins stehen!« Ich konnte ihm nichts von dem Selbstmordversuch und meiner anschließenden Krankheit sagen und auch nicht, dass ich ungern meine kurzen Turnhosen anzog, weil ich so dünn war, also antwortete ich einfach: »Ich mag Turnen nicht.«

»Wenn du Erfolg im Leben haben willst, Stormie, was ganz sicher der Fall ist, musst du auch Dinge tun, die du nicht magst.«

Diese Worte habe ich nie vergessen und später immer danach gehandelt.

Eine Sache mochte ich wirklich nicht: Sprachübungen. Ich hatte in der Bibliothek ein Buch darüber gefunden und glaubte beim Lesen, an schierer Langeweile sterben zu müssen, doch ich wusste, dass ich es ohne professionelle Sprachtherapie zu nichts bringen würde. Sobald ich sechzehn war, fing ich an, in einem Kaufhaus zu arbeiten. Ich wollte Geld verdienen, um mir ein Auto zu kaufen und um Sprach- und Stimmunterricht zu nehmen.

Als ich zweihundert Dollar beisammenhatte, erzählte ich meinem Vater von meinem Wunsch, mir ein Auto zu kaufen, und bat ihn, mir bei der Suche danach zu helfen. Eines Tages erzählte er, er habe eine Anzeige für einen 1949er Ford für genau zweihundert Dollar gesehen. »Komm, wir gucken ihn uns an.« Ich war entzückt über sein Interesse. Wenn es um Autos ging, kam ich immer bestens mit meinem Vater zurecht. Wir fuhren stets uralte Modelle, die gerade noch so fahrtüchtig waren, doch ihm gelang es jedes Mal, sie herzurichten und am Laufen zu halten.

Das Auto sah nicht besonders vertrauenerweckend aus, aber mein Vater meinte, es hätte einen guten Motor und nach ein paar Reparaturen, die er selbst durchführen könnte, wäre es völlig in Ordnung. Also kaufte ich es und wir fuhren nach Hause.

»Welche Farbe hättest du denn gern?«, fragte mein Vater.

»Blau. Aber das kann ich mir im Moment nicht leisten.«

»Hast du nicht nächste Woche Geburtstag?«, fragte er. Ich konnte kaum glauben, was er da sagte. Doch tatsächlich, an meinem Geburtstag fuhr mein Vater das Auto vor und es war in meinem Lieblingsblauton lackiert. Eine Lackiererei hatte ihm ein Sonderangebot gemacht und er hatte es für 24,99 Dollar lackieren lassen. Es war schlicht und einfach perfekt. Ich sah, wie Mutter uns durchs Fenster beobachtete, umarmte meinen Vater und unternahm eine kleine Spritztour in meinem Auto.

Mutter blitzte mich wütend an, als ich zurückkam. »Ich hatte kein Auto, als ich ein Teenager war«, schnaubte sie. »Warum solltest du eins haben? Du hältst dich wohl für was Besseres?« Ich ging an ihr vorbei in mein Zimmer und schlug die Tür zu, doch sie rief mir nach: »Und wie bist du eigentlich auf die Idee gekommen, Sprachunterricht zu nehmen? Ich hatte nie Sprachunterricht und du wirst auch keinen haben.«

Doch trotz ihres Widerstands hatte ich jetzt ein Auto und einen Job und sie konnte mein Leben nicht mehr kontrollieren. Ich wusste, dass meine Sprachprobleme mit ihrer Grausamkeit zu tun hatten. Doch ich stellte bald fest, dass diese Probleme auch mit professioneller Hilfe und harter Arbeit nur sehr schwer in den Griff zu bekommen waren.

Die Spannung in meinem Kehlkopf war so groß, dass ich zu Beginn jeder Therapiestunde erst einmal eine Weile meinen Kiefer lockern und meine Kehle öffnen musste. Ich redete so schnell, dass es mich Stunden langweiligsten Übens kostete, auch nur ein bisschen langsamer zu werden. Trotz aller Anstrengungen blieben die Ergebnisse kaum wahrnehmbar. Ich war so frustriert, dass ich nach jeder Stunde heulte.

Die Früchte meiner Mühe erntete ich schließlich, als ich die Hauptrolle in einem Stück bekam, das wir in der Schule aufführten, und zur Ersten Kassenwartin gewählt wurde. Mein Vater freute sich für mich, aber meine Mutter war wütend. Sie beschimpfte mich noch immer als Hure und Schlampe, ganz gleich, welche Erfolge ich vorweisen konnte. »Aus dir wird nie etwas werden, du nichtsnutzige –«, rief sie mir nach, wenn ich zu einer Theaterprobe ging.

Der nächste Schritt in meinem Plan war, genügend Geld fürs College zu verdienen. Nach meinem Highschool-Abschluss zogen wir in eine kleine Wohnung in der Nähe von Knott's Berry Farm, einem Vergnügungspark ganz in der Nähe von Disneyland. Dort fand ich Arbeit als Schauspielerin und Sängerin am Bird Cage Theater. Meinem Vater waren die langen Arbeitstage an der Tankstelle zu viel geworden und er suchte sich ebenfalls einen Job bei Knott's.

Eines Morgens an meinem freien Tag beschloss ich, das winzige Zimmer aufzuräumen und zu putzen, das ich zusammen mit meiner sechsjährigen Schwester bewohnte. Ich konnte die Unordnung plötzlich nicht mehr ertragen. Jede einzelne Schublade auf ihrer Schrankseite und auf ihrer Seite des Zimmers war schmutzig und vollgestopft mit Sachen, die schon längst weggeworfen gehörten. Es war nicht ihre Schuld, sondern die Folge der

Vernachlässigung durch meine Mutter. Suzy half mir ein Weilchen, dann verlor sie das Interesse und ging hinaus, um zu spielen. Als ich fast fertig war, kam Mutter herein. Sie war gerade aufgewacht, ihre Augen waren geschwollen und loderten vor Zorn, als sie fragte: »Was machst du da?«

»Ich habe gerade unser Zimmer geputzt und aufgeräumt«, antwortete ich stolz. Ich hatte schon immer gern sauber gemacht und alles in Ordnung gehalten – es war eine der wichtigsten Möglichkeiten für mich, mich von meiner Mutter abzugrenzen.

Ihre Augen schienen ein Loch in mein Herz zu brennen, als sie durch ihre zusammengebissenen Zähne hindurch zischte: »Ich habe dir gesagt, wenn ich putzen will, putze ich selbst. Das ist mein Haus, nicht deins.« Damit ging sie zum Schrank, zog sämtliche Bücher und das Spielzeug heraus, die ich so ordentlich in den Fächern verstaut hatte, und schleuderte sie zu Boden. Als sie anfing, die Schubladen ebenfalls auf den Boden zu leeren, rastete irgendetwas in mir aus. Das war zu viel! Ich begann zu schreien – mit weit offenem Mund, völlig hysterisch, Schreie, die tief aus meinem Innern kamen.

Dann schlug ich nach meiner Mutter in dem Versuch, sie aufzuhalten. Umgehend traf ihre rechte Hand mich auf Ohr, Wange und Auge. Der Schlag war ein Schock. Ohne zu überlegen, schlug ich zurück, so fest ich konnte.

Sie war entsetzt – genau wie ich. Ich konnte es nicht fassen. Plötzlich wuchs meine Angst, mitten in der Nacht erstochen zu werden, ins Unermessliche. Ich nahm mein Portemonnaie, verließ die Wohnung und fuhr zum Haus einer Freundin.

Im Auto fing ich an zu weinen, doch gleich darauf befahl ich mir laut: »Sie ist es nicht wert, dass ich wegen ihr weine. Sie ist einfach eine böse alte Hexe und meine Tränen nicht wert. Bald bin ich hier weg und dann brauche ich sie nie wiederzusehen.« Am nächsten Tag kehrte ich zusammen mit meiner Freundin zurück, packte ein paar Kleidungsstücke und persönliche Sachen ein und zog für eine Weile zu ihr. Als ich schließlich doch wieder nach Hause musste, erwähnten meine Mutter und ich den Vorfall mit keinem Wort. Wir konzentrierten uns auf Suzy.

Nach meinem Abschluss schrieb ich mich an einem staatlichen College etwa dreißig Minuten entfernt von unserer kleinen Wohnung ein. Eine andere Freundin, die aufs gleiche College gehen wollte, bot mir an, bei ihr und ihrer Mutter zu wohnen. Es war eine der schönsten Zeiten in meinem Leben, denn es war meine erste Erfahrung mit einem ganz normalen Familienleben. Die beiden waren wunderbar. Ihre liebevolle Mutter-Tochter-Beziehung schenkte mir neuen Lebensmut. Zum ersten Mal in meinem Leben sah ich Zeichen einer liebevollen, unerschütterlichen Zuneigung.

Nach diesem Jahr bot sich mir die Möglichkeit, im Fachbereich Musik der University of South California zu studieren. Das Leben auf dem Campus und der Unterricht waren fantastisch, doch auf Dauer war das Studium für mich zu teuer. Ich wollte mich nicht zu hoch verschulden, deshalb war ich letztlich nur für ein Semester dort. Dann musste meine Mutter sich operieren lassen und mein Vater brauchte meine Hilfe. So zog ich wieder bei meinen Eltern ein und kümmerte mich um meine kleine Schwester. Meine Mutter glaubte zwar, sämtliche Ärzte seien nur darauf aus, sie umzubringen, doch schließlich waren ihre Schmerzen stärker als ihre Angst und sie stimmte einer Operation zu.

Als ich sah, dass meine Schwester stark vernachlässigt war, hatte ich prompt ein schlechtes Gewissen, weil ich sie verlassen hatte. Doch dann dachte ich, dass ich ihr helfen könnte, wenn ich selbst genügend Geld verdiente. Ich würde das College abschließen und Suzy aus ihrem Elend herausholen.

Ich arbeitete wieder im Bird Cage Theater auf Knott's Berry Farm – vier Auftritte täglich, zwei nachmittags und zwei abends. Mein Vater hatte Frühschicht, also war immer jemand zu Hause bei Suzy. Zwei Abende die Woche besuchte ich zudem Spätkurse am örtlichen Junior College, damit ich mein Studium nicht ganz abbrechen musste.

In den Melodramen, die wir in dem kleinen Theater aufführten, hatte ich gewöhnlich die Rolle der Heldin. Der Schauspieler, der den Helden spielte, war ein gut aussehender, begabter junger Comedian namens Steve Martin. Er war fröhlich und feinfühlig und was als Freundschaft begann, mit einem lebhaften Austausch über Literatur, Philosophie, Träume und ganz allgemein unsere tiefsten Gedanken, mündete rasch in meine erste große Liebe. Steve gab mir das Gefühl, schön, weiblich und begehrenswert zu sein. Er war der erste Mensch in meinem Leben, der mich wirklich liebte. Wenn wir zusammen waren, stand die Zeit still, niemals gab es irgendwelche Verstimmungen zwischen uns. Er war erfrischend lustig und zugleich tiefernst und nachdenklich. Kein Streit. Kein Schmerz. Keine Missverständnisse. Wir waren ein großartiges Team. Das Leben war schön.

Was mich sehr überraschte, war, dass Steve nicht zu wissen schien, wie talentiert, intelligent und attraktiv er war. Ich ermutigte ihn, aufs College zu gehen, seinen Horizont zu erweitern, sich höhere Ziele zu stecken und herauszufinden, wohin seine Begabungen ihn führen würden.

Ich wünschte ihm von Herzen, dass er erkennen konnte, wie begabt er war. Er trug alles bereits in sich, es musste nur noch bemerkt, entwickelt, zur Blüte gebracht werden. Er besaß alles, was zum Erfolg nötig war, und ich wurde nicht müde, ihm zu sagen, dass er zu Großem bestimmt sei. Ich war ganz sicher. Er brachte alles dafür mit.

Erst Jahre später, als Steve tatsächlich erfolgreich und berühmt geworden war und seine Autobiografie schrieb, erfuhr ich, dass er große Probleme mit seinem Vater gehabt hatte. Steve und ich hatten nie über meine Mutter oder seinen Vater gesprochen. Vielleicht fürchteten wir damals beide, dass die Überzeugungen und Erwartungen unserer Eltern sich möglicherweise doch noch als richtig erweisen würden. Ich kann nur sagen, dass seine Eltern mich mochten. Meine Eltern beteten Steve förmlich an. Meine Mutter zeigte sich stets von ihrer besten Seite, wenn er da war.

Aber es war auch schlicht und einfach unmöglich, ihn nicht zu mögen.

Wie auch immer, wir waren jung und hatten Träume und Sehnsüchte und wussten, dass wir ihnen folgen mussten. Nach unserer gemeinsamen Zeit kam es nicht zu einem traurigen Bruch, es war vielmehr ein langsames Auseinanderdriften in unterschiedliche Richtungen. Die Beziehung zu Steve war die einzige, die ich nie bereut hatte und die ich nicht mit negativen Gefühlen verband – ich habe nur glückliche Erinnerungen an eine gute Zeit, Freundlichkeit, Liebe und gegenseitige Wertschätzung. Steves Mutter und ich schrieben uns später noch jahrzehntelang mehrmals im Jahr, bis sie viele Jahre später starb. Ich glaube, sein Vater hat immer darauf gewartet und gehofft, dass er irgendwann doch noch einen »richtigen« Beruf ergreifen würde.

Ich ging wieder aufs College, aber diesmal auf die UCLA. Es war eine großartige Universität, genau zwischen Hollywood und Beverley Hills, meinem Sehnsuchtsort, gelegen. Und sie war noch nicht einmal so teuer. Ich arbeitete nebenher, um mir das Studium zu finanzieren, sodass ich nach meinem ersten Semester an der USC kein weiteres Darlehen aufnehmen musste.

Kurz vor Weihnachten erhielt ich eine Einladung von einem alten Freund von der Highschool, Scott Lansdale*. Er fragte, ob ich nicht Weihnachten bei ihm und seiner Familie verbringen wolle. Scott besuchte ein renommiertes College im Osten und seine Familie war in eine Stadt im Mittleren Westen gezogen. Ich freute mich über die Einladung, denn jede Entschuldigung, nicht bei meiner Mutter sein zu müssen, zumal in den Ferien, war mir willkommen.

Die Lansdales waren wohlhabend und ihr Zuhause gleichsam der Inbegriff all dessen, was mein Zuhause nicht war. Ihr Haus war groß, weitläufig, schön und sauber. Sogar die großen Panoramafenster, von denen man einen wundervollen Blick auf den gepflegten Rasen hatte, waren makellos geputzt. Scotts Eltern waren herrlich normal, ich war voller Bewunderung für sie. Sie waren intelligent und hatten Humor. Scott neckte mich immer damit, dass ich seine Eltern lieber hätte als ihn – was sich leider als richtig erwies. Ich hätte alles dafür gegeben, eine Mutter wie seine zu haben.

Mrs Lansdale war eine sanfte, kluge, feinfühlige Frau, die jeden Morgen früh aufstand und das Frühstück für die ganze Familie machte. Sie behandelte mich wie etwas sehr Wertvolles, es fiel mir schwer, sie nicht ständig mit meiner Mutter zu vergleichen. Wir schlossen rasch Freundschaft, kamen uns aber nicht nahe genug, dass ich ihr Einzelheiten aus meiner Kindheit erzählt hätte. Es schien mir zu beschämend, dass ich als Kind in einen Wandschrank eingesperrt worden war oder dass ich hatte miterleben müssen, wie meine Mutter nachts durchs Haus wanderte und mit Stimmen sprach, die außer ihr niemand hörte. Wenn Mrs Lansdale das erfuhr, würde sie mich ablehnen, davon war ich fest überzeugt. *Wenn sogar deine eigenen Eltern dich ablehnen*, so dachte ich, *muss das einen guten Grund haben.*

Eines Nachts nach einer großen Party im Haus der Lansdales – die Gäste waren bereits gegangen und Mr und Mrs Lansdale hatten sich zurückgezogen – blieben Scott und ich noch ein Weilchen in dem gemütlichen Partyraum im Keller. Wir saßen vor dem Kamin und tranken Wein. In meiner verzweifelten Sehnsucht nach Liebe wurde ich zu sorglos. Ich sollte diese Nacht noch bitterlich bereuen.

Ein paar Wochen nach meiner Rückkehr nach Los Angeles erfuhr ich von meinem Vater, dass Mutters Zustand sich verschlechtert hatte. Er hatte einen Arzt aufgesucht, der eine komplizierte Geisteskrankheit diagnostiziert hatte, »schizophren« und »paranoid« waren die einzigen Wörter, die ich einigermaßen verstand. So war nun offiziell bestätigt, dass Mutters Verhalten nicht allein aus Gemeinheit und Hass resultierte. Es stimmte tatsächlich etwas nicht mit ihr und dieses Etwas hatte einen Namen.

Über Geisteskrankheit redete man damals nicht, da man keineswegs mit dem Mitgefühl der Umwelt rechnen konnte. Zudem warf ein solcher Fall ein schlechtes Licht auf die anderen Familienmitglieder, man verdächtigte sie, ebenfalls psychisch krank zu sein. So hielten mein Vater und ich die Krankheit meiner Mutter geheim. Die ältere Schwester meiner Mutter, Tante Margaret*, erklärte sich bereit zu kommen und meinem Vater dabei zu helfen, Mutter in eine Klinik bringen zu lassen.

»Du musst auch kommen, Stormie«, bat Margaret mich am Telefon. »Deine Mutter muss wissen, dass wir uns einig sind, dass es so am besten für sie ist. Die Ärzte sagen, wenn man sie überreden kann, freiwillig in eine Klinik zu gehen, ist die Schlacht schon halb gewonnen. Die Aussichten der Patienten, die freiwillig kommen, sind sehr viel besser als die derjenigen, die zwangseingewiesen werden.«

»Aber sie wird niemals einverstanden sein. Sie wird nicht freiwillig gehen und sie wird auch nicht zulassen, dass du sie hinbringst«, wandte ich ein.

Alle außer mir schienen anzunehmen, dass es gelingen würde, meine Mutter zu überzeugen. Doch ich kannte ihre dunkle Persönlichkeit besser und war sicher, dass es zu einer sehr hässlichen Szene kommen würde.

Das Datum wurde auf eine Woche später festgesetzt. Ich sollte in die Wohnung meiner Eltern kommen, wo sich auch meine Tante aufhielt. Meine kleine Schwester hatten wir woanders untergebracht. Vater, meine Tante und ich hatten einen Plan ausgearbeitet, wie wir Mutter überzeugen wollten, sodass sie sich ohne Widerrede von uns in die Klinik fahren lassen würde.

Sie träumen, dachte ich. *Sie kennen sie nicht. Mutter ist überzeugt, dass sie allein recht hat und alle anderen unrecht haben; dass sie unschuldig ist und alle anderen schuldig sind; dass sie nor-*

mal ist und alle anderen verrückt. Um keinen Preis der Welt wird sie zugeben, dass mit ihr etwas nicht stimmt.

Bis zum vereinbarten Termin versuchte ich, mich auf die Abschlussprüfungen an der Universität vorzubereiten. Doch mir war die ganze Zeit so übel, dass ich weder essen noch schlafen konnte, geschweige denn lernen – ein Zustand, in dem ich mich schon seit meiner Rückkehr aus den Ferien befand. Zuerst dachte ich, ich hätte eine Darmgrippe, doch es ging nicht vorüber. Schließlich suchte ich einen Arzt auf und erfuhr zu meinem Entsetzen, dass ich schwanger war. Die Nachricht erschreckte mich zu Tode. Wie hatte es dazu kommen können? Ich war völlig unerfahren und hatte darauf vertraut, dass Scotts Vorkehrungen ausreichen würden.

Ich stolperte aus der Arztpraxis, fuhr zu einer hübschen kleinen Kirche gleich neben dem Campus, setzte mich in den leeren Altarraum und überdachte meine Möglichkeiten. Keine war erfreulich.

Eine Heirat kam nicht infrage. Ich selbst hätte diese Lösung zwar sofort akzeptiert, doch Scott hatte keinen Zweifel daran gelassen, dass er nichts mehr mit mir zu tun haben wollte. Er war ein brillanter Jurastudent, eine wichtige Persönlichkeit auf dem Campus und der ganze Stolz seiner Familie. Sie erwarteten von ihm, dass er Senator oder Gouverneur werden würde. Auf keinen Fall würde er all das hinwerfen, nur um eine im Leichtsinn begangene Übertretung wiedergutzumachen. Außerdem hatte ich jedes Vertrauen in ihn verloren, als sich herausstellte, dass er die gleichen Liebesbriefe wie an mich auch an ein anderes Mädchen geschrieben hatte. Dieses Mädchen war ohne sein Wissen meine beste Freundin geworden. Sie und ich verglichen eines Tages unsere Liebesbriefe und lachten über unsere Entdeckung. Wir nahmen Rache, indem wir ihm genau die gleichen Antwortbriefe schrieben, und lachten auch darüber. Doch eigentlich war ich traurig über sein verantwortungsloses Verhalten. Er war nicht der, für den ich ihn gehalten hatte.

Selbstmord war eine weitere Lösung für das schreckliche Dilemma, schwanger und ledig zu sein, doch das wäre sehr rücksichtslos meiner Schwester und meinem Vater gegenüber gewesen, gerade jetzt, wo wir Mutter in eine psychiatrische Klinik einweisen lassen wollten. Das konnte ich ihnen nicht antun. Andererseits – das Kind zu bekommen, wäre noch schlimmer gewesen.

Ich war sicher, dass es meiner Familie lieber wäre, mich tot zu sehen, als dass ich ihnen eine solche Schande machte.

Wohin konnte ich gehen? Was konnte ich tun? Ich ließ mich aus der Kirchenbank auf die Knie gleiten und betete. »Gott, bitte hilf mir aus dieser Not«, schluchzte ich. »Ich verspreche dir auch, von nun an ein guter Mensch zu sein.«

Ich weiß nicht mehr, wie lange ich da kniete und weinte und betete, doch als ich schließlich aufstand, hatte ich keine Antwort gehört und keinen Frieden gefunden.

Danach wurde meine Übelkeit schlimmer denn je. Als der Tag gekommen war, an dem wir Mutter in die Klinik bringen wollten, flog Tante Margaret zu uns nach Los Angeles. Mir war so übel, dass ich kaum fahren konnte, doch irgendwie schaffte ich die anderthalbstündige Autofahrt zur Wohnung meiner Eltern. Meine Tante empfing mich an der Tür. Ich zitterte vor Angst und ging erst einmal ins Badezimmer, um mich ein wenig zu beruhigen. Mein einziger Trost war, dass meine Tante gekommen war. Wenn ich ihr doch nur die Wahrheit sagen und mit ihr nach Hause gehen könnte, in das hübsche, regenbogenfarbige Zimmer im zweiten Stock ihres schönen Hauses, in dem ich einmal gewohnt hatte. Wenn ich doch nur unter die saubere bunte Decke krabbeln und sie mir über den Kopf ziehen könnte und dieser Albtraum vergehen würde.

»O Gott«, weinte ich, »es gibt keinen Ausweg. Ich sitze in der Falle.«

Ich trat aus dem Badezimmer und sagte zu meiner Tante: »Ich kann nicht bleiben. Ich habe morgen Prüfungen und mir ist so übel, dass ich mich jeden Moment übergeben muss. Ich kann die Szene, die sich hier gleich abspielen wird, nicht ertragen. Es tut mir furchtbar leid, aber ich muss gehen. Kannst du es meinem Vater erklären?«

Meine Tante wirkte sehr enttäuscht, versprach aber, mich anzurufen und mir zu sagen, wie es ausgegangen war.

Ich fuhr zurück in meine Wohnung im Westwood Village und warf mich aufs Bett. Mir war zu übel und ich war zu verzweifelt, um für die Prüfung zu lernen. Ich würde mich auf das verlassen müssen, was ich bereits im Laufe des Semesters gelernt hatte. »O Gott, gib mir ein gutes Gedächtnis.« *Warum bete ich überhaupt? Hört Gott mich? Gibt es überhaupt einen Gott?*

Früh am nächsten Morgen rief meine Tante an. »Geht es dir besser?«, fragte sie.

»Ein bisschen«, log ich. »Ich muss gleich los. Wie ist es gestern gelaufen?«

»Nicht gut. Als wir deiner Mutter vorschlugen, mit uns zusammen in die Klinik zu fahren, wurde sie hysterisch.« Tante Margaret holte tief Luft, dann fuhr sie fort: »Ich habe sie noch nie so erlebt. Sie schrie uns an und sagte, wir seien wie die anderen Kommunisten, die ihr nach dem Leben trachteten. Sie beschimpfte uns fürchterlich. Du kannst dir nicht vorstellen, was sie uns alles an den Kopf geworfen hat.«

»Doch, das kann ich«, widersprach ich. »Mich hat sie die ganze Zeit so beschimpft.«

»Wir haben versucht, vernünftig mit ihr zu reden, aber sie hat nur geschrien: ›Ihr seid verrückt, nicht ich! Mit mir ist alles in Ordnung!‹ Dann ist sie in ihr Zimmer gelaufen, hat sich ihr Portemonnaie und die Autoschlüssel geschnappt, ist aus dem Haus gerannt, ins Auto gesprungen und fort war sie, bevor wir sie aufhalten konnten.«

»Wo ist sie jetzt?«

»Das wissen wir nicht. Sie ist gestern Nacht nicht zurückgekommen. Der Arzt hat deinem Vater gesagt, er könne ein paar

Papiere unterschreiben, dann würde die Polizei sie suchen und in die Klinik bringen.«

Schweigen.

»Okay ... und was hat Vater gemacht?«

»Er ist zusammengebrochen, hat geweint und gesagt, das könne er nicht. Er glaubt, dass sie ihm das nie verzeihen wird, und denkt, irgendwann wird es von selbst wieder gut.«

Ich wusste, dass er an die Irrenanstalten in den alten Horrorfilmen dachte und sicher war, dass es dort keine Hoffnung mehr für sie geben würde. So grausam sie auch zu ihm gewesen sein mochte, er liebte sie immer noch und klammerte sich an die Hoffnung, dass ihre Krankheit irgendwann von selbst wieder gut werden würde – als ob das je passieren würde.

»Es liegt jetzt bei dir, Stormie«, fuhr die erschöpfte Stimme am Telefon fort. »Die Einzige, die jetzt noch etwas für deine Mutter tun kann, bist du.«

»Ich?«, stammelte ich. »Das soll wohl ein Scherz sein. Ich kann nichts für sie tun. Wir haben uns immer gehasst.«

»Ja, ich weiß«, seufzte sie. »Ich fürchte, deine Mutter war eine schreckliche Mutter.«

Ich traute meinen Ohren nicht. Es gab einen Menschen, der wusste, dass sie eine schreckliche Mutter war? Doch was meine Tante sagte, gab mir Kraft, denn die Anerkennung dieser Tatsache durch einen Außenstehenden bestätigte mir, dass ich selbst nicht verrückt war. Gleichzeitig fragte ich mich, warum meine Tante nie etwas unternommen hatte, um mir zu helfen.

In diesem Augenblick lastete die Verantwortung für die ganze Welt auf meinen Schultern. Ich war schwanger und mir ging es nicht gut und mein Vater und meine Schwester brauchten mich mehr denn je, jetzt, wo meine Mutter fort war. Ich konnte nicht einfach für ein Jahr verschwinden, um heimlich ein Baby zu bekommen. Wenn ich Selbstmord beging, würde sie das umbringen. Es gab nur noch einen Menschen, an den ich mich wenden konnte.

Tödliche Entscheidungen

»Stormie! Wie geht's dir?«, zirpte Julies* Stimme durch das Telefon.

»Nicht so gut, wie mir lieb wäre.« Ich hatte Julie im vorigen Jahr kennengelernt, als ich auf Knott's Berry Farm gearbeitet hatte. »Ich brauche deine Hilfe. Weißt du noch, wie du mir von deiner Abtreibung erzählt hast? Ich brauche die Adresse des Arztes, der sie vorgenommen hat.«

Ich hielt den Atem an, während ich auf ihre Antwort wartete. Wenn sie mir nicht half, wusste ich nicht, was ich sonst tun sollte. Über Abtreibung wurde in der Öffentlichkeit nicht gesprochen. Julie war der einzige Mensch, den ich je darüber hatte reden hören.

»Du weißt, dass die Polizei da hart durchgreift«, sagte sie. »Der Arzt, der sie bei mir gemacht hat, sitzt mittlerweile im Gefängnis.«

»O nein! Was soll ich jetzt tun? Bitte Julie, du musst mir helfen. Ich muss jemand finden, der mir hilft.«

»Ich habe noch andere Kontakte. Ich will sehen, was ich tun kann. Halte durch, Stormie. Es dauert vielleicht ein paar Tage, aber ich rufe dich zurück, versprochen.«

Es dauerte zwei Wochen, bis sie sich wieder meldete. In der Zwischenzeit rief mein Vater an, um mir zu sagen, dass Mutter nach zehn Tagen endlich nach Hause zurückgekehrt sei. Sie war schon ein paarmal verschwunden gewesen, aber noch nie so lange. Wie gewöhnlich fragte keiner, wo sie gewesen war oder was sie gemacht hatte. Wir taten einfach, als sei nichts geschehen.

Am nächsten Tag rief Julie mich an. »Ich habe einen Arzt aufgetrieben, in Tijuana, gleich hinter der mexikanischen Grenze.« »Es ist mir egal, wo es gemacht wird. Es ist mir sogar egal, ob es ein Arzt macht. Ich brauche einfach jemand, der mir hilft. Wie viel?« »Sechshundert Dollar.« »Sechshundert Dollar!«, keuchte ich. »Ich hab nicht mal fünfzig!« Ich schwieg, dann fuhr ich fort: »Egal. Ich werde das Geld irgendwie auftreiben. Sag ihm zu und ruf mich an, wenn du das Datum weißt.«

Ich rief Scott an und bat ihn um das Geld. Nach einigem Zögern und Fragen, ob ich wirklich schwanger sei oder einfach nur Geld brauchte, gab er nach. Ich war sehr gekränkt, doch ich nahm das Geld von seinen Eltern, die sehr besorgt um mich waren, an.

Mit dem Bargeld in der Tasche fuhr ich zu dem ausgemachten Treffpunkt in einer verlassenen Gegend in der Nähe des Highways nach Mexiko. Ein Kontaktmann des Arztes holte mich und eine andere Frau, die von ihrem Mann begleitet wurde, ab. Wir waren alle aus dem gleichen Grund hier. Zuallererst mussten wir dem Kontaktmann das Geld geben. Außer ein paar zögerlichen Versuchen, Konversation zu machen, sprach auf der etwa einstündigen Fahrt keiner ein Wort. Ich hatte große Angst, doch ich dachte, ganz gleich, was passierte, alles war besser, als schwanger zu sein und jeden Tag unter dieser unvorstellbaren Übelkeit zu leiden.

An der Grenze gab es keine Probleme, die Grenzbeamten schienen den Fahrer zu kennen. Wir fuhren zu einem kleinen, unauffälligen Haus in einem alten, heruntergekommenen Wohnviertel von Tijuana. Eine Mexikanerin öffnete uns die Tür und führte uns ins Wohnzimmer. Sobald die Tür hinter uns geschlossen und verriegelt war, kam der Arzt und begrüßte uns.

Da ich fast außer mir war vor Nervosität, ging ich freiwillig als Erste mit. Sie führten mich durch einen langen, dunklen Flur auf die Rückseite des Hauses. Ich vermutete hinter der Tür ein winziges Schlafzimmer, doch stattdessen führte sie in einen weißen Raum, ähnlich einem normalen Krankenhaus-Operationssaal, mit allem notwendigen medizinischen Equipment. Eine weiß gekleidete Krankenschwester half mir, ein weißes Krankenhausnachthemd anzuziehen und mich auf den OP-Tisch zu legen. Während der Anästhesist eine Nadel in meine Vene einführte, beugte sich der Arzt über mich und sagte freundlich: »Falls Sie während der Operation sterben, muss ich Ihren Leichnam in der Wüste entsorgen. Sie verstehen sicher, dass ich kein Risiko für mich und die anderen eingehen kann, indem ich ihn der Polizei übergebe. Nur damit Sie Bescheid wissen.«

»Passiert das oft?«, fragte ich verängstigt.

»Nein«, antwortete er sachlich, »aber es kommt vor. Ich mache das nicht gern, aber ich habe keine andere Wahl.«

Ich betete im Stillen. *Gott, bitte lass mich am Leben, ich will auch wirklich ein guter Mensch werden.* Ich hatte so oft in meinem Leben sterben wollen, doch jetzt entsetzte mich der Gedanke.

»Zehn, neun, acht ...«

Ich wachte in einem anderen Zimmer auf, wo die Schwester schon alles für die Abfahrt vorbereitete. Mir fiel sofort auf, dass mir zum ersten Mal seit vier Wochen nicht sterbensübel war. Der Albtraum war vorbei! Es kam mir nicht in den Sinn, dass ich gerade ein Leben zerstört hatte, ich dachte nur daran, dass ich selbst nicht gestorben war. Ich empfand keine Reue – ich war nur froh und dankbar, dass ich noch am Leben war und eine zweite Chance bekommen hatte. Keiner außer den unmittelbar Betroffenen würde je von dieser Sache erfahren.

Danke, Gott, betete ich. *Von jetzt an werde ich alles richtig machen. Ich werde schätzen, was ich habe, statt über das zu jammern, was mir fehlt. Ich möchte dich näher kennenlernen und ich will auf keinen Fall den gleichen Fehler noch einmal machen.*

Mein Gebet war einfach, aber aufrichtig. Es war mir sehr ernst mit meinen Versprechen, doch ich musste schon bald feststellen, dass ich zu schwach war, um auch nur eines davon zu halten. Sobald ich wieder an der Universität war, fiel ich in meine alten Verhaltens- und Denkmuster zurück.

In jenem Sommer wurde ich als Sängerin für eine beliebte neue Freilichtbühne engagiert, auf der musikalische Live Comedys mit Gaststars aufgeführt wurden, die alle zwei Wochen wechselten. Meine Arbeitstage dort waren sehr lang, da wir tagsüber eine Show probten und abends eine andere aufführten. Um Geld zu sparen, zog ich wieder zu meinen Eltern, doch ich war eigentlich nur zum Schlafen zu Hause, denn allein die Fahrt zum Theater dauerte anderthalb Stunden.

Mutter hatte eine neue Strategie entwickelt, seit sie nach Hause zurückgekehrt war. Sie konzentrierte ihre wütenden, hasserfüllten Ausfälle nun auf meinen Vater und ließ mich in Ruhe. Jetzt waren mein Vater und ihre Schwester ihre Feinde. Weil ich in jener Nacht nicht dabei gewesen war, sah sie mich nicht als Verräterin. Suzy war sowieso über jeden Verdacht erhaben.

Meine kleine Schwester war oft empört über Mutters bizarres Verhalten. Da ich sie in den ersten sechs Jahren ihres Lebens praktisch allein aufgezogen hatte, war es mir gelungen, sie bis zu einem gewissen Grad vor Mutters Problemen abzuschirmen. Doch als ich dann aufs College ging und nur noch selten zu Hause war, musste sie allein mit allem fertigwerden. Ich hatte ein schlechtes Gewissen deswegen, doch meine Ausbildung war mein nächster Schritt aus der Armut heraus, und das kam letztlich auch ihr zugute.

Eines Abends kam ich sehr spät nach Hause. Suzy war noch auf und weinte. »Weinst du wegen Mom?«, fragte ich.

»Ja«, schluchzte sie.

Ich umarmte sie und strich ihr übers Haar. »Mom ist nicht ganz in Ordnung«, erklärte ich ihr. »Sie ist sehr krank und will nicht ins Krankenhaus. Deshalb müssen wir für sie sorgen, so gut wir können. Versuch, das, was sie sagt oder tut, nicht persönlich zu nehmen, sie kann nicht anders.«

Meine Erklärung setzte mich selbst in Erstaunen. Ich verachtete meine Mutter. Ich empfand nicht das allergeringste Mitleid mit ihr, nur ich selbst tat mir leid – und Suzy. Dennoch war ich offenbar so überzeugend gewesen, dass meine Schwester sich getröstet fühlte und danach besser mit ihrer schwierigen Situation zurechtkam.

Suzys Beziehung zu unserer Mutter war nie so gestört wie meine. Mein Verhältnis zu ihr dagegen war unwiderruflich zerstört durch ihre Misshandlungen und Beschimpfungen, die zur Folge hatten, dass ich mein Leben nur unter größten Schwierigkeiten bewältigen konnte. Die Leere und der Schmerz, die ich tagtäglich empfand, wurden mit jedem Jahr schlimmer. Meine Ängste und Depressionen nahmen zu. Jeden Morgen, wenn ich aufwachte, kämpfte ich mit Selbstmordgedanken. Zu allem Überfluss war ich ständig müde, weil ich viel zu viel arbeitete in dem vergeblichen Versuch, meinen Zustand zu überwinden und mich nicht davon unterkriegen zu lassen.

Meine letzte Show in diesem Sommer war *Call me Madam* mit Ethel Meman, einem berühmten Star. Ich liebte diese Show und genoss die Zusammenarbeit mit Ethel. Der Gedanke, dass das alles bald vorüber sein würde und ich zu meinem letzten Jahr aufs College zurückmusste, deprimierte mich, vor allem wegen der schrecklichen Erinnerungen an die Schwangerschaft, die Übelkeit und die Abtreibung. Ich brauchte eigentlich eine Auszeit. Deshalb stimmte ich sofort zu, als eine Kollegin mich fragte, ob ich Interesse daran hätte, mit dem Norman Luboff Chor, einer damals sehr beliebten Gruppe, die viele Radiohits gelandet hatte, auf Tour zu gehen.

Die folgenden neun Monate tourte ich durch die Vereinigten Staaten, was mich vor ein paar unvorhergesehene Probleme stellte. Das Zusammenleben mit dreißig anderen Menschen in einem engen Bus, ohne eigenes Schlafzimmer, bedeutete, dass ich meine Depressionen und meine schreckliche Unsicherheit ständig unterdrücken musste, um den schönen Schein zu wahren. Das war furchtbar anstrengend – und letztlich unmöglich, wie sich mit der Zeit herausstellte.

Einmal die Woche rief ich zu Hause an, um zu hören, wie es meiner Schwester ging. Eines Abends nach einem Auftritt in Georgia war Mutter am Telefon. Sie war wütend, dass ich mit Norman Luboff auf Tour war. »Wegen deiner öffentlichen Auftritte werden sie mich finden und umbringen«, schrie sie mich an. Anscheinend spielte es keine Rolle, dass *sie* sie angeblich schon jahrelang durchs Fernsehen beobachteten und das Haus verwanzt hatten. »Vergiss nicht, dass du wertlos bist«, fuhr sie fort. »Auch wenn du in diesem noblen Chor singst. Du bist trotzdem wertlos. Ein Nichts.«

Mutter war verrückt. Ich wusste das. Warum also zitterte ich, als ich auflegte? Ich wusste, dass keine dieser Aussagen stimmte, und war trotzdem nach jedem Gespräch mit ihr am Boden zerstört. Sie hatte noch immer die Macht, mich zu vernichten, wie damals, als sie mich als kleines Mädchen in den Wandschrank eingeschlossen hatte. Wenn sie mich in einem Moment der Schwäche erwischte, konnte sie ein Messer in mein Herz stoßen und mich in eine wochenlange Depression stürzen. Ein Teil von mir wusste natürlich, dass sie geisteskrank war, doch der andere Teil glaubte jedes Wort, das sie sagte. Warum nur hatte Mutter noch immer diese Macht über mich?

Ich ging nach unten zu ein paar anderen aus meiner Gruppe, die im Hotelrestaurant auf mich warteten. Doch ich war so niedergeschlagen, dass ich kaum reden oder essen konnte, deshalb zog ich mich früh zurück, ging auf mein Zimmer und weinte mich in den Schlaf.

Am nächsten Morgen hatte ich mich wieder so weit gefangen, dass ich mit den anderen zusammen frühstücken konnte. Hin und wieder gelangen mir sogar ein Lächeln und ein paar Scherze. Einer der jungen Männer meinte: »Wie ich sehe, hast du heute eine manische Phase.« Ich fand die Bemerkung amüsant und konnte sogar mit den anderen darüber lachen – aber es tat trotzdem weh. Jede Anspielung auf psychische Labilität schürte meine Angst, dass ich wie meine Mutter werden könnte.

Von der Tour kehrte ich völlig verzweifelt und geistig, emotional und körperlich restlos erschöpft zurück. Das ständige Bemühen, meine Fassade zu wahren, hatte seinen Tribut gefordert. Das enge Zusammenleben mit anderen Menschen über eine so lange Zeit zeigte nur umso deutlicher, wie seltsam ich im Vergleich zu ihnen war. Ich fühlte mich wie eine Versagerin und verbrachte die nächsten Wochen fast nur im Bett.

Das Angebot, für eine neue Musical-Fernsehshow vorzusingen, die CBS im Sommer 1966 ausstrahlen wollte, riss mich schließlich aus meiner Lethargie. Ich gab mir große Mühe, mich hübsch zu machen und gut zu klingen, doch als ich die Schönheit und das Talent der anderen Bewerberinnen sah, war ich so deprimiert, dass ich zu Hause sofort wieder unter die Bettdecke kroch.

Als der Verantwortliche später anrief und mir sagte, dass ich zusammen mit drei anderen Mädchen ausgesucht worden sei, mischte meine spontane Freude sich sofort mit Angst. Offenbar war das Probesingen gut gelaufen, doch wie lange würde ich meinen wahren Zustand verbergen können? Meine Panikattacken wurden immer schlimmer. Ich wusste nie, wann sie auftreten würden. Wenn dies geschah, musste ich mich so schnell wie möglich in die nächste Toilette flüchten. Dort hielt ich mir den Bauch, schluchzte krampfhaft und hatte das Gefühl, von einem Messer durchbohrt zu werden. Wie lange konnte ich das geheim halten? Dann wieder fürchtete ich, dass meine Kehle sich verkrampfen und ich meine Stimme verlieren könnte. Was, wenn mir das während eines Auftritts passierte?

Trotz meiner Ängste nahm ich die Rolle an – der Gedanke, sie abzulehnen, ängstigte mich noch mehr – und hatte in diesem Sommer sogar einigen Erfolg. Es war eine sehr beliebte Show, alle, die darin mitarbeiteten, gehörten zu den Besten ihres Fachs. Der Kostümbildner, Bob Mackie, vollbrachte wahre Wunder mit dem niedrigen Budget, das ihm zur Verfügung stand. Es gelang ihm immer wieder, aus Stoffresten geradezu sensationelle Kleider zu zaubern. Als die Serie schließlich eingestellt wurde, erhielt ich ein Angebot nach dem anderen, bei Fernsehshows und Werbeaufnahmen zu singen, zu tanzen und zu schauspielern. Ich arbeitete mit Stars wie Danny Kaye, Jack Benny, Jimmy Durante, George Burns, Dean Martin, Jerry Lewis, Mac Davis, Stevie Wonder, Linda Ronstadt, Sonny und Cher und anderen zusammen, die damals alle ziemlich berühmt waren. Beim Vorsprechen gelang es mir meistens recht gut, mich zusammenzunehmen und mein Bestes zu geben, sodass ich tatsächlich viele Rollen bekam. Vor den Auftritten kämpfte ich dann jedoch regelmäßig mit heftigen Depressionen und Ängsten, die alles zu ruinieren drohten.

Ich hatte einen guten Agenten, der mir bei den Engagements half. »Warum hast du die Rolle in dem Film heute nicht übernommen, Stormie?«, wollte Jerry* eines Abends am Telefon wissen. »Nach deinem mehrfachen Vorsprechen und meiner ganzen Arbeit bist du einfach nicht aufgetaucht. Ich verstehe nicht, was mit dir los ist.«

»Es tut mir leid, Jerry.« Ich suchte verzweifelt nach einer glaubhaften Erklärung. »In der letzten Minute hat mich einfach der Mut verlassen.«

»Der Mut verlassen? Du hattest die Rolle doch schon. Du hättest nur zur Arbeit zu kommen brauchen.«

»Ich weiß. Tut mir leid, Jerry. Es tut mir wirklich leid.«

Er schwieg lange und ich konnte förmlich hören, wie er zu begreifen versuchte, warum ich meine Karriere so mutwillig aufs Spiel setzte. Schließlich verabschiedete er sich und legte auf.

Es war für meine Umgebung schlicht und einfach unmöglich, mein widersprüchliches Verhalten zu verstehen. Jahrelang hatte ich davon geträumt, tun zu können, was ich jetzt tat. Doch alle Modeljobs, alle Werbeaufnahmen und Fernsehshows und alle Schauspielrollen konnten mich nicht davon überzeugen, dass ich attraktiv und begabt war. Ganz gleich, welch glamouröse und traumhafte Jobs sich mir boten, ich fand mich hässlich und unzumutbar – eine Versagerin, die es nie zu etwas bringen würde, wie meine Mutter nicht müde wurde, mir zu sagen. Wenige Stunden nach der Freude darüber, ein neues Ziel erreicht zu haben, fühlte ich mich meistens schon schlimmer denn je, weil ich dachte: *Wenn ich mich jetzt nicht besser fühle, was kann mir dann noch helfen? Warum kann ich mich nicht ändern? Warum bin ich so kaputt? Warum kann ich meiner Vergangenheit nicht entfliehen?*

Ich suchte weiter nach der perfekten Beziehung, immer in der Hoffnung, dass dadurch alles anders würde. Äußerlichkeiten waren sehr wichtig für mich, deshalb wählte ich stets Männer, die niveauvoll, gebildet und kultiviert wirkten. Ich wollte einen Lebensstil haben, der das größtmögliche Gegenteil meiner Kindheit darstellte. Tommy* war die Idealbesetzung für diese Rolle. Er war gut aussehend, zuvorkommend, ein Gentleman und er arbeitete als Sänger in Hollywood.

In Wirklichkeit passten wir überhaupt nicht zusammen, doch das konnte ich mir nicht eingestehen. Im Grunde war ich überzeugt, dass ich sowieso nie zu einem Mann passen würde, der meinen Vorstellungen entsprach. Ich wollte bedingungslos geliebt werden und eine tiefe emotionale Bindung haben, doch Tommy wollte einfach nur ein bisschen Spaß. Jede Anspielung auf eine festere Bindung oder gar eine Ehe trieb ihn in die Flucht. Ich wusste, dass er nicht gut für mich war, doch sein liebenswürdiges Wesen, sein attraktives Äußeres und sein extravaganter Lebensstil ließen mich die Hoffnung nicht aufgeben, dass sich meine Sehnsucht nach Liebe und Sicherheit eines Tages doch noch erfüllen würde.

Meine verzweifelte Suche nach Liebe brachte mich schließlich in die gleiche Situation wie zwei Jahre zuvor, als ich Gott versprochen hatte, dass so etwas nie wieder passieren würde. Ich wurde schwanger. Seltsamerweise hatte Tommy genauso wie Scott Vorkehrungen getroffen, die jedoch wieder versagt hatten. Ich konnte es kaum glauben.

Wie damals hatte ich niemand, an den ich mich in dieser Situation hätte wenden können. Doch diesmal ging es mir in erster Linie um meine Karriere. Eine Schwangerschaft war ein schier unüberwindliches Hindernis für meine Karriere und ohne meine Karriere hätte ich aufgehört zu existieren. Noch komplizierter wurde das Ganze, weil in den nächsten drei Monaten eine Tour mit einer bekannten Gruppe, die damals einen Hit nach dem anderen landete, durch Europa, Afrika und Südamerika anstand. Wir würden schon in der nächsten Woche aufbrechen, ich musste also rasch handeln.

Diesmal ging es mir noch schlechter als bei meiner ersten Schwangerschaft.

Der Abtreibungsarzt in Mexiko war nicht mehr auffindbar, also flog ich auf Empfehlung einer sachkundigen Person nach Las Vegas, um dort Kontakt zu einem bestimmten Arzt aufzunehmen. Tommy bezahlte gern dafür, allerdings hätte ich mir die Abtreibung dieses Mal auch selbst leisten können.

Ich ging zur Praxis des besagten Arztes und bat ihn, den Eingriff vorzunehmen. Er war misstrauisch, weil ich nicht in Las Vegas lebte oder arbeitete, und wollte zuerst einen Test machen, um zu sehen, ob ich wirklich schwanger war.

»Wie lange wird es dauern, bis das Ergebnis da ist?«

»Zwei oder drei Tage.«

»So lange kann ich nicht warten. In zwei Tagen breche ich zu einer dreimonatigen Tournee auf. Sie müssen es sofort machen.«

»Das ist eine Falle, oder?«

»Wie meinen Sie das?«, fragte ich. Dann ging mir auf, dass er mich verdächtigte, ein Lockvogel der Polizei zu sein.

Er dachte einen Moment nach, dann sagte er: »Nein, das kann ich nicht machen.«

»Bitte«, flehte ich, »wenn Sie es nicht machen wollen, schicken Sie mich zu jemand, der es macht. Ich bin verzweifelt und ich habe genügend Geld.«

Er blieb fest und ich verließ das Zimmer.

Später am Nachmittag erhielt ich im Hotel einen Anruf. Die Stimme am anderen Ende der Leitung fragte: »Sie brauchen einen Arzt?«

»Ja. Bitte, können Sie mir helfen?«

»Ich kenne einen Arzt, der es macht. Zwölfhundert, bar.«

»Ich habe verstanden. Wie schnell kann er es machen?«

»Ich hole Sie um fünfzehn Uhr ab.«

Plötzlich hatte ich Angst. »Aber es ist doch ein richtiger Arzt, oder? Ich werde eine Narkose bekommen und keine Schmerzen haben?«

»Natürlich«, murmelte die Stimme und legte auf.

Um fünfzehn Uhr stand ein kleiner, untersetzter, kahler Mann vor meiner Tür. Er war sehr nervös und wischte sich laufend mit einem schmutzigen Taschentuch über die schweißglänzende Stirn. Ich stieg zu ihm ins Auto und wir fuhren eine kurze Strecke zu einem obskuren drittklassigen Motel in der Stadtmitte. Wir gingen durch die Hintertür hinein und nahmen den Aufzug in den zweiten Stock. Mein Begleiter hatte einen Zimmerschlüssel und kurz darauf standen wir in einem der Zimmer. Bis jetzt hatte ich gedacht, die Operation würde ein Kinderspiel werden, so wie das letzte Mal, doch als wir das schäbige Motelzimmer betraten, wusste ich, dass ich mich geirrt hatte.

»Wo ist der Arzt?«, fragte ich in heller Panik. »Wo ist der Anästhesist? Wo sind die medizinischen Geräte?«

»Pscht! Seien Sie still! Man könnte uns hören«, schnappte er »Der Arzt kommt, sobald Sie bereit sind. Erst will ich Geld sehen!«

Ich gab es ihm.

»Ziehen Sie sich bis zur Taille aus und legen Sie sich auf die Kommode.«

»Das soll wohl ein Witz sein! Wo ist der Arzt? Ich möchte ihn zuerst sehen.«

»Wollen Sie den Eingriff oder nicht?«, fragte er schroff.

Da ich keine Alternative hatte, tat ich wie geheißen. Als Nächstes verband der Mann mir die Augen und knebelte mich. »Sie dürfen den Arzt nicht sehen und auch keinen Lärm machen«, erklärte er. »Diese Eingriffe sind heutzutage extrem gefährlich, die Polizei greift da sehr hart durch. Wir können Ihnen keine Narkose geben, weil es sehr schnell gehen muss, falls es ein Problem gibt. Glauben Sie mir, so ist es am besten.«

Ich war wie gelähmt vor Angst, während er mich auf der Kommode festband. Keine Narkose? Mein Herz klopfte wie wild. Ich kannte diesen Mann nicht. Er konnte mich umbringen und mit meinem Geld verschwinden. Dann hörte ich, wie leise die Tür geöffnet wurde und jemand ins Zimmer kam. Die beiden flüsterten kurz miteinander, ich konnte hören, dass die andere Person ein Mann war. Dann vernahm ich das Klirren medizinischer Instrumente.

Schließlich begann der eigentliche Albtraum. Der erste Mann legte sich über meinen Oberkörper, während der »Arzt« mit der Abtreibung begann. Er kratzte und schnitt und ich weinte. Es waren die schlimmsten Schmerzen meines Lebens. Ich würgte und bekam keine Luft mehr. Es schien endlos zu dauern. Ich stöhnte so laut, dass der Mann sich über mein Gesicht legte, um die Geräusche, die ich machte, zu dämpfen. Ich glaubte, zu ersticken. Dann, endlich, noch ein qualvoller Schnitt in meinem Innern, der sich anfühlte, als würde das Baby von der Gebärmutterwand geschnitten. Es war schmerzhafter als alles, was ich mir bisher hatte vorstellen können. Ein paar Sekunden später war es vorüber und der Arzt verließ das Zimmer.

Der Mann band mich los und nahm mir Augenbinde und Knebel ab. Plötzlich klingelte das Telefon. Er nahm ab, doch ich war in einem Schockzustand und hatte so furchtbare Schmerzen, dass ich gar nicht mitbekam, was er sagte. Ich ließ mich von der Kommode gleiten und stolperte zum Bett, um mich wieder anzuziehen. Übelkeit, Schmerzen und krampfartiges Schluchzen erschütterten meinen ganzen Körper.

Der Mann legte auf, drehte sich zu mir um und sagte wütend:

»Räumen Sie hier auf. Die Polizei ist unten, alles ist voll mit FBI-Agenten.«

Im gleichen Augenblick erbrach ich mich über das Bett und meine Kleidung. Erbrochenes und Blut liefen an meinen Beinen hinunter. Angeekelt wischte der Mann das Blut rund um die Kommode weg. Was aus meinem Körper herausgekratzt worden war, lag in blutigen Papierhandtüchern auf dem Boden. Er wollte, dass alle Beweise vernichtet würden. »Machen Sie den Rest sauber und spülen Sie alles die Toilette hinunter«, befahl er mir, dann eilte er hinaus.

Ich wollte ebenfalls nicht, dass die Polizei mich in diesem Zustand fand, deshalb befolgte ich, so elend es mir auch ging, seine Anweisungen. Mit den Handtüchern aus dem Badezimmer wischte ich das Erbrochene und das Blut von meinen Beinen, dem Bett, der Kommode und dem Fußboden. Dann säuberte ich, so gut es ging, meine Kleidung und zog mich wieder an. Tränen, gemischt mit Schweiß und Mascara, liefen mir über das Gesicht. Noch immer schüttelte mich ein krampfhaftes Schluchzen.

Der Mann kam erleichtert zurück. »Unten gab es eine Entführung. Es hat nichts mit uns zu tun. Ich mache jetzt hier noch ein bisschen sauber; Sie waschen sich das Gesicht und kämmen sich.« Ein paar Minuten später fuhr er mich in mein Hotel zurück.

Im Gegensatz zur letzten Abtreibung, nach der ich froh und erleichtert gewesen war, war ich dieses Mal deprimiert, verzweifelt, entsetzt. Es war alles so grässlich gewesen.

Ein paar Tage später flog ich von Las Vegas an die Ostküste und ging auf eine Welttour. Die Blutungen hielten noch wochenlang an, schließlich musste ich in ein Krankenhaus gehen und mich operieren lassen, damit sie aufhörten. Doch der Schmerz der Erinnerung hörte nie auf. Jedes Mal, wenn ich ein Baby sah, war alles wieder da. Ich trauerte und spürte eine Leere in mir, völlig anders, stärker, als ich sie je empfunden hatte. Nach diesem Ereignis war ich nicht mehr dieselbe. Eine Spirale, die unaufhaltsam nach unten führte, setzte ein.

Würde die Hoffnungslosigkeit, die ich empfand, je ein Ende nehmen oder war ich, solange ich lebte, zu dieser elenden Existenz verdammt? Wo konnte ich Antworten finden? Wer konnte mir helfen?

Nach der Tour kehrte ich in die Wohnung in Hollywood zurück, die ich zusammen mit meiner besten Freundin von der Highschool gemietet hatte. Diana* war schon in den Theaterstücken in der Schule zusammen mit mir aufgetreten. Dort hatten wir uns auch kennengelernt, sie und ich hatten die beiden Hauptrollen in einer der Aufführungen gehabt. Wir verstanden uns auf Anhieb. Sie war klug und talentiert, litt jedoch wie ich unter Depressionen und Ängsten. Irgendwann vertraute sie mir an, dass ihre Mutter Alkoholikerin war und immer wieder schreckliche Wutanfälle hatte. Deshalb konnte sie nie jemand zu sich einladen. Ich erzählte ihr daraufhin von meiner geisteskranken Mutter und dass auch ich deshalb als Kind nie Freunde gehabt hatte. Die ähnlichen Erfahrungen mit Müttern, die uns misshandelt hatten, und Vätern, die sich aus allem herausgehalten hatten, schufen ein enges Band zwischen uns, wir empfanden ein tiefes Verständnis füreinander.

Diana ging auf ein College in San Francisco, während ich in Südkalifornien blieb, deshalb verloren wir uns für mehrere Jahre aus den Augen. Als ich in Hollywood nach einer Wohnung suchte, ging ich in der Gegend, die ich mir ausgesucht hatte, von Haus zu Haus auf der Suche nach einer leer stehenden Wohnung. Irgendwann fand ich tatsächlich eine, doch ich hätte eine Mitbewohnerin gebraucht, für mich allein war sie zu teuer. Der Verwalter des nächsten Hauses, das ich mir ansah, war nicht da, doch als ich mich zum Gehen wandte, fiel mein Blick auf das Mieterverzeichnis und dort stand Dianas Name.

Ich wusste, dass sie es sein musste, weil sie einen sehr ungewöhnlichen Nachnamen hatte. Daher klopfte ich an ihre Tür. Wir freuten uns beide sehr über das Wiedersehen. Ihre Wohnung bestand aus einem einzigen winzigen dunklen Zimmer – mir fiel sofort das neue, große, helle Apartment ein, das ich gerade besichtigt hatte. Es hatte sogar einen Balkon mit Aussicht gehabt. Wir unterhielten uns ein Weilchen, es war, als seien wir nie getrennt gewesen. Ich erzählte ihr von der schönen Wohnung, die ich gerade gesehen hatte, und fragte sie, ob sie diese nicht zusammen mit mir mieten wollte. Sie war gern dazu bereit.

Als ich nach meiner dreimonatigen Tour durch Südamerika, Südafrika, England und Frankreich unsere Wohnungstür aufschloss, war ich völlig erschöpft und litt unter einer starken Depression. Ich wollte nur noch schlafen und erst Wochen später wieder aufwachen. Doch in der Wohnung erblickte ich als Erstes Diana, die noch schlimmer aussah als ich. Sie hatte stark zugenommen, bei ihr immer ein Zeichen für eine starke Depression.

Ich ging zum Kühlschrank, um mir etwas zu essen und zu trinken zu holen, doch er war leer bis auf eine Diät-Cola und einen ungesunden Diät-Drink. Alles war schmutzig, fingerdick von Staub bedeckt, die Küche war eine Katastrophe. Es sah aus, als hätte sie die ganzen drei Monate nicht ein einziges Mal sauber gemacht. Meine Verzweiflung wuchs dadurch noch. Mit einem Menschen zusammenzuleben, dessen Hoffnungslosigkeit noch größer war als meine eigene, machte mich noch hoffnungsloser.

Doch ich sagte nichts. Ich war zu müde, um mir noch etwas zu essen zu holen, und ging hungrig zu Bett. Meine Depression war tiefschwarz. Einzig der Hunger und meine Stauballergie trieben mich am nächsten Tag aus dem Bett.

Der Rest der Tour wurde abgesagt, weil ein Mitglied der Truppe schwer erkrankt war. Jetzt war ich arbeitslos. Wenn man so lange fort ist, haben einen die Leute vergessen, wenn man zurückkehrt. Ich musste wieder mühsam ganz von vorn mit Vorsprechen anfangen. Diana entschloss sich bald darauf, sich in eine Ehe zu flüchten, die von Anfang an zum Scheitern verurteilt war, was sie dann auch tat. Doch zu dieser Zeit wohnte ich bereits in einem winzigen Apartment in den Hollywood Hills und allmählich fand ich auch wieder Arbeit.

Wahrheit ohne Freiheit

Dr. Foreman hörte sich im Laufe mehrerer Monate meine ganze Lebensgeschichte an und half mir, bis zu einem gewissen Grad zu verstehen, was mir widerfahren war. Jetzt wusste ich, woher meine Ängste kamen und warum ich ihnen so völlig ausgeliefert war. Es war eine unsagbare Erleichterung, mit ihm zu reden. Ganz gleich, was ich ihm erzählte, er gab mir nie das Gefühl, verrückt zu sein oder eine Strafe verdient zu haben.

Allerdings kannten wir beide nicht den Grund für den Hass meiner Mutter und ihr Verhalten mir gegenüber. Sie war zwar psychisch krank, doch Geisteskrankheit mündet nicht zwangsläufig in Grausamkeit und Gewalt. Ich musste unbedingt mehr über meine Mutter herausfinden.

Dr. Foreman schlug mir vor, die Familie meiner Mutter zu besuchen, mit ihren Angehörigen zu reden und so vielleicht herauszufinden, wie sie zu dem Menschen geworden war, den ich kannte. Ich flog nach Nebraska und sprach mit dem Vater meiner Mutter, mit ihren beiden Schwestern, mit Tanten, Cousins und Cousinen. Es war schwierig, die Puzzlestücke anschließend zusammenzusetzen, denn jeder sah die Vergangenheit ein wenig anders. Dr. Foreman hatte mich gewarnt und darauf vorbereitet, dass sieben Familienmitglieder sieben unterschiedliche Schilderungen eines Ereignisses geben werden. Das stimmte tatsächlich, doch eine Reaktion war bei allen gleich: Sie alle weinten, als sie von meiner Mutter und der Vergangenheit erzählten. Alle empfanden das Leben meiner Mutter als eine Tragödie.

Ich sagte nicht allen, warum ich gekommen war. Ich brachte es einfach nicht übers Herz, ihren Kummer noch zu vergrößern, indem ich ihnen erzählte, dass Mutter mich misshandelt hatte und ich jetzt versuchte, mit den Folgen dieser Misshandlungen fertigzuwerden. Ich konnte ihnen nicht sagen, dass mein Leben am Auseinanderbrechen war und ich bei einem Psychologen in Behandlung war, der mir half, es wieder zusammenzusetzen. Zwar wusste ich jetzt, dass ich nicht verrückt war, aber ich glaubte nicht, dass ich jemals normal sein könnte. Meine einzige Hoffnung war, dass ich irgendwann lernen würde, mit meiner Vergangenheit zu leben.

Nach einer Woche voller Fragen konnte ich das Leben meiner Mutter annähernd zusammensetzen. Sie war als Kind zwar nicht misshandelt worden, hatte aber zweifellos ein Trauma erlitten.

Sie war das mittlere von drei Mädchen, schön und beliebt, aber auch trotzig, faul und starrköpfig. Bei gesellschaftlichen Ereignissen machte sie durch ihr fröhliches, lebhaftes Wesen fast immer einen guten Eindruck, doch im persönlichen Kontakt mit bestimmten Familienmitgliedern war sie kalt und grausam. Während der Weltwirtschaftskrise kämpften die Menschen ums nackte Überleben, die seelische Verfassung eines einzelnen Familienmitglieds hatte vor diesem Hintergrund ganz sicher keine Priorität, deshalb kam niemand auf die Idee, die offensichtlichen Fehlentwicklungen und den Starrsinn meiner Mutter erzieherisch zu beeinflussen.

Als sie elf war, hatte sie einen Streit mit ihrer Mutter, die damals im neunten Monat schwanger war. Anscheinend hatte ihre Mutter sie wegen etwas zurechtgewiesen, doch sie hatte mit dem Fuß aufgestampft und widersprochen: »Nein, das stimmt nicht, das habe ich nicht getan!« Daraufhin wurde sie auf ihr Zimmer geschickt, wo sie im Stillen weiter gegen ihre Mutter wütete und sich wünschte, dass sie tot wäre. Ein paar Stunden später setzten die Wehen ein, ihre Mutter kam ins Krankenhaus und starb kurz darauf bei der Geburt.

Wie Kinder es häufig tun, fühlte meine Mutter sich verantwortlich für das, was geschehen war. Sie sah den Tod ihrer Mutter als Strafe für ihr Verhalten und empfand ihn zugleich als persönliche Zurückweisung. Die daraus resultierenden Schuldgefühle und den Schmerz über den Verlust konnte sie nie überwinden.

Ihr Vater konnte den Schock über den Tod seiner Frau ebenfalls nicht überwinden und war mit der Sorge für seine drei Töchter völlig überfordert. Die Mädchen wurden getrennt und bei verschiedenen Verwandten und Freunden untergebracht. Von da an fühlte meine Mutter sich erst recht alleingelassen. Während der schweren Zeit der Weltwirtschaftskrise war ein weiteres Kind, für das man sorgen musste, alles andere als ein Segen. Meine Mutter nahm wahr, dass die verschiedenen Pflegeeltern, bei denen sie untergebracht wurde, ihre eigenen Kinder bevorzugten und ihnen mehr Zuneigung entgegenbrachten und sie materiell besser versorgten als sie. Ob das nun stimmte oder nicht, sie war davon überzeugt und empfand es als Ungerechtigkeit. Natürlich weckte das Zorn und Verbitterung in ihr.

Zu einer bestimmten Familie entwickelte sie dennoch eine große Zuneigung. Die Töchter, mit denen sie dort zusammen aufwuchs, waren ausnehmend hübsch und besaßen Eigenschaften, die sie sehr bewunderte. Sie versuchte, sie nachzuahmen, und gab sich große Mühe, die anderen dazu zu bringen, sie ebenfalls zu mögen. Doch gerade als sie eine echte Beziehung zu diesen Menschen entwickelt hatte, beging der Vater der Familie Selbstmord. Keiner wusste den Grund für seine Tat, man vermutete jedoch finanzielle Motive. Meine Mutter allerdings glaubte auch jetzt wieder, es sei ihre Schuld. »Ich bin verantwortlich für die Todesfälle in meiner Familie«, hatte sie mir oft traurig gesagt. Jetzt wusste ich, warum sie das dachte.

Allmählich konnte meine Mutter die Realität nicht mehr bewältigen. Sie glaubte, schuld am Tod von zwei der wichtigsten Menschen in ihrem Leben zu sein, und da sie in einem Alter war, in dem sie ihre Gefühle weder verstehen noch in Worte fassen konnte, setzte sich die Überzeugung in ihr fest, dass niemand sie wollte. In ihrem Umfeld waren alle mit eigenen Problemen beschäftigt und konnten ihr nicht helfen. Allein konnte sie ihre Schuldgefühle jedoch nicht bewältigen. So zog sie sich aus der Realität in eine eigene Welt zurück, in der sie schuldlos und vollkommen war.

Gegen Ende ihrer Teenagerjahre erkrankte meine Mutter so schwer an Scharlach, dass sie beinahe gestorben wäre. Nach der Krankheit, so sagten mir mehrere Familienmitglieder, sei sie völlig verändert gewesen. Ihre emotionale Labilität war jetzt unübersehbar und ihr ohnehin schon immer sehr launisches Wesen manifestierte sich in extremen Stimmungsschwankungen, die jeder Logik entbehrten.

Sie wollte mit aller Macht der Kleinstadt, in der sie lebte, entfliehen und aufs College gehen oder eine musikalische Ausbildung machen, doch dafür war kein Geld da. Außerdem wollte ihr Vater es unter keinen Umständen erlauben. Seiner Überzeugung nach war es Geldverschwendung, einer Frau eine Ausbildung zu ermöglichen, da sie ohnehin heiraten und Kinder bekommen würde. Das wiederum ließ ihre Frustration, Verbitterung und Unsicherheit nur noch wachsen.

Als Kind war meine Mutter ein paarmal von ihrem Vater in einen Wandschrank gesperrt worden, wenn sie ungehorsam gewesen war, zwar selten und immer nur kurz, doch sie war jedes Mal sehr empört und gab dieser Empörung auch laut Ausdruck. Sie war eifersüchtig auf ihre beiden Schwestern gewesen und sagte auch zu mir oft, dass sie sich ständig benachteiligt gefühlt hatte. Von ihren Schwestern hörte ich nun genau das Gegenteil: Sie sagten, meine Mutter sei immer wieder bevorzugt worden, und ich glaubte ihnen das auch. Wegen ihrer angeblichen Benachteiligung war meine Mutter besonders ihrer jüngeren Schwester gegenüber sehr grausam. Wenn sie auf sie aufpassen sollte, sperrte sie ihre Schwester häufig in einen Schrank, um sie zu bestrafen. Das zu erfahren, war eine große Hilfe für mich.

Jetzt, wo ich das alles wusste, begann meine Mutter mir leidzutun. Man musste einfach Mitleid mit ihr haben, statt sie zu hassen. Sie war das Opfer ihrer Lebensumstände. Ein stärkerer Mensch hätte diese Probleme vielleicht bewältigt, doch für sie gab es nur eine Möglichkeit zu überleben: indem sie ihr eigenes Kind ebenfalls misshandelte. Indem sie das tat, rächte sie sich für die Zurückweisung und Ablehnung, die sie erfahren hatte oder glaubte erfahren zu haben.

Das war keine Entschuldigung für ihr Verhalten, doch ich konnte es nun besser verstehen. Ich glaube, mich in einen Schrank zu sperren, war eine Bewältigungsstrategie für sie und danach vergaß sie einfach, wie lange ich schon eingesperrt war. Sie war zornig auf ihre Mutter, weil sie gestorben war, zornig auf ihren Vater, der ihr nicht half, als sie ihn am meisten brauchte, zornig auf den Selbstmord ihres Pflegevaters, zornig auf ihre Schwestern, die sie für bevorzugt hielt, und zornig auf Gott wegen ihrer Lebensumstände. Sie war ganz und gar erfüllt von unterdrückter Wut, die sie an den Personen ausließ, die sich dafür am ehesten anboten: an ihrer jüngeren Schwester, an mir und später an meinem Vater.

Vielen Menschen war Mutters geistige und seelische Labilität aufgefallen, doch nur wenige wussten, wie schlimm es um sie stand, weil sie in der Öffentlichkeit völlig normal wirken konnte. Aber auch diejenigen, die Zeugen ihres bizarren Verhaltens wurden, erkannten nicht, wie krank sie wirklich war. Ich fragte ein paar Leute aus Neugier, wann sie zum ersten Mal bemerkt hatten, dass meine Mutter anders war. Die Antworten fielen völlig unterschiedlich aus.

»Gegen Ende ihrer Teenagerjahre«, sagte ihre jüngere Schwester, »nach ihrer Scharlacherkrankung.«

»Sie war schon immer emotional labil«, sagte ihre ältere Schwester.

»Kurz nachdem sie geheiratet hatte«, sagten viele.

»Sie war von Anfang an körperlich anfällig«, sagte ihr Vater, »und hatte immer einen schwierigen Charakter. Es ist schwer zu

glauben, dass ihr Geisteszustand sich so verschlechtert hat ...«
Seine Stimme verklang.

In der Nacht vor meiner Abfahrt lag ich im Bett und dachte über das nach, was ich erfahren hatte. Ich erinnerte mich an eines der seltenen Gespräche mit meinem Vater eines frühen Morgens, als Mutter noch schlief. »Wann hast du zum ersten Mal bemerkt, dass mit Mutter etwas nicht stimmt?«, fragte ich ihn mutig.

»Auf unserer Hochzeitsreise. Sie glaubte, wir würden verfolgt, und wollte nicht in dem Hotel bleiben, in dem wir reserviert hatten. Wir waren in vier weiteren Hotels, dann sagte ich ihr schließlich, ich würde nicht weitersuchen.« Er hatte gewusst, dass ihnen niemand folgte, und nicht verstanden, warum sie sich so verhielt.

Ich war entsetzt, dass er vom ersten Tag ihrer Ehe an Bescheid gewusst hatte. Insgeheim zweifelte ich an seinem Urteilsvermögen, während ich mich gleichzeitig darüber wunderte, dass er sich so lange mit einem solchen Leben abgefunden hatte. Er musste sie wirklich lieben.

Ich machte das Licht aus, zog die Decke bis zum Kinn hoch und fühlte eine tiefe Trauer. Es gab keine eindeutigen Antworten zu Mutters Zustand. War sie mit einem chemischen Ungleichgewicht zur Welt gekommen oder hatte das Trauma ihrer Kindheit sie so krank gemacht? Hatte ihr Gehirn durch das hohe Fieber bei ihrer Scharlacherkrankung Schaden genommen? Hatte sie bereits in ihrer Kindheit Anzeichen einer Geisteskrankheit gezeigt, die nur niemand aufgefallen waren? Waren es alle diese Ursachen gemeinsam? Ich konnte diese Fragen nicht beantworten – und auch kein anderer konnte es.

Ich hatte geglaubt, wenn ich die Wahrheit wüsste, wäre alles anders, doch meine eigenen Gefühle und Empfindungen waren unverändert. Die Informationen, die ich bekommen hatte, verschärften meinen Schmerz nur noch.

Ich fühlte mich noch immer als eine Gefangene meiner Vergangenheit. Ich dachte: *Ich verstehe alles und doch verstehe ich nichts.*

Von Verzweiflung überwältigt, weinte ich in mein Kissen und verlor dabei die wenige Hoffnung, die in den letzten Monaten in mir aufgekeimt war. »Was soll ich jetzt machen?«, schluchzte ich in die völlige Leere hinein.

Das wahre Licht

Auf dem Heimflug fühlte ich mich elender denn je. Rick hatte, während ich fort war, keinen Finger im Haus gerührt und ich kehrte in ein unvorstellbares Chaos zurück. Ich blickte auf mein Haus und mein Leben und hatte das Gefühl, keins von beiden auch nur einen Tag länger ertragen zu können.

Im Bad zog ich mich aus und starrte in den Badezimmerspiegel. Ich sah alt aus. Meine Haut war fahl, faltig, großporig und voller Pickel, mein Haar trocken und strohig und fing bereits an, dünner zu werden. Seit ich zwanzig war, hatte ich mit jedem neuen Trauma ein paar vorzeitig graue Haare bekommen. Aber auch in meinem Geist war alles grau in grau. Es gab keine bunten Farben in meinem Leben. Meine Augen blickten trüb und trostlos und die dunklen Ringe darunter ließen sich mit keinem Make-up verdecken. Ich war achtundzwanzig, aber ich sah aus wie vierzig.

Mein Körper reagierte nicht mehr wie früher auf gesunde Ernährung und Sport. Ich hatte seit Monaten eine Nebenhöhlenentzündung und litt ständig unter leichter Übelkeit. Ich fühlte mich ungeliebt, unattraktiv, unerwünscht und mehr denn je als Gefangene meiner selbst. Innerlich empfand ich eine grenzenlose Leere und völlige Hoffnungslosigkeit. Alle meine Überlebensstrategien hatten versagt. In ein paar Wochen sollte eine neue Staffel der *Glen Campbell Goodtime Hour* beginnen, doch ich glaubte nicht, dass ich die Arbeit noch einmal schaffen würde.

Gott, betete ich still, *ich möchte nicht mehr leben. Es wird nie besser werden. Das Leben ist sinnlos. Bitte lass mich sterben.*

Meine Antwort auf all meine Probleme lautete Selbstmord.

Aber diesmal würde ich keinen Fehler machen. Es würde alles glattgehen. Dad und Suzy würden mein Geld erben und mein Tod sollte aussehen wie eine unabsichtliche Überdosis Drogen und Alkohol. So konnte ich meinem Elend entfliehen, ohne den anderen unnötige Schmerzen zuzufügen. Ich machte Pläne, wie ich mir genügend Tabletten beschaffen konnte. Schließlich starb ich ohnehin jeden Tag ein bisschen, warum sollte ich diese Qual nicht beenden?

Am folgenden Abend besuchte mich meine Freundin Terry, es ging um ein neues Angebot als Backgroundsängerin. Plötzlich sagte sie: »Ich sehe doch, dass es dir nicht gut geht, Stormie. Willst du nicht einmal mit mir zusammen meinen Pastor besuchen? Er ist ein ganz besonderer Mensch, ich bin sicher, dass er dir helfen kann.«

Ich zögerte.

»Was hast du schon zu verlieren?«, beharrte sie. »Ich fahre dich hin und wieder zurück, okay?«

Ich dachte an mein zerstörtes Leben und musste zugeben, dass sie recht hatte – ich hatte tatsächlich nichts zu verlieren. »Okay«, sagte ich deshalb einfach.

Zwei Tage später holte Terry mich ab. Wir fuhren zu einem beliebten Restaurant, wo wir uns mit Pastor Jack trafen. Er war ein herzlicher, lebhafter Mann mit einem offenen Wesen und strahlte ein Selbstvertrauen und eine Zuversicht aus, die einschüchternd gewesen wären, hätte man nicht ebenso deutlich sein Mitgefühl gespürt. Er sprach mit einer bemerkenswerten Mischung aus Beredsamkeit und Schlichtheit. Obwohl er ganz sicher mindestens zehn Jahre älter war als ich, vibrierte er förmlich vor Jugendlichkeit. Voller Misstrauen hielt ich Ausschau nach Anzeichen für Falschheit, zweifelhafte Motive, Widersprüche oder Manipulationsversuche, doch ich konnte nichts davon entdecken. Er war völlig anders als alle Menschen, die ich bisher kennengelernt hatte.

Pastor Jack hörte aufmerksam zu, während ich ihm kurz von

meiner Depression und meinen Ängsten erzählte. Ich versuchte noch immer, die Fassade zu wahren. Die beiden sollten nicht wissen, dass mich alles anekelte und ich gegen eine Infektion kämpfte, die sich als therapieresistent erwiesen hatte. Jedes Eingeständnis von Schwäche war für mich ein Beweis für mein Versagen. Ich wollte auf gar keinen Fall, dass sie von meiner Mutter, meiner Kindheit und den schrecklichen Dingen, die ich getan hatte, erfuhren.

Irgendwann sprach Pastor Jack dann von Gott – und das mit einer solchen Vertrautheit und Selbstverständlichkeit, dass es wirkte, als spräche er von seinem besten Freund. Bei ihm gewann man den Eindruck, Gott sei durchaus zugänglich und an den Menschen interessiert.

»Was weißt du von Jesus, Stormie?«

»Nur wenig«, antwortete ich und kramte in meinen Erinnerungen an die Kirche. »Ich weiß von seiner Geburt in einem Stall und dass er einen unverdienten und grausamen Tod am Kreuz starb. Er soll ein guter Mensch gewesen sein. Mehr weiß ich nicht.«

»Hast du je den Begriff ›wiedergeboren‹ gehört?«

Ich sah Jack zweifelnd an. »Gehört ja, aber ich weiß nicht, was er bedeutet.«

»Jesus hat gesagt, dass er der Sohn Gottes ist und dass wir das Gottesreich nicht sehen können, solange wir nicht wiedergeboren sind«, erklärte der Pastor. »Er hat gesagt, dass es der Wille seines Vaters ist, dass jeder, der auf den Sohn blickt und an ihn glaubt, das ewige Leben hat. Auf den Sohn zu blicken, heißt, ihn als Retter anzunehmen und dadurch in das Gottesreich wiedergeboren zu werden. Es ist eine geistliche Geburt, keine körperliche. Es geht dabei aber nicht nur um die Möglichkeit, das ewige Leben zu erlangen, sondern auch darum, eine Zukunft in diesem Leben zu haben. Du kannst ein neues Leben beginnen, deine Vergangenheit wird vergeben und begraben.«

Das Ganze faszinierte mich, vor allem die Verheißung, dass Gottes Heiliger Geist in mein Leben kommen und mich völlig umkrempeln würde. Genau danach sehnte ich mich so sehr, doch ich hätte mir nie träumen lassen, dass es möglich sein könnte.

»Die Wiedergeburt spielt sich im Reich des Geistlichen ab«, fuhr er fort, »doch sie hat auch ganz praktische Auswirkungen auf deine Lebensumstände und dein jetziges Leben.«

Pastor Jack fragte mich nicht, ob ich Jesus annehmen wolle. Er sprach einfach von ihm, wie man über einen geliebten Angehörigen spricht. Das war etwas völlig anderes, als wenn irgendwelche Leute auf der Straße mir in den Weg traten, mir ein Traktat hinhielten und mit strenger Miene von Buße, Sünde und Rettung sprachen. Sie schienen sich denen, die nicht wie sie waren, überlegen zu fühlen. Deshalb hatte mich ihre Botschaft nie angesprochen. Doch diesmal war es anders.

Zwei Stunden vergingen wie im Flug und schließlich fragte Pastor Jack mich: »Liest du gerne?«

»Ich liebe lesen!«, antwortete ich eifrig.

»Ich kann dir ein paar Bücher mitgeben, würdest du sie noch diese Woche lesen?«

»Aber ja!«

Terry und ich folgten ihm in die Kirche, wo er aus den vollen Regalen in seinem Büro sorgfältig drei Bücher für mich aussuchte und sie mir mit den Worten gab: »In einer Woche treffen wir uns wieder in dem Restaurant. Mich interessiert, was du davon hältst.«

»Gern«, antwortete ich begeistert. Die neue Leseverpflichtung war eine Aufgabe, auf die ich mich freute.

Das Gespräch mit Pastor Jack und Terry war eine willkommene Atempause in meinem elenden Leben, doch sie endete bereits, als ich wieder zu Hause war. Sobald Terry wegfuhr, kehrte die vertraute Übelkeit zurück und ich wollte nur noch ins Bett.

Am nächsten Tag fing ich mit der Lektüre an. Ich saugte den Inhalt der Bücher förmlich auf wie ein Schwamm. Es war, als würde ich aus meinem tristen Dasein in eine andere Welt versetzt.

Das erste Buch war die *Dienstanweisung für einen Unterteufel* von C. S. Lewis. Darin geht es um einen Teufel, der seinem Neffen in Briefen Ratschläge und Anweisungen erteilt. Der Neffe erfährt, wie er die Menschen vernichten kann, indem er ihnen Fallen stellt und abwartet, bis seine Opfer hineinstolpern. Ich war natürlich gebildet und modern genug, um nicht an einen Teufel zu glauben – hatte ich nicht bei meinen okkulten Praktiken und Religionen erfahren, dass es keine böse Macht außerhalb meines eigenen Geistes gibt? Deshalb war die Vorstellung, dass es einen Teufel gibt, amüsant und faszinierend zugleich für mich. C. S. Lewis schildert in dem Buch ganz konkrete, alltägliche Situationen im Leben eines Menschen und liefert dann eine logische, beinahe glaubhafte Erklärung dafür. Ich fand mich auf Anhieb in vielen dieser Situationen wieder.

In dem zweiten Buch ging es um das Wirken des Heiligen Geistes. Ich kannte zwar die Formel »Vater, Sohn und Heiliger Geist«, doch ich hatte mir den Heiligen Geist nie als Geist Gottes vorgestellt, der in uns Wohnung nimmt, wenn wir Jesus annehmen. Ich hatte auch nicht gedacht, dass er die Macht haben könnte, unser Leben zu ändern, uns zu führen und uns Trost zu schenken. Das war ebenfalls faszinierend und erschien mir sehr logisch.

Das dritte Buch war das Johannesevangelium, das vierte Buch des Neuen Testaments, das hier jedoch als eigenständiges Buch herausgegeben worden war. Ich las es in einem Zug durch und jedes einzelne Wort war mit Leben und Bedeutung für mich erfüllt.

Ich spürte förmlich, wie die Lebenskraft dieser Worte in mein Herz drang und mir Leben schenkte.

Jesus hat gesagt: »Ich bin das Licht der Welt. Wer mir nachfolgt, braucht nicht im Dunkeln umherzuirren« (Johannes 8,12). Sofort erkannte ich, dass ich mein ganzes Leben in Dunkelheit gelebt hatte. Ich dachte: *Ich weiß es. Ich spüre es. Wenn ich an Jesus glaube, wird er dann zum Licht in meinem Leben werden?*

Gegen Ende der Woche ging es mir körperlich ein wenig besser. Als ich mich wieder mit Terry und Pastor Jack traf, konnte ich es deshalb kaum erwarten, mit ihnen zu reden. Wir bestellten etwas zu essen, dann sah Jack mich mit seinem offenen Blick an und fragte: »Und, was hältst du von den Büchern?«

»Ich glaube, dass sie die Wahrheit sind.«

Er lächelte und ließ mich weiterreden.

»Ich weiß nicht, warum, aber ich glaube nicht an den Teufel.«

Er lächelte wieder, statt bei meinen Worten zusammenzuzucken, und erklärte mir ruhig, dass dieser Glaube exakt eine der Fallen sei, die C. S. Lewis beschrieben hatte.

»Der Teufel will, dass du glaubst, dass es ihn nicht gibt, dass Jesus nicht der Sohn Gottes ist und dass es keinen Heiligen Geist gibt, der jeden einzelnen Tag deines Leben in dir mächtig ist, denn so bleibst du schwach und hilflos«, erklärte Jack.

Ich erkannte, dass ich tatsächlich in diese Falle getappt war. Den Satz in Johannes 1,4: »Das Leben selbst war in ihm, und dieses Leben schenkt allen Menschen Licht«, verstand ich anfangs nicht ganz, doch der nächste Vers öffnete mir die Augen: »Das Licht scheint in der Dunkelheit, und die Dunkelheit konnte es nicht auslöschen« (Johannes 1,5). Sein Licht war die ganze Zeit da gewesen, doch ich hatte es nicht sehen können. Meine geistlichen Augen waren so blind gewesen, dass ich die Dunkelheit über sein Licht gestellt hatte – und ich hatte es nicht einmal gewusst.

Allmählich wurde mir alles klarer.

Pastor Jack sprach noch weiter über das Leben und Gott. Er tat dies auf eine Weise, die mich wünschen ließ, ich könnte das Leben so sehen wie er.

Nach dem Essen lud Jack uns in sein Büro ein, um mit ihm zu beten. Er setzte sich hinter seinen Schreibtisch, gegenüber von Terry und mir, sah mir in die Augen und sagte: »Stormie, du glaubst also, dass die Bücher, die ich dir gegeben habe, die Wahrheit enthalten. Bedeutet das, dass du heute Jesus annehmen und wiedergeboren werden möchtest?«

»Ja, das möchte ich«, sagte ich leise und zu meiner eigenen Überraschung ohne jedes Zögern.

Der Pastor betete und ich sprach ihm nach: »Jesus, ich erkenne dich heute als Herrn an. Ich glaube, dass du der Sohn Gottes bist, wie du es sagst. Es ist schwer, eine so große Liebe zu begreifen, doch ich glaube, dass du dein Leben für mich hingegeben hast, damit ich das ewige Leben mit dir habe und damit ich schon jetzt, in der Welt, ein Leben in Fülle habe. Komm in mein Herz und erfülle mich mit deinem Heiligen Geist. Verdränge den Tod in meinem Leben durch die Macht deiner Gegenwart und lass mein Leben einen neuen Anfang nehmen.«

Es war ganz einfach. Ich wurde wiedergeboren. Jetzt war ich nach den Worten der Bibel ein Geschöpf Gottes und der Geist Gottes lebte in mir. »Wer aber den Geist von Christus nicht hat, der gehört nicht zu Christus« (Römer 8,9). Deshalb wusste ich, dass der Herr mich nie mehr verlassen und dass er mich völlig verändern würde. Als ich Pastor Jacks Büro verließ, fühlte ich mich leicht und voller Hoffnung und Freude über den wunderschönen Oktobertag, auch wenn ich noch nicht ganz verstand, was das alles bedeutete.

Terry lud mich ein, am nächsten Tag zusammen mit ihr und ihrem Mann in die Kirche zu gehen, und ich nahm an. Sie sahen, dass ich emotional und körperlich noch nicht stark genug war, um es allein zu schaffen, deshalb holten sie mich zu Hause ab. Es war Jahre her, dass ich in einer Kirche gewesen war, doch als ich diese Kirche betrat, fiel mir sofort auf, dass sie anders war als alle, die ich bisher gesehen hatte. Das Gebäude selbst und seine Ausstattung waren, verglichen mit den prächtigen Kirchen, die ich früher besucht hatte, mehr als schlicht. Doch es war alles ordentlich, hübsch und sauber.

»Wie schön, dass Sie hier sind!«, begrüßte mich eine der Empfangsdamen, als ich eintrat. Obwohl ich nur Jeans und ein T-Shirt trug und die Empfangsdame ihr schönstes Sonntagskleid anhatte, nahm sie mich liebevoll in den Arm. Ich taxierte sie vorsichtig und kam zu dem Schluss, dass ihr Lächeln echt und ihre Motive lauter waren. Schon bald fand ich heraus, dass diese Freundlichkeit und Fürsorge typisch für fast alle hier Anwesenden war. Es war schwer, die Begeisterung, das Lachen und die Lebensfreude zu ignorieren, die die dreihundert oder mehr in der überfüllten Kirche versammelten Menschen ausstrahlten. Verglichen mit den spießigen Gemeinden, die ich von früher kannte, hatte ich hier das Gefühl, auf einer Party zu sein.

Ich setzte mich auf eine der bequemen Bänke im vorderen Bereich und spürte, wie mich ein tiefer Friede überkam, wie ich einfach durch mein Hiersein mit Kraft erfüllt wurde. Spiritualität war mir nicht fremd, ich wusste aus meiner Beschäftigung mit dem Okkulten, dass es ein geistliches Reich gab. Doch meine jetzige Erfahrung war etwas völlig anderes. Statt der Angst, die ich früher mit allem Spirituellen verbunden hatte, empfand ich hier die übernatürliche Gegenwart einer mächtigen Liebe, die den Raum erfüllte und mich einfach überwältigte.

Ich spürte, dass ich endlich nach Hause gekommen war.

Hier ist Leben, dachte ich. *Und dieses Leben ist Wirklichkeit.*

Nicht schuldig

Pastor Jack trat aus dem kleinen Altarraum auf das Podest und eröffnete den Gottesdienst mit ein paar Liedern, in die die Gemeinde einfiel. Dieses gemeinsame Singen beeindruckte mich tief. Beim Hören der jubelnden Stimmen erwachte etwas Lebendiges in mir, ich verglich den Gesang unwillkürlich mit den geradezu beklemmend gehemmten Gemeinden, die ich früher erlebt hatte und die ihre Lieder vor sich hinzumurmeln pflegten, während ein übereifriger Sopran alle Aufmerksamkeit auf sich zog. Bei dem Vergleich fiel mir wieder das »neue Leben« ein.

»Laut rühmet Jesu Herrlichkeit, ihn preist die Engelwelt«, erklang es fast wie ein Schrei. »Die Krone bringt, das Purpurkleid, und krönt ihn Herrscher der Welt!«

Als Nächstes folgte ein Lied, in dem es hieß, dass Menschen mit gebrochenem Herzen nicht mehr weinen müssen, weil Jesus sie geheilt hat. Es ergriff mich so, dass ich nicht mehr mitsingen konnte, sondern nur noch zuhörte und weinte. Die Stimmen erfüllten jede Faser meines Körpers. Ich spürte, wie mein Herz und mein Geist mit jedem neuen Lied geheilt wurden, wie meine Anspannung sich allmählich löste und das schwere Gewicht, das mich niederdrückte, von mir genommen wurde.

»Die Bibel sagt, hebt heilige Hände auf zum Herrn«, erklärte Pastor Jack und ich hob, zusammen mit allen anderen, meine Hände zum Lobpreis. Wieder hatte ich das Gefühl, schwere Gewichte, die mich mein Leben lang begleitet hatten, würden von mir abfallen. Ich bot sie Gott dar und spürte, wie er sie von mir nahm. Vor Erleichterung und Freude brach ich in Tränen aus.

Nach dem Singen begann Pastor Jack zu reden. Es war, als spräche er direkt zu mir. Die Bibel oder »die Schrift«, wie er sie nannte, wurde lebendig in einer Geschichte, die sich vor Tausenden von Jahren ereignet und dennoch einen ganz konkreten Bezug zu meinem Leben hatte. Der Pastor sprach davon, wie die Israeliten aus der ägyptischen Sklaverei befreit wurden und dann vierzig Jahre durch die Wüste wanderten, weil sie nicht auf Gott hören und seine Wege nicht gehen wollten.

Das bin ich, dachte ich. Ich bin meine eigenen Wege gegangen und in einer Wüste gewandert. O Gott, wie sehr wünsche ich mir, jetzt deine Wege zu gehen.

Im Auto, auf der Heimfahrt, fragte Terry: »Wie hat es dir gefallen?«

Ich überlegte einen Moment, dann antwortete ich: »Ich glaube, ich sollte nicht mehr ohne wasserfeste Mascara und eine Packung Taschentücher in die Kirche gehen.«

Sie lachte, denn ihr war bewusst, wie sehr mich der Gottesdienst, die Predigt und die machtvolle Gegenwart des Geistes Gottes beeindruckt hatten.

Ich wollte sehr gerne am nächsten Sonntag und alle Sonntage danach wieder hingehen. Dennoch war ich oft zu schwach, um es aus eigener Kraft zu schaffen, aber dann kam unweigerlich ein Anruf von Terry und sie holte mich zu Hause ab. Jedes Mal, wenn ich die Kirche betrat, empfand ich Frieden. Heilung und Kraft überfluteten mich und kleine Hoffnungsschimmer leuchteten vor mir auf.

Ich hatte noch nie einen so guten Prediger wie Pastor Jack erlebt und saugte seine Worte förmlich auf. Seine Predigt hatte jedes Mal einen ganz direkten Bezug zu meinem Leben, als hätte er sie speziell für mich geschrieben. Später wurde mir klar, dass das der Heilige Geist war, der in meinem Leben wirkte. Am Ende der Predigt musste ich immer gegen die Tränen ankämpfen, doch sie reinigten und heilten mich und danach fühlte ich mich erfrischt und wie ein neuer Mensch.

Immer wenn Pastor Jack die Gemeinde aufforderte, Jesus in ihr Leben hineinzunehmen, erneuerte ich mein Bekenntnis. Die Zusicherung, dass mir durch Jesus alles Unrecht, das ich begangen hatte, vergeben war und ich ganz neu anfangen durfte, erfüllte mich immer wieder mit neuem Lebensmut.

Jedes Mal, wenn ich zur Kirche ging, musste ich weinen. Es war das Weinen eines verlorenen Kindes, das lange Zeit herumgeirrt ist. Obwohl es versucht, während seiner einsamen Wanderschaft stark zu sein, muss es, als der Vater es endlich findet, doch anfangen zu weinen.

Jeden Sonntag wurde mir ganz neu klar, dass mein himmlischer Vater mich gefunden hatte – oder dass ich ihn endlich gefunden hatte. Gott liebte mich und sorgte für mich, als ich mich nicht lieben und für mich sorgen konnte.

Doch leider kam auch jedes Mal, sobald Terry mich nach dem Gottesdienst nach Hause gefahren hatte, der Zusammenstoß mit dem »wirklichen Leben«. Ab dem Moment, in dem ich mein Haus betrat, glitt ich langsam in die Depression zurück und am nächsten Sonntagmorgen schaffte ich es kaum noch, aufzustehen. Doch ganz allmählich währte der Frieden, der mich nach dem Gottesdienst erfüllte, jedes Mal ein wenig länger, bis ich ihn schließlich den ganzen Sonntag über spüren konnte. Nicht einmal Rick konnte ihn zerstören. Doch je mehr Lebensfreude ich gewann, desto mehr fiel Rick ins Gegenteil. Seine negative Einstellung überwucherte alles, er wurde schwieriger und kritischer und nörgelte nur noch an mir und allem und allen herum.

Einmal kehrte ich übersprudelnd vor Freude vom Gottesdienst zurück. Rick lag auf dem Sofa. Er sah fern und hatte keine Lust auf ein Gespräch.

»Rick, diese Kirche ist so wunderbar! Es ist so ein herrliches Gefühl, wenn ich von dort komme! Wenn du mich doch nur ein einziges Mal begleiten würdest!«

»Ich habe doch gesagt, ich will nicht darüber reden«, herrschte er mich an. »Wenn du deine Zeit mit deinen überkandidelten

Christenfreunden vertun willst, ist das deine Sache, aber lass mich da raus!«

»Bitte, Rick, lass mich dir von Jesus erzählen«, beharrte ich in der Hoffnung, die Wand seiner negativen Gefühle mit der Wahrheit, die ich gefunden hatte, zu durchdringen. »Jesus hat mein Leben von Grund auf verändert ...«

In diesem Moment sprang Rick auf und fuhr mich wütend an: »Sprich diesen Namen niemals mehr in diesem Haus aus!« Und damit stapfte er aus dem Zimmer. Ich hatte das Gefühl, als hätte er mich geohrfeigt. Die Tür zu den wenigen Berührungspunkten, die wir überhaupt noch hatten, schlug zu. Ricks Zorn war so groß, dass mir klar war, dass ich Jesus ihm gegenüber nie mehr erwähnen durfte. Jetzt gab es zwischen uns nur noch Verbitterung. Wir sprachen so gut wie gar nicht mehr miteinander.

In dem Maße, in dem mein inneres Wesen gefestigter wurde und heilte, begann sich auch mein äußeres Leben zu ändern. Meine schlechten Angewohnheiten verschwanden eine nach der anderen, ohne dass es mich viel Mühe kostete. Zigaretten, Alkohol und Drogen, die mir Arbeitskollegen anboten, lehnte ich ab. Die anderen fanden, dass ich allmählich seltsam wurde.

In kurzer Zeit verlor ich alle Freunde bis auf Terry und Diana, die sich hatte scheiden lassen und gerade frisch verheiratet war. Sie hörte mir zu, wenn ich ihr erzählte, dass ich ein neues Leben in Jesus gefunden hatte, denn sie kannte mich gut genug, um zu sehen, dass ich mich tatsächlich verändert hatte, auch wenn sie es nicht begriff.

Damals wurde *The Glen Campbell Goodtime Hour* eingestellt. Die beiden wichtigsten Unternehmer, für die ich in Hollywood gearbeitet hatte, bekamen Krebs und starben kurz nacheinander. Ein Sängerduo, mit dem ich mehrere Jahre in verschiedenen Nachtklubs in der Stadt aufgetreten war, trennte sich. Meine Agentin wurde wütend, als ich einen Werbespot nach dem anderen ablehnte.

»Stormie, das ist jetzt der sechste Auftrag, den du ablehnst, weil es um Alkohol oder Zigaretten geht oder weil du ein zu freizügiges Kostüm tragen sollst.« Sie war offensichtlich verärgert. »Wenn du die Angebote nicht nutzt, können wir nichts mehr für dich tun. Wir schicken dir die Kündigung unseres Vertrags.« Damit legte sie auf.

Ich legte ebenfalls auf, wie benommen von dem, was gerade geschehen war. Zum Teil war ich erleichtert, zum Teil aber auch sehr erschrocken, weil mir nun die letzte Möglichkeit, meinen Lebensunterhalt zu verdienen, genommen war. Ich verdiente nichts mehr und konnte das Geld für Rick und das große Haus, in dem wir wohnten, nicht mehr aufbringen. Der Druck, ganz allein die hohe Summe aufzutreiben, die wir monatlich benötigten, war zu groß für mich. Außerdem war Rick in der letzten Zeit immer kritischer und bösartiger mir gegenüber geworden. Beides zusammen nahm mir die Luft zum Atmen. Wenn ich bei Rick war, erschien mein Leben völlig hoffnungslos. Er war gleichsam eine ständige Erinnerung an meine Fehler, an den von allen abgelehnten Menschen, der ich gewesen war.

Ich fand noch am gleichen Nachmittag eine kleine Wohnung und beauftragte ein billiges Umzugsunternehmen mit dem Umzug. Dann informierte ich Rick, dass ich am nächsten Morgen ausziehen würde. Wir waren nicht einmal die zwei Jahre verheiratet gewesen, die ich geplant hatte, aber ich hielt es nicht mehr mit ihm aus. Ich sagte ihm, dass er das Haus und alles, was darin sei, behalten könne und ich nur mitnehmen würde, was ich bei unserer Heirat mitgebracht oder seither gekauft hatte.

Er war einverstanden, ja er schien das Ganze recht gelassen hinzunehmen. Ich wusste aber, dass er sich große Sorgen machte, weil er sich jetzt Arbeit suchen und seine Rechnungen selbst bezahlen musste. Bei all dem war ich jedoch so sehr von meinen eigenen Problemen in Anspruch genommen, dass ich keinen Blick dafür hatte, wie stark auch er immer wieder mit Selbstzweifeln kämpfte, ich war gar nicht fähig, neben meinen eigenen noch die Probleme anderer Menschen wahrzunehmen.

Am nächsten Morgen zog ich aus. Da ich nur wenige Besitztümer hatte, brauchte ich nur einen Tag, um sämtliche Bilder abzuhängen und alle Bücher und mein Geschirr einzupacken. Da Jobs in der Film- und Fernsehindustrie damals recht knapp waren, waren alle meine Freunde auf Tour. Ich hatte absolut niemand zum Reden und so mischte sich meine Erleichterung darüber, nicht mehr für Rick und das Haus aufkommen zu müssen, mit Einsamkeit. Mein Leben war urplötzlich auf den Kopf gestellt, alles, was nicht dazugehörte, hatte ich abgeschüttelt. Leider war nicht viel übrig geblieben – nur die Kirche und Gott. Sie waren meine Zuflucht, der einzige Ort, an dem ich Sicherheit und Frieden fand.

Eines Sonntagmorgens, im Gottesdienst, während die Gemeinde in kleinen Gruppen betete, kam Pastor Jack nach hinten, wo ich saß, und flüsterte mir zu, ich möchte bitte so rasch wie möglich in sein Büro kommen. Ich war total aufgeregt, denn ich verehrte ihn und freute mich über jede Möglichkeit, mit ihm zu reden. Außerdem hatte ich gerade meine beiden ersten christlichen Songs geschrieben und konnte es kaum erwarten, sie ihm zu zeigen.

Im Büro war er jedoch sehr ernst. Er interessierte sich nicht für meine Songs, ihm ging es nur darum, dass ich die Scheidung eingereicht hatte. »Scheidung gehört nicht zu den Wegen Gottes, Stormie«, erklärte er mir. Dann zeigte er mir die entsprechenden Stellen in der Schrift und erklärte sie mir – eine Stunde lang.

Ich versuchte nicht, die Schuld auf Rick abzuwälzen, und auch nicht, etwas zu erklären, sondern übernahm die volle Verantwortung für diese Ehe und ihr Scheitern. Welche Strafe auch darauf stand, dass ich Rick zur Ehe mit mir verleitet hatte, ich wollte sie bezahlen. Der Gedanke an die Strafe war schrecklich, denn es schien mir, als gäbe es nur zwei Möglichkeiten: bei Rick zu bleiben oder mich scheiden zu lassen und meine Rettung und die neu gefundene Gemeinde aufzugeben. Doch ich wusste, dass für mich nur eine dieser beiden Möglichkeiten infrage kam, denn ich würde niemals in die Hölle zurückkehren, die das Leben mit Rick bedeutete.

Als hätte er meine Gedanken gelesen, wurden Pastor Jacks Züge plötzlich weich. Er beugte sich vor und sagte: »Ich weiß, dass du lieber sterben würdest, als in ein Leben zurückzukehren, das pures Elend für dich war.«

»Ich kann nicht zurückgehen, niemals«, sagte ich und kämpfte gegen die Tränen. Es war mir noch immer wichtig, die Fassade zu wahren, deshalb wollte ich nicht weinen. Ich war dankbar, dass er mich verstand, wenn ich tatsächlich die Gemeinde verlassen musste, kannte er jetzt wenigstens den Grund dafür.

Plötzlich tat er etwas völlig Unerwartetes. Er kam zu mir, kniete sich neben meinem Stuhl hin, umarmte mich und sagte: »Wofür du dich auch entscheidest, ich liebe dich, Gott liebt dich und diese Gemeinde ist nach wie vor dein Zuhause.«

Jetzt konnte ich die Tränen nicht mehr zurückhalten. Noch nie hatte ich eine solche bedingungslose Liebe erfahren. Ich versuchte mit aller Macht, das unkontrollierbare Schluchzen zu unterdrücken, das dicht unter der Oberfläche lauerte. *Wenn ich jetzt anfange zu weinen, erkennt Pastor Jack mein ganzes emotionales Chaos und dann darf ich doch nicht in dieser Gemeinde bleiben*, dachte ich. Durch die offene Bürotür konnte ich seine Sekretärin sehen und fragte mich, was sie wohl von mir denken musste.

Ich ging schließlich mit dem Versprechen, zu weiteren Gesprächen wiederzukommen. In meinen Augen war es ein großer Sieg, dass ich nicht alles verloren hatte. Ich war Gott dankbar, dass ich die Gemeinde nicht verlassen musste und die Menschen hier mich auch liebten, wenn ich versagte. Es war meine erste Begegnung mit der bedingungslosen Liebe Gottes, deren Tiefe ich mir nie hatte vorstellen können. Ich war auf Strafe gefasst gewesen, denn so kannte ich es aus meiner Zeit vor Jesus. Stattdessen fand ich Barmherzigkeit. Ich war für unschuldig erklärt worden – weil ich zu Jesus gehörte. Ich sollte bald herausfinden, dass dieser Freispruch sehr viel weiter reichte, als ich mir je hätte träumen lassen.

Begegnung mit dem Erlöser

Ein paar Monate nach meinem Umzug in die neue Wohnung wachte ich eines Sonntagmorgens plötzlich mit einem Ruck aus dem Tiefschlaf auf. An der Sonne, deren heller Schein durch meine Schlafzimmervorhänge drang, sah ich, dass ich verschlafen hatte. Trotz all des Guten, das ich in letzter Zeit erfahren hatte, trotz der Gespräche in der Kirche, trotz der Freude und des Friedens, die ich dort empfand, und trotz der Unterstützung durch die anderen Christen hatte ich immer noch mit Depressionen zu kämpfen. Ich war ständig müde und erschöpft von diesem andauernden Kampf. Außerdem litt ich unter Schlaflosigkeit und fiel jede Nacht erst gegen Morgen, nachdem ich mich stundenlang im Bett herumgeworfen hatte, in einen tiefen Schlaf. Wenn ich dann aufwachte, war es, als hätte ich überhaupt nicht geschlafen.

»In zwanzig Minuten fängt der Gottesdienst an«, stöhnte ich. »Keine Zeit mehr, die Haare zu waschen und mich zu schminken. Ich setze mich ganz hinten hin und hoffe, dass mich niemand sieht, den ich kenne.«

Ich zog mich rasch an, ohne zu duschen, was ich sonst nie mache, fuhr mir rasch mit dem Kamm durchs Haar, griff nach meiner Bibel und lief zum Auto. Der Gottesdienst am Sonntagmorgen war mein Rettungsanker. Nicht hinzugehen, stand außer Frage, ganz gleich, wie es mir ging. Inzwischen konnte ich auch selbst hinfahren.

Ich bog auf den Parkplatz ein, sprang aus dem Auto und lief zum Eingang, wo ich mit Terry und Paul, einem Freund von ihr, zusammenstieß. Wir begrüßten einander, dann drehten sie sich um und winkten aufgeregt jemand zu, der gerade auf den Parkplatz einbog.

»Das ist Michael Omartian. Er ist zum ersten Mal bei uns«, erklärte Paul.

»Großartig!«, sagte ich, versuchte, meine Aufregung zu verbergen, und hätte mir gleichzeitig am liebsten in den Hintern gebissen, weil ich nicht wenigstens Rouge aufgelegt hatte. Ich wollte mich verdrücken, bevor er mich in diesem Zustand sah, doch es war zu spät. Michael war bereits ausgestiegen und stand im nächsten Augenblick bei uns.

»Michael, sieh mal, wer da ist. Stormie!«, sagte Paul.

»Hi Michael.« Ich versuchte, freudig zu klingen. »Wie geht es dir?«

»Gut«, antwortete er. Er sah wundervoll aus. Ich entschuldigte mich, so schnell es ging, und hastete in die Kirche. In meinem ungepflegten Zustand wollte ich auf keinen Fall neben den dreien sitzen.

Als der Gottesdienst begann, fing ich an zu weinen und weinte, bis er vorüber war. Ich weiß nicht, was die Leute neben mir dachten. Auch Pastor Jack muss sich über die Wirkung, die seine Predigt auf mich hatte, gewundert haben. Aber ich konnte nur daran denken, dass ich alles kaputt gemacht hatte. Jetzt wusste ich, dass Gott mir die Möglichkeit gegeben hatte, die richtige Entscheidung zu treffen, als Michael das erste Mal in mein Leben getreten war. Michael hatte mir die Wahrheit über Gott gesagt und ich hatte mich vom Licht Gottes, das ich in ihm wahrgenommen hatte, angezogen gefühlt, aber ich hatte mich dennoch anders entschieden. Ich hatte meine Chance gehabt und ich hatte mich falsch entschieden – typisch für mich. Jetzt war es zu spät.

O Gott, ich habe alles vermasselt. Die letzten neunundzwanzig Jahre waren eine völlige Verschwendung. Ich gebe mein Leben in deine Hände. Lass mich nie wieder am falschen Ort sein, betete ich.

Bis jetzt hatte ich nur das Leben, das Gott uns schenken will, aus seinen Händen empfangen – jetzt übergab ich ihm *mein* ganzes Leben. Als ich die Fehler und Versäumnisse meiner Vergangenheit betrachtete, erkannte ich, dass ich mein Leben nicht länger selbst lenken durfte. Ich wollte, dass Gott mein Lebensruder übernahm und mich führte, wohin er wollte. Er würde es besser machen als ich.

Es gelang mir nicht, mich nach dem Gottesdienst rasch zu verdrücken. Michael hielt mich an der Tür auf und erzählte, dass er am Vortag ein neues Auto gekauft hatte. »Möchtest du eine Spazierfahrt mit mir machen?«

»Liebend gern«, antwortete ich und hätte mich wieder am liebsten geohrfeigt, weil ich am Morgen weder Lippenstift noch Wimperntusche oder Lidschatten aufgetragen hatte.

Auf der Fahrt sprachen wir darüber, wie es uns die letzten beiden Jahre ergangen war.

»Du hast es weit gebracht, Michael«, sagte ich lächelnd. »Ich habe mitbekommen, dass du der angesagte neue Klavierspieler in der Stadt bist. Du weißt noch, dass ich dir das vorausgesagt habe, oder?«

Er lachte. Dann wurde er ernst. »Du bist geschieden?«

Ich schlug die Augen nieder und nickte. »Du kannst ruhig sagen ›Ich habe es dir ja gleich gesagt‹.«

»Ich habe das Gefühl, versagt zu haben, weil ich es nicht geschafft habe, Jesus in deinem Leben zu verankern, Stormie. Wenn ich mir mehr Mühe gegeben hätte, wäre es mir vielleicht gelungen. Wenn du ihn damals schon angenommen hättest, wäre all das nicht geschehen.«

»Ich kann dir gar nicht sagen, wie oft ich mir gewünscht habe, dass dir das gelungen wäre. Aber jetzt ist es zu spät. Trotzdem – das ist Vergangenheit, wichtig ist, dass ich Jesus jetzt kenne. Du brauchst dich nicht schuldig zu fühlen. Das, was ich damals in deinem Leben gesehen habe, hat mich zum ersten Mal auf Jesus aufmerksam gemacht. Ich habe ihn in dir und Terry und später in

Pastor Jack gesehen. Ich wusste damals nur noch nichts damit anzufangen.«

Als Michael fragte, ob wir uns am nächsten Wochenende treffen und weiterreden könnten, war ich beinahe schockiert. »Du hast diesen Mann mit Blindheit geschlagen, Gott«, sagte ich auf der Heimfahrt in meinem Auto laut. »Oder ich tue ihm leid. Ich habe noch nie so scheußlich ausgesehen wie heute. Bitte, Gott, lass mich nicht noch einen Fehler machen. Wenn ich keine Beziehung zu Michael haben soll, dann bin ich bereit dazu, auch wenn das heißt, ihn nie wiederzusehen.« Ich meinte, was ich sagte – ein weiterer Beweis, dass mein Gebet am Morgen in der Kirche aufrichtig gewesen war.

Da ich mich beim Gedanken, Michael am kommenden Wochenende wiederzusehen, nicht unbehaglich fühlte, blieb es bei unserem Date. Daher wusch ich mir am Samstagabend das Haar, frisierte mich sorgfältig und trug Make-up auf, wie ich es von den Visagisten im Studio gelernt hatte. Als Michael mich abholte, fragte er sich vermutlich, ob ich wirklich dieselbe Frau war, die er am letzten Sonntag gesehen hatte. Wir gingen an diesem Abend zusammen essen und trafen uns von da an mehrere Monate lang jedes Wochenende. Als wir uns das erste Mal unter der Woche verabredeten, wusste ich, dass es ernst wurde.

Am liebsten ging ich am Sonntagmorgen mit Michael zur Kirche. Nach dem Gottesdienst aßen wir zusammen zu Mittag, sprachen über die Predigt und erzählten uns, was Gott unter der Woche in unserem Leben bewirkt hatte. Das gemeinsame Gebet brachte uns einander noch näher, denn dabei erfuhren wir ständig Neues über Gottes Wege und seine Pläne für unsere Zukunft.

Nach etwa einem Jahr fragte Michael mich, ob ich ihn heiraten wolle. Ich brauchte ihn nicht um Bedenkzeit zu bitten, denn ich hatte bereits um Gottes Hilfe bei dieser Entscheidung gebetet. »Gott, dein vollkommener Wille soll auch unsere Beziehung bestimmen«, hatte ich jeden Tag gebetet, während wir uns immer besser kennenlernten.

»Michael, ich muss dir noch etwas sagen«, antwortete ich mutig. »Ich habe ein paar Dinge getan, die ich noch nie jemand erzählt habe.« Dann gestand ich ihm meine gesamte Vergangenheit. Unsere Beziehung sollte von absoluter Ehrlichkeit getragen sein, ganz gleich, welches Risiko ich jetzt mit meinen Geständnissen einging. Als ich fertig war, hatte sich sein besorgter Gesichtsausdruck in ein Lächeln verwandelt. Er fragte: »War's das?«
»Reicht das denn nicht?«, fragte ich ungläubig zurück.
Doch er ließ sich durch kein einziges meiner Geständnisse abschrecken.

Nach unserer Heirat sahen Michael und ich uns vielen Problemen gegenüber. Glücklicherweise hatten sie nichts mit der Beziehung zwischen uns beiden zu tun – noch nicht jedenfalls –, doch wir trugen beide Narben aus der Vergangenheit in unserer Seele und kämpften mit Dingen, die durch die Ehe an die Oberfläche kamen.

Michael hatte als Kind keine Misshandlungen erlebt. Im Gegenteil, er hatte eine wundervolle Familie. Doch seine Mutter, die ich vom ersten Augenblick an liebte, erzählte mir, dass sie eine sehr dominante Frau mit extrem hohen Erwartungen an Michael gewesen sei und dass Michael immer befürchtet hatte, diese Erwartungen nicht zu erfüllen. Sie sagte, sie hätte als Mutter viele Fehler gemacht.

»Ich war viel zu streng mit ihm«, gestand sie mir eines Nachmittags. In ihren großen, ausdrucksvollen braunen Augen standen Schmerz, Reue und die Schuldgefühle, die alle Eltern plagen, wenn sie erkennen, dass sie Fehler bei der Erziehung ihres Kindes gemacht haben. »Er hat das Gefühl, niemals gut genug zu sein, und das ist allein meine Schuld.« Sie seufzte schwer.

»Michael ist ein guter Mann und ein wunderbarer Ehemann«, tröstete ich sie. »Er hat zwar einige Probleme, die wohl mit der

Vergangenheit zu tun haben, aber er wird sie lösen. Gott benutzt sie, um seine Macht in Michaels Leben zu erweisen. Mach dir keine Sorgen, Gott wird alles heilen. Ganz bestimmt.«

Sie war ein wenig getröstet, aber immer noch bekümmert.

Der Unterschied zwischen Michael und mir bestand darin, dass er unter dem Gefühl litt, niemals die an ihn gestellten Erwartungen erfüllen zu können, während ich darunter litt, dass niemals überhaupt jemand etwas von mir erwartet hatte. Immer wieder empfand ich mich als Versagerin, die besser nie geboren worden wäre. Glücklicherweise war unsere Liebe ein starkes Band, das den Grundstein für die Heilung legte, die wir beide erleben sollten.

Ganz allmählich merkte ich, dass nur ein Augenblick notwendig gewesen war, um Jesus als meinen persönlichen Retter anzunehmen und in das Gottesreich hineingeboren zu werden, dass es aber ein langwieriger Prozess war, ihn auch Herr meines Lebens werden zu lassen. Ich überließ Gott mit der Zeit zwar mehr und mehr Bereiche meines Lebens, doch jedes Mal, wenn ich dachte, jetzt hätte ich ihm alles gegeben, stellte ich fest, dass ich ihm nur das gegeben hatte, was ich jetzt gerade, zu diesem Zeitpunkt, geben konnte. Wenn ich in Frieden leben und die Fülle seines Segens haben wollte, musste ich Gott mit der richtigen inneren Haltung gehorchen, mit einem Herzen, das sagt: »Zeig mir, was zu tun ist, Herr, und hilf mir, es zu tun.«

Ich hatte schon immer Songs geschrieben, doch jetzt handelten meine Songtexte von Gott. Ich konnte sie gar nicht so schnell aufschreiben, wie sie mir einfielen. Doch nicht einmal die Begeisterung, wenn ich hörte, wie diese Songs von christlichen Musikern gespielt wurden, und das Wissen, dass Gott sie für seine Zwecke gebrauchte, konnten das Gefühl auslöschen, dass ich des Erfolgs nicht würdig war. Wann würde ich endlich anders empfinden?

Mindestens einmal pro Woche telefonierte ich mit Diana. Sie war die beste Freundin, die ich je gehabt hatte, und ich war traurig und bedrückt, weil sie noch immer in ihren okkulten Praktiken gefangen war, so wie ich früher. Ich betete jeden Tag, dass sie die Freude fand, die ich gefunden hatte. Ich wusste, dass ihre Depressionen immer schlimmer wurden, und war doch überrascht, als ich eines Tages hörte, dass sie eine massive Agoraphobie entwickelt hatte. Sie konnte das Haus nicht mehr verlassen, nicht einmal, um einkaufen zu gehen. Eines Abends führte ich wieder einmal ein Gespräch über Jesus mit ihr und sie nahm ihn am Telefon als ihren Retter an. Ich bat sie, am nächsten Sonntag mit mir zur Kirche zu gehen, und sie kam tatsächlich mit. Sie weinte den ganzen Gottesdienst über, so wie ich anfangs immer geweint hatte.

Von da an wollte Diana jeden Sonntag zur Kirche gehen. Sie saugte die Bibel auf wie ein Schwamm. Als ihr Mann sah, wie sehr sie sich veränderte und dass sie sogar von der Agoraphobie geheilt wurde, die sie so gequält hatte, begleitete er sie und nahm kurz darauf ebenfalls den Herrn als seinen Retter an. Diana und ich beteten dreimal wöchentlich zusammen am Telefon, diese Gebete waren für uns beide ein Geschenk des Himmels.

Doch trotz der vielen guten Dinge, die passierten, kämpfte ich weiterhin mit Depressionen, die seltsamerweise sogar an Intensität zuzunehmen schienen.

Jeden Morgen nach dem Aufwachen plagten mich Selbstmordgedanken, es war wie eine schlechte Angewohnheit, die ich einfach nicht ablegen konnte. Ich scheute mich nicht, meine Gemeinde zu bitten, im Gottesdienst für mich zu beten, doch auch dann ließen die Depressionen nur wenig nach und verschwanden niemals ganz.

Ich hatte so viel empfangen: das unglaubliche Geschenk der Vergebung und des ewigen Lebens, einen gütigen Pastor, der mich vieles über Gott und die Bibel lehrte, einen liebevollen Ehemann und genügend finanzielle Sicherheit, sodass ich nicht mehr das Gefühl hatte, jede Arbeit annehmen zu müssen. Warum also hatte ich trotzdem noch immer das Gefühl, ich hätte nichts, für das ich leben konnte? Was war mit mir los? Stimmte vielleicht etwas nicht mit mir, wie bei meiner Mutter? Ich hatte immer noch Angst, eines Tages geisteskrank zu werden, so wie sie. Wenn ich so viel besaß, worüber ich hätte glücklich sein können, und doch noch immer depressiv war, wenn ich alles hatte, wofür das Leben sich lohnte, und doch noch immer Selbstmordgedanken hegte – welche Hoffnung gab es dann für mich? Jesus war die Antwort auf alle meine Bedürfnisse, wenn er mir nicht helfen konnte, wer dann?

Als die Selbstmordgedanken immer stärker wurden, drängte Michael mich, noch einmal seelsorgerliche Beratung in Anspruch zu nehmen. Es war mir peinlich, weil ich so häufig Termine vereinbarte, doch dem Seelsorgeteam schien das nichts auszumachen. Ich führte ein Gespräch mit dem zweiten Pastor und erzählte ihm von meinen häufigen und schweren Depressionen und den Selbstmordgedanken, die nicht nachließen.

Er überlegte ein Weilchen, dann meinte er: »Ich glaube, du solltest einmal mit Mary Anne sprechen.«

Mary Anne, so stellte sich heraus, war die Frau eines anderen Pastors. Sie gehörte zum Seelsorgeteam der Gemeinde, kannte das Wort Gottes in- und auswendig und hatte ein unverbrüchliches Vertrauen in das Gebet als eine Möglichkeit, Menschen durch Fürbitte von emotionalem Schmerz zu befreien. Sie kannte sich besser als alle anderen mit Problemen wie dem meinen aus und sollte sich als das mächtigste Werkzeug bei der göttlichen Befreiung erweisen, die ich erleben durfte.

Nun ging ich also in ihr Büro und setzte mich auf den Stuhl vor ihrem Schreibtisch. Mary Anne blickte von ihren Papieren auf und lächelte mich strahlend an. Sie hatte ein schönes Gesicht, war klug, verständnisvoll und warmherzig. Es fiel mir nicht schwer, ihr meine Probleme und meine Vergangenheit ganz offen zu schildern. Sie hörte zu, nickte ein paar Mal nachdenklich und schien nicht im Geringsten geschockt zu sein von dem, was ich ihr erzählte.

»Du brauchst Befreiung, Stormie«, sagte sie ganz sachlich, als ich geendet hatte. »Weißt du, was das ist?«
Ich schüttelte den Kopf. Ich hatte den Begriff zwar schon gehört, konnte mir aber nichts darunter vorstellen.
»Lass dich von dem Wort nicht irritieren. Befreiung ist ein Prozess, in dessen Verlauf du zu dem wirst, wozu Gott dich erschaffen hat. Durch die Befreiung wird ein Mensch von aller Gebrochenheit und Zerrissenheit, von aller Knechtschaft in seinem Leben befreit und sein wahres Ich kann zum Vorschein kommen. Viele Menschen haben Angst davor, weil sie glauben, es wird sie verändern. Aber die Befreiung verändert dich nicht, sie befreit dich wahrhaft. Ich rede hier von Unterdrückung und Knechtschaft, nicht von Besessenheit«, erklärte sie. »Von Geistern, die sich an dich heften. Sie können in das Leben jedes Menschen eindringen, durch das Werk des Teufels, dem wir durch unsere eigene Sünde die Erlaubnis geben, unser Leben zu beeinflussen. Unsere Aufgabe ist es, um die Befreiung von aller Knechtschaft zu beten, die dich peinigt, seien es Ängste oder Selbstmordgedanken oder was auch immer. Befreiung ist wie die Erlösung in Bezug darauf, dass wir nichts tun müssen, um sie zu erlangen. Sie ist ein Geschenk Gottes an uns. Im zweiten Korintherbrief heißt es, dass Jesus unablässig an deiner Befreiung arbeitet. – Ich denke, wir sollten fasten und beten und uns nächste Woche wieder treffen und sehen, was Gott für dich tun will. In manchen Fällen setzt die Befreiung Beten und Fasten voraus.«
»Fasten?« Ich musste schlucken.
Der Pastor hatte in seinen Predigten schon manchmal vom Fasten gesprochen. Eigentlich wurde von allen Mitgliedern der Gemeinde erwartet, dass sie mittwochs fasteten. Ich hatte gedacht, der Pastor meinte damit die Mitarbeiter in der Gemeinde, die Ältesten und die besonders Geistlichen – aber doch nicht mich!
»Ja, es gibt eine besondere Form der Befreiung, die sich nur durch Beten und Fasten vollzieht«, erklärte Mary Anne. »Denn

damit verleugnest du dich selbst und gestattest Gott die absolute Herrschaft über dich, über dein ganzes Wesen. Jesaja sagt, durch das Fasten lockern sich die Bande der Sünde, es löst schwere Lasten, befreit die Unterdrückten und zerbricht jedes Joch.«

»Fasten ... natürlich«, sagte ich zögernd. Ich wollte ihr auf keinen Fall von meiner Sorge erzählen, dass ich sterben könnte, wenn ich ohne Abendessen ins Bett ging. »Wie lange?«, fragte ich mit angehaltenem Atem.

»Du solltest am Sonntag anfangen und wir sehen uns dann am Mittwoch um zehn«, sagte sie voller Überzeugung.

»Und bis dahin soll ich nur Wasser trinken?«

»Ja, Wasser. Du hast doch kein körperliches Problem, das dir das verbieten würde, oder?«

»O nein«, antwortete ich und versuchte, an etwas anderes zu denken.

»Außerdem solltest du in dieser Zeit viel beten. Bitte Gott, dir alle Sünden, die du je begangen hast, in Erinnerung zu rufen, und schreib sie alle auf. Bring die Liste nächste Woche mit.«

Ich werde Tag und Nacht nur mit Schreiben beschäftigt sein, dachte ich entsetzt.

»Was wirst du mit dieser Liste machen?«, fragte ich und versuchte, meine Besorgnis zu verbergen.

»Wenn du alles bekannt hast und wir gebetet haben, wirst du sie zusammenrollen und wegwerfen.«

»Gut«, erwiderte ich mit so viel Erleichterung in der Stimme, dass sie in ein herzerwärmendes Lachen ausbrach.

Ich verließ Mary Annes Büro mit der Hoffnung, dass Gott mir helfen würde. Inzwischen betrachtete ich das Fasten beinahe als ein Abenteuer und fand es überhaupt nicht mehr schlimm, praktisch dazu gezwungen worden zu sein.

Die ersten Tage waren kein Problem. Ich arbeitete an der Liste mit meinen Fehlern und Sünden und trank jedes Mal, wenn der Hunger stach, ein Glas Wasser. Am Mittwochmorgen, als ich mich gerade für den bevorstehenden Termin fertig machte, rief

Mary Anne an. Sie war krank und wollte unser Treffen um eine Woche verschieben. All meine Hoffnungen sanken in sich zusammen. Ich konnte hören, dass sie stark erkältet war, ihre Lunge rasselte und sie konnte kaum sprechen. Sie entschuldigte sich sehr und ich konnte sie natürlich gut verstehen. Doch statt darin einen Angriff des Feindes auf ihren Körper zu sehen, glaubte ich seiner Lüge, dass es für mich keine Befreiung gäbe.

»Es wird nie dazu kommen«, hörte ich die Stimme in meinem Kopf sagen. »Du hast diese Depressionen nun seit fast zwanzig Jahren und das wird sich auch nicht ändern. Es war dumm von dir, dir Hoffnungen zu machen.«

In der folgenden Woche wurden meine Depressionen so schlimm, dass ich, wenn Michael nicht zu Hause war, aus purer Erschöpfung stundenlang im Bett lag. Mary Anne hatte mir gesagt, dass ich noch einmal fasten sollte. Ich hatte zwar die Hoffnung verloren, dadurch irgendetwas zu bewirken, tat aber trotzdem, was sie verlangte – sollte sie doch selbst herausfinden, dass es nichts nützte.

Am Morgen des dritten Tages des zweiten Fastens stand ich mühsam auf und zog mich an. Ich rechnete damit, dass jeden Augenblick das Telefon klingeln und der Termin abermals abgesagt werden würde. Doch niemand rief an. Kurz bevor ich das Haus verließ, beteten Michael und ich darum, dass Gott ein Wunder tun möge.

In Mary Annes Büro wandten wir uns sofort dem Problem zu. Als Erstes sagte sie mir, ich solle mich von allen okkulten Praktiken lossagen, indem ich diese konkret benannte. Sie las einen Vers aus der Bibel vor, der zeigt, dass Horoskope und Astrologie Gott nicht gefallen: »Sollen sie doch kommen und dich retten, die Astrologen und Sterndeuter, die dir an den Neumonden die Zukunft verkünden« (Jesaja 47,13). Mary Anne suchte nach einer anderen Textstelle und fuhr fort: »Niemand aus eurem Volk darf ... Wahrsagerei oder Zauberei treiben, Omen deuten, hexen, andere mit einem Bann belegen, als Medium auftreten oder Tote beschwören und befragen. Jeder, der so etwas tut, ist dem Herrn ein Gräuel« (5. Mose 18,10-12).

Es war ziemlich eindeutig, wie die Bibel zum Okkultismus stand: Wer mit Okkultismus zu tun hat, kann nichts mit Gott zu tun haben. Mir fiel ein, dass Pastor Jack gesagt hatte: »Das Okkulte hat reale Macht, doch der Ursprung dieser Macht ist verkehrt. Das Okkulte bezieht seine Macht aus dem Reich der Finsternis.«

Anfangs wollte ich nicht wahrhaben, dass diese Dinge schlecht waren, hatte ich sie doch lange Zeit geradezu als einen Weg zu Gott betrachtet. Doch ich glaubte, dass die Bibel Gottes Wort ist, und wenn Gott sagte, dass diese Praktiken falsch waren, war ich bereit, sie aufzugeben. Leider hatte ich es jedoch versäumt, meine Bindungen an das Reich der Finsternis auch verbal aufzukündigen. Ich hatte geglaubt, es genüge, diese Dinge einfach nicht mehr zu praktizieren. Doch das war ein Irrtum. Ich hatte mich mit dem Bösen verbunden und vergessen, einzugestehen, welche Macht über mein Leben ich dem Bösen eingeräumt hatte. Als Mary Anne mir die betreffenden Textstellen vorlas, wurde mir klar, dass ich genau das jetzt tun musste, um diese Macht zu brechen. Mary Anne wies mich an, mich von jeder einzelnen Praxis loszusagen, und ich tat es.

Als ich geendet hatte, sprach Mary Anne ein Gebet, um mich von allen vergangenen okkulten Praktiken, falschen Religionen und jeglichen Bindungen an das Reich der Finsternis zu befreien.

Als Nächstes nahm ich die Liste mit meinen Vergehen und brachte sie dem Herrn dar. Ich bekannte meine Fehler als Sünden und bat Gott dafür um Vergebung. Dann befahl Mary Anne mir, meine Unversöhnlichkeit zu bekennen. »Gott, ich bekenne meine Unversöhnlichkeit gegenüber meiner Mutter. Ich vergebe ihr alles, was sie mir angetan hat. Ich vergebe ihr, dass sie mich nicht liebt. Hilf mir, ihr vollständig zu vergeben.«

Ich weinte vor Erleichterung darüber, dass ich nun frei war von der schweren Last des Versagens, der Schuld und der Unversöhnlichkeit, die ich so lange mit mir herumgeschleppt hatte. Dabei spürte ich, wie mich die freundliche, heilsame Gegenwart des Heiligen Geistes umgab.

Mary Anne holte eine andere Pastorenfrau, die gemeinsam mit ihr für diesen letzten Teil meiner Befreiung beten wollte. Ich blieb auf dem Stuhl sitzen, sie legten ihre Hände auf meinen Kopf und beteten mehrere Minuten zu Gott und priesen seinen Namen. Ich hielt die Augen geschlossen und hatte das Gefühl, als höbe sich während ihres Lobpreises die Decke des kleinen Raumes.

Einen nach dem anderen sprachen sie die Geister an, die mich gequält und unterdrückt hatten. Die Geister der Sinnlosigkeit, der Verzweiflung, der Angst und der Ablehnung wurden genannt, und natürlich die Geister des Selbstmords und der Qual. Ich war nicht von Dämonen besessen, doch diese Geister hatten mich zu bestimmten Zeiten meines Lebens, in denen ich ihnen durch meinen Ungehorsam gegen Gott die Macht dazu gegeben hatte, unterdrückt. Während die beiden Frauen beteten, spürte ich, wie mich die körperlichen Zeichen meiner Depression verließen. Es war, als höbe sich eine schwere Last von meinen Schultern und meiner Brust. Das, was wie ein Licht am Ende des langen, dunklen Tunnels meines Lebens ausgesehen hatte, wurde so hell und strahlend, dass ich am liebsten meine Augen bedeckt hätte. *Liegt dies an der Abwesenheit der Finsternis oder an der Gegenwart des Lichts?*, fragte ich mich. *Es ist beides*, beschloss ich dann. Und ich überlegte: *Wird die Finsternis morgen früh wieder da sein? Wenn ja, gehe ich einfach wieder zu Mary Anne.*

Sobald Mary Anne spürte, dass der Bann der Unterdrückung gebrochen war, nahm sie ihre Hand von meinem Kopf und legte sie mir auf die Schultern. Sie begann zu sprechen, doch nicht mit der machtvollen Stimme der Autorität, mit der sie meine Unterdrücker angesprochen hatte, sondern im sanften, fast engelhaften Ton einer prophetischen Botschaft von Gott, die mein Leben für immer verändern sollte.

»Meine Tochter, du warst dein ganzes Leben in einen Schrank

eingesperrt. Zuerst körperlich, dann seelisch – doch ich habe die Schlüssel. Ich habe die Schlüssel zu diesem Schrank.« Die Stimme war die von Mary Anne, doch ich wusste, dass die Botschaft von Gott kam. Jesus hatte die Schlüssel, um die Orte in mir aufzuschließen, in denen ich mein ganzes Leben gefangen gehalten worden war.

»Ich habe dich befreit und jetzt gebe ich dir die Schlüssel«, fuhr sie fort. »Wann immer du spürst, dass der Feind dich wieder einschließen will, gebrauche die Schlüssel, die ich dir gegeben habe.«

Anschließend sagte Mary Anne: »Gott hat mir eine Textstelle aus Jesaja für dich gegeben.« Sie drehte sich zu der Bibel um, die aufgeschlagen auf ihrem Schreibtisch lag, und las: »Redet zum Herzen Jerusalems. Sagt ihm, dass seine Leidenszeit vorüber ist und dass seine Sünden bezahlt wurden. Denn der Herr hat es für alle seine Sünden doppelt gestraft« (Jesaja 40,2).

Sie sah mich an und sagte: »Ich weiß, dass der Herr mir befohlen hat, dir diese Schriftstelle zu geben, aber ich weiß nicht, was die Worte ›für alle Sünden doppelt gestraft‹ bedeuten.«

»Ich weiß genau, was sie bedeuten«, versicherte ich ihr. »Ich hatte immer das Gefühl, dass ich doppelt für alles bezahlt habe, womit ich jemals gesündigt habe. Ich habe immer geglaubt, dass das Leben für mich doppelt so schmerzhaft und schwierig ist wie für alle anderen Menschen. Gott sagt, dass ich nicht mehr so denken darf. Die elenden Zeiten sind vorüber und die Strafen für meine Sünden wurden bezahlt.«

Es war vorbei und ich war völlig erschöpft. Mary Anne lächelte mich liebevoll an, umarmte mich fest und sagte: »Gott hat heute Großes an dir getan, Stormie. Du wirst dich wie ein neuer Mensch fühlen.«

»Das tue ich jetzt schon!«, antwortete ich. Ich hatte das Gefühl, als seien Hunderte von Kilos Ballast von mir abgefallen. Ich fühlte mich neu.

»Ich weiß, die Frage klingt seltsam«, fuhr ich fort, »aber glaubst du, ich sollte vielleicht meinen Namen ändern? Als Kind habe ich es gehasst, wenn ich deswegen gehänselt wurde, und auch wenn es jetzt ein Name ist, den die Leute kennen, habe ich mir doch immer einen normalen Namen gewünscht. Wo ich jetzt ein neuer Mensch bin, sollte ich da nicht auch einen neuen Namen haben?«

Mary Anne antwortete umgehend: »Nein, ich glaube, du solltest deinen Namen behalten, als Zeugnis für das, was Gott für dich getan hat. Du hattest eine stürmische Kindheit, doch Gott hat den Sturm in deinem Leben gestillt. Wann immer dich jemand nach deinem Namen fragt, soll das eine Gelegenheit für dich sein, ihm von Gottes Güte zu erzählen.«

Ich wusste, dass sie mir eine Antwort von Gott gegeben hatte, deshalb war die Sache für mich ein für alle Mal erledigt. Ich dankte den beiden Streiterinnen im Gebet und umarmte sie zum Abschied.

»Geh in der Freiheit, die Gott dir gegeben hat«, wies Mary Anne mich an. »Lies deine Bibel und bete jeden Tag und geh so oft wie möglich zum Gottesdienst. Das wird dir einen starken Schutzpanzer gegen den Feind verleihen, der ganz sicher versuchen wird, sich durch die Hintertür wieder in dein Leben einzuschleichen, das ihm weggenommen wurde. Das heißt nicht, dass das, was Gott für dich getan hat, dir einfach so wieder genommen werden kann, aber der Feind kann es unterlaufen, indem er dir neue Zweifel und Ängste schickt. Lass das nicht zu.«

Als ich ihr Büro verließ, war ich wie benommen. Auf der Heimfahrt versuchte ich, mich an alles zu erinnern, was geschehen war. Ich war ohne viel Hoffnung zu Mary Anne gegangen. Zwar glaubte ich, dass Gott die Macht hatte, etwas zu tun, aber ich wusste nicht, ob er etwas für mich tun würde. Ich hatte zwar die ganze Zeit seine Anwesenheit gespürt, doch was das für mein Leben bedeutete, wusste ich nicht. Und worin bestanden die Schlüssel, von denen Gott gesprochen hatte? Ich fürchtete noch immer, dass die Ängste und Depressionen am nächsten Morgen wieder da sein würden.

Michael war nicht zu Hause. Ich aß ein wenig Obst – meine

erste Mahlzeit seit drei Tagen – und ging zu Bett. Ein paar Stunden später kam mein Mann nach Hause und weckte mich aus einem tiefen, gesunden Schlaf.

»Erzähl mir, wie's bei Mary Anne war.« Seine Stimme klang so besorgt, wie er aussah. Es war auch für ihn eine anstrengende Zeit gewesen, doch meine eigene emotionale Lähmung hatte mich blind gemacht für die Auswirkungen, die mein Zustand auf ihn hatte – bis jetzt.

Ich hatte ihm mein Erlebnis etwa bis zur Hälfte erzählt, da unterbrach er mich: »Deine Augen sehen ganz anders aus. Friedlich, nicht mehr ängstlich oder besorgt.«

Am nächsten Morgen wachte ich ohne das geringste depressive Gefühl auf. Keine Gedanken an Selbstmord, keine schwere Last auf der Brust, keine ängstlichen Gedanken an die Zukunft, überhaupt keine Angst. Ich wartete den ganzen Tag, dass die alten Gefühle wiederkämen, doch sie kamen nicht. Auch nicht an den darauffolgenden Tagen.

Ich hatte diese lähmenden Gefühle seither nie mehr. Das heißt nicht, dass ich nie mehr deprimiert war, es gibt immer Zeiten im Leben, in denen man traurig ist. Aber nie mehr hat die Depression die Herrschaft über mich gewonnen.

Ich lernte auch, was es mit den Schlüsseln auf sich hatte. Wenn ich wegen irgendetwas traurig wurde, ging ich zu Gott und gebrauchte die Schlüssel, die er mir gegeben hatte, um mich aus meiner Traurigkeit zu befreien.

Ich erinnerte mich an die Worte Jesu: »Dort hat das Volk, das im Dunkel lebt, ein helles Licht gesehen. Und über den Menschen in einem vom Tode überschatteten Land ist ein strahlendes Licht aufgegangen« (Matthäus 4,16) und dachte: *Das war ich. Ich habe in einem vom Tod überschatteten Land gelebt. Ich habe es seit Jahren gespürt und geglaubt, fliehen zu können. Das war die große Lüge, in der ich gelebt habe. Aber jetzt hat Jesus – das eine, wahre Licht – mein Leben erhellt und ich werde nie mehr dieselbe sein. Ich fühle es. Ich weiß es.*

Viele Menschen leiden unter Depressionen, die durch ein chemisches Ungleichgewicht in ihrem Körper verursacht werden und medikamentös behandelt werden sollten – diese Unterscheidung war mir stets wichtig, wenn ich mit anderen über meine Erfahrungen gesprochen habe. Gott kann zwar auch diese Menschen heilen, aber ich wollte nicht, dass sie die Medikamente, die sie brauchten, absetzten, bevor sie und ihr Arzt befanden, dass sie bereit dafür wären. »Medikamente zu nehmen, heißt nicht, dass es einem an Glauben fehlt«, versicherte ich ihnen. »Auch die Medikamente und die Ärzte sind ein Geschenk Gottes an uns.«

Ich dachte jeden Tag über das nach, was ich erlebt hatte. Ich war in dieses Büro gegangen in dem Wissen, dass Jesus mein Retter war, doch als ich herauskam, hatte ich ihn auch als meinen Befreier kennengelernt. Ich hatte die Macht des Betens und Fastens erlebt. Ich fragte mich: *Was sonst möchte Gott noch in meinem Leben und im Leben anderer Menschen tun?*

Die Schlüssel zum Gottesreich

Nachdem ich auf diese Weise Befreiung erlebt hatte, verbrachte ich den Rest des Jahres damit, herauszufinden, welche Schlüssel Gott mir gegeben hatte. Ich wusste, dass Jesus die Schlüssel zum Leben besitzt. Indem ich ihn annahm und wiedergeboren wurde, hatte sich mir die Tür zum Leben nach dem Tod geöffnet.

Doch nicht nur das, diese Schlüssel öffneten an jenem Tag in Mary Annes Büro auch ein für alle Mal die Tür des emotionalen Schranks, in den ich eingesperrt gewesen war. Und im Laufe der Zeit stellte ich fest, dass ihre Macht sich noch auf weit mehr erstreckte. Wenn ich mein Leben im Diesseits zum Blühen bringen wollte, brauchte ich Schlüssel, die bestimmte Türen jeden Tag aufs Neue aufschlossen – die Türen zu Frieden, Ganzheit, Erfüllung, Liebe, Überfluss, Wachstum, fortschreitender Befreiung, Fruchtbarkeit, Wiederherstellung, Sinn und Heilung.

Einer dieser *Schlüssel* bestand darin, mich jeden Tag dem *Wort Gottes* zu widmen und es so tief in mein Herz und meinen Geist aufzunehmen, dass es mein Denken und Handeln voll und ganz bestimmte. Zu glauben, dass die Bibel das Wort Gottes ist, fiel mir nicht schwer, denn nachdem ich Jesus empfangen hatte, sprangen mir die Wörter förmlich aus den Seiten entgegen, sie vibrierten vor Leben. Ich entwickelte einen wahren Heißhunger auf die Wahrheit Gottes, denn sie gab den Bereichen in meinem Geist und meiner Persönlichkeit Nahrung, die seit Langem verhungert oder doch stark ausgehungert waren. Bestimmte Verse lernte ich auswendig und sagte sie laut auf, wenn ich in dunklen Zeiten Kraft brauchte.

Ich fand heraus, dass ich, um gut durch den Tag zu kommen, am besten gleich frühmorgens in der Bibel lesen musste. So richtete ich meinen Geist von Anfang an auf den richtigen Weg aus und hatte eine feste Grundlage, die mir Halt für den Tag gab. Jedes Mal wenn ich versucht war, in alte Verhaltensweisen zurückzufallen, mich als Versagerin zu fühlen oder ängstlich und depressiv zu werden, las ich in der Bibel, bis mein Vertrauen zurückkehrte und mein Geist wieder Frieden fand.

Der Schlüssel des Wortes Gottes war zugleich Munition gegen alle Widerstände, die sich mir in den Weg stellten. Es half mir, zu erkennen, welche Autorität und Vollmacht mir durch das, was Jesus für mich getan hatte, verliehen waren. Ich bekämpfte Lügen mit der Wahrheit.

Wenn ich Angst bekam und eine Stimme in meinem Kopf sagte: »Du bist nicht gut. Du verdienst es nicht zu leben. Du wirst geisteskrank werden wie deine Mutter«, konterte ich mit einem Text aus der Bibel: »Gott hat uns nicht einen Geist der Furcht gegeben, sondern einen Geist der Kraft, der Liebe und der Besonnenheit« (2. Timotheus 1,7). Das wiederholte ich so lange, bis die Angst verschwand.

Ich begriff, dass derartige Gedanken Lügen aus dem Reich der Finsternis waren – Lügen des Feindes – und dass sie gegen die Wahrheit Gottes nicht bestehen konnten. Lügen hatten keine Macht mehr über mich, da der Vater der Lügen keine Macht mehr über mich hatte. Mein Vater im Himmel half mir, die Wahrheit zu erkennen und an ihr festzuhalten.

Der Schlüssel des Gebets war ebenfalls sehr, sehr wichtig für mich. König Davids Worte »früh suche ich dich« (Psalm 63,2; SCHL) hatten mich tief beeindruckt; ich wusste, dass ich jeden Morgen früh aufstehen und eine Weile mit Gott im Gespräch verbringen musste. Ich lernte, dass meine Tage friedvoller und erfolgreicher waren, wenn ich mich ganz auf ihn konzentrierte und darauf achtete, wohin er mich führte. Jetzt war mein Leben nicht mehr dem Zufall ausgeliefert. Ich entdeckte, welche Macht darin liegt, im Namen Jesu zu beten – und dabei kratzte ich doch erst an der Oberfläche.

Der Schlüssel des Sündenbekenntnisses besitzt die Macht, die Segnungen eines Lebens im Reich Gottes freizusetzen. Ich bekannte, dass in meinem Herzen nichts als Sünde war. Früher hatte ich gedacht, Sünde bedeute Rauchen, Trinken, Drogen und sexuelle Unmoral, und da ich mit all dem nichts mehr zu tun hatte und auch niemand ermordet und keinen Spirituosenladen überfallen hatte, glaubte ich, kein Sünder mehr zu sein. Was für ein Irrtum!

Ich lernte, dass das griechische Wort *Harmatia*, das mit »Sünde« übersetzt wird, ursprünglich ein Begriff aus dem Bogenschießen war, es bedeutet »das Ziel verfehlen«. Alles außerhalb des Ziels, wie dicht es auch daneben liegen mag, ist Sünde. Diese Erkenntnis eröffnete mir einen völlig neuen Blick auf die Welt. Alles außer dem vollkommenen Willen Gottes für mein Leben war Sünde.

In dieser Hinsicht hatte ich besonders viel zu bekennen. In meinem fatalen Hang zum Zweifel, zu Selbsthass, Notlügen und Egoismus hatte ich viele Dinge getan, die ich nie für Unrecht gehalten hatte. Ich betete wie König David in der Bibel: »›Gott, erschaffe in mir ein reines Herz und gib mir einen neuen, aufrichtigen Geist‹ (Psalm 51,12). Herr, zeig mir meine ›geheimsten Vergehen‹ (Psalm 90,8) und reinige mich von ihnen.« Gott erhörte dieses Gebet immer sehr schnell.

Ich erkannte, dass die Wut, die ich seit meiner Kindheit in mir trug, Sünde war, auch wenn ich damals noch viel zu jung gewesen war, um sie zu verstehen, und auch, wenn ich gute Gründe dafür gehabt hatte. Sünde ist nie gerechtfertigt, ganz gleich, wer sie begeht oder welches Alter der Täter hat. Gott heißt Sünde niemals gut, doch es gibt einen Ausweg, wenn wir Jesus annehmen. Der Schlüssel ist das Sündenbekenntnis. Wenn wir Jesus angenommen haben, verpflichten wir uns, seinen Weg zu gehen, nach seinem Weg zu leben. Wenn uns das nicht gelingt, sollten wir vom

Schlüssel des Sündenbekenntnisses Gebrauch machen und unsere Sünde bereuen. Solange ich das noch nicht getan hatte, war ich in Schuld und Elend gefangen.

Die Schlüssel der Vergebung – sowohl das Empfangen von Vergebung als auch, sie anderen zu gewähren – sind ebenfalls extrem wichtig. Eine der hartnäckigsten Sünden, die ich persönlich bekennen musste, war die Unversöhnlichkeit gegenüber meiner Mutter, ich hatte täglich damit zu kämpfen. Im Büro von Mary Anne hatte ich diese Unversöhnlichkeit bekannt und geglaubt, damit sei die Sache erledigt – bis ich meine Mutter das nächste Mal sah. Sofort stiegen die alten Gefühle der Ablehnung, Frustration, Verbitterung und Wut aufs Neue in mir auf wie eine Flut, zusammen mit den Empfindungen, die dazugehörten: Versagensgefühle, Entmutigung, Traurigkeit.

»Gott, ich vergebe meiner Mutter ein für alle Mal«, betete ich täglich, ob mir danach zumute war oder nicht. Ich war absolut sicher: Solange ich noch unversöhnlich war, waren mir die Ganzheit und der Segen, die Gott mir zugedacht hatte, verwehrt. Zudem war ich überzeugt, dass die Unversöhnlichkeit mir körperlich schadete. Ich konnte nicht gesund und ganz werden, solange ich sie in mir trug. Ich musste versuchen, sie zu überwinden, unermüdlich. Dabei half mir die Einsicht, dass Vergebung nicht den, dem vergeben wird, zu einem guten Menschen macht, sondern dass sie den Vergebenden befreit. Und wir müssen frei werden, denn sonst können wir nicht freudig all das genießen, was Gott für uns bereithält.

Gott erhörte meine Gebete um Vergebung für meine Mutter, ja sie wuchs zu einer so überwältigenden Größe in meinem Herzen, dass ich imstande war, meine Mutter zu sehen, wie Gott sie gemeint hatte, und nicht, wie sie war. Ich erkannte, wie die Traumata ihres Lebens sie geformt hatten und dass sie – so wie ich – ein Opfer ihrer Vergangenheit war. Nur, dass sie sich nie von ihrer Vergangenheit hatte befreien können. Jedes Mal, wenn ich mir das elfjährige Mädchen vorstellte, das seine Mutter verloren hatte und sich für diesen Verlust verantwortlich fühlte, das glaubte, dass Gott und das Leben es verlassen hätten, empfand ich tiefe Traurigkeit für sie. Ich hasste sie nicht mehr. Sie tat mir leid und ich fing an, für ihre Heilung zu beten.

Ich las viel über Geisteskrankheiten und erkannte, dass das Gehirn meiner Mutter nicht wie das eines normalen Menschen funktionierte. Das hatte ich zwar schon lange gewusst, hatte es ihr aber dennoch immer wieder zum Vorwurf gemacht. Jetzt verstand ich, dass sie gar nicht anders konnte. Ihre Krankheit machte sie zum Opfer von dissoziierenden, ungeordneten Denkmustern, die völlig unlogisch waren. Die fehlende Logik und das unangebrachte Verhalten, wie zum Beispiel das Lachen, wenn ich gekränkt war, oder die Wut, wenn ich mein Zimmer putzte, galten bei Experten als »normal« für einen Menschen in ihrem Zustand. Irgendwo pflegte es regelmäßig zu einem Kurzschluss zu kommen. Alles, was sie in ihrer Vorstellung sah, war für sie vollkommen real und vernünftig. Ihr Verstand konnte die Dinge einfach nicht richtig einordnen. Jetzt tat sie mir leid und ich bereute, dass ich oft so unsensibel auf sie reagiert hatte. Inzwischen hatte ich sogar Respekt davor, wie sie angesichts ihrer schweren Probleme ihr Leben gemeistert hatte.

Als ich ihr vergeben hatte, war ich in der Lage, auch schöne Erinnerungen zuzulassen, was vorher nicht möglich gewesen war. Mir fiel ein, wie sie Pfannkuchen für mich gebacken hatte, als ich drei Jahre alt war, und wie sie mir zu meinem neunten Geburtstag meine erste und einzige Geburtstagsfeier erlaubt hatte. An meinem zwölften Geburtstag, als ich glaubte, dass absolut niemand an mich gedacht hatte, schenkte sie mir eine türkisfarbene Wolljacke, die sie in einem Laden gekauft hatte.

An Weihnachten kochte sie stets ein Festessen, machte frisches Popcorn und kaufte kleine Geschenke für die Familie. Jetzt konnte ich erkennen, dass sie sich Mühe gegeben hatte, die Zeit zu etwas Besonderem zu machen, auch wenn das sehr schwierig für sie gewesen sein musste. Das Leben hatte sie unter einen unvorstellbaren Druck gesetzt, doch bis jetzt hatte ich keinen Blick für ihr Elend gehabt – nur für meins.

Ich hatte diese guten Dinge vergessen, weil meine Mutter meist unmittelbar danach etwas besonders Schlimmes und Schmerzliches getan hatte, das alles Gute sogleich wieder auslöschte. Doch jetzt, nachdem ich ihr ihre Grausamkeiten vergeben hatte, konnte ich auch ihre guten Taten sehen.

Dennoch erlitt ich bei jeder persönlichen Begegnung mit ihr einen schweren Rückschlag, denn obwohl ich ihr immer besser vergeben konnte, nahm ihr Hass auf mich mit dem Fortschreiten ihrer Krankheit zu. Ich betete vor jeder unserer Begegnungen zu Gott, er möge mir helfen, sie durchzustehen, doch irgendwann konnte ich nicht mehr und wandte mich an Mary Anne um Hilfe. Sie riet mir, den Kontakt zu meiner Mutter aus der Ferne zu halten und mich nicht weiter misshandeln und beschimpfen zu lassen. Von jetzt an schrieb ich meiner Mutter aufmunternde Briefe und Kärtchen und schickte ihr viele Geschenke, Sachen, die sie sich wünschte und brauchte.

Ja zu Gott zu sagen, hieß, ihm in allem uneingeschränkt zu vertrauen. Jedes Mal, wenn ich dachte, ich hätte alle meine Probleme gelöst, stand ich vor einem weiteren Scheideweg, an dem Gott eine noch größere Hingabe von mir forderte. Er verlangte von mir, meinen Traum, eine bedeutende Persönlichkeit zu werden, aufzugeben. Bis jetzt hatte ich meine Identität in erster Linie an meinen beruflichen Erfolgen festgemacht, doch Gott wollte, dass ich meine Identität in ihm fand. Er sprach direkt zu meinem Herzen: »Ob du etwas erreichst oder nicht – selbst dann, wenn du in den Augen der Welt ein Nichts, ein Niemand bist –, für mich bist du wertvoll.« Das war ein großer Trost für mich.

So warf ich in Gottes großer Säuberungsaktion alles überflüssige Gepäck über Bord. Das größte Gewicht dabei war mein Selbst. Alle meine Wünsche, etwas darzustellen, beachtet zu werden, Großes zu vollbringen, musste ich dem Herrn opfern. Meine Träume mussten seine Träume sein, die Träume, die er in mein

Herz legte. Es sollten nicht mehr die Träume sein, die ich bisher als gut angesehen hatte.

Durch all das lehrte Gott mich, dass ich alles loslassen, mich völlig auf ihn verlassen und nach seinem Weg leben musste. Jesus hatte gesagt: »Wer mich liebt, wird tun, was ich sage. Mein Vater wird ihn lieben, und wir werden zu ihm kommen und bei ihm wohnen« (Johannes 14,23). Damals erkannte ich, dass es eine feste Verbindung zwischen meinem Gehorsam und der tiefen Freude an der Gegenwart Gottes gab. Seine Gegenwart war Licht und Leben für mich und ich würde sie nicht aufs Spiel setzen, indem ich abermals eine Verbindung mit dem Reich der Finsternis einging.

Ich erkannte, dass die Sünde zum Tod führt – und es gibt nichts Dunkleres als den Tod. Je mehr ich Gott gehorchte und nach seinem Weg lebte, desto tiefer trat ich ein in das Licht seines Segens. Es war nicht einfach, mir einzugestehen, wer ich war, doch das war nötig, um der Mensch zu werden, der ich nach dem Willen Gottes sein sollte. Ich musste ganz bewusst aus der Finsternis heraustreten und mich jeden Tag neu entscheiden, in seinem Licht zu leben.

Der Schritt aus der Dunkelheit

Ich erkannte, dass ich – auch nachdem ich zum Glauben gefunden hatte – meistens Gott darum gebeten hatte, zu tun, was ich wollte. Ich hatte mir nie die Mühe gemacht, herauszufinden, was er von mir wollte. Wie oft war ich wütend auf Gott gewesen, weil er mir nicht gegeben hatte, was ich mir wünschte, doch es war mir nie in den Sinn gekommen, zu fragen, was er sich von mir wünschte.

Irgendwann stieß ich in der Bibel auf den Satz: »Wer an einem Wettkampf teilnimmt, kann nur gewinnen, wenn er sich an die Regeln hält« (2. Timotheus 2,5). Wie töricht war es von mir, zu verlangen, dass Gott mich das Spiel des Lebens gewinnen ließ, ohne dass ich mich an die Regeln hielt, die er aufgestellt hatte! Je mehr ich versuchte, den Weg Gottes zu gehen, desto deutlicher sah ich, dass mein früheres Leben ihm ganz und gar nicht gefallen hatte. Gott liebte mich, wie ich war, doch er würde mich nicht so lassen. Eine nach der anderen holte er die Eigenschaften in mir herauf, die ich ablegen musste.

Eines frühen Morgens las ich in der Bibel: »Nehmt auf keinen Fall einen dieser Gegenstände, die er verabscheut, in eure Häuser, damit ihr nicht wie sie vernichtet werdet« (5. Mose 7,26). Ich schauderte, als mir klar wurde, dass heute mein Putztag war, und machte mich dann an die Aufgabe, alle verabscheuenswerten Gegenstände, die ich in unser Heim gebracht hatte, aufzuspüren und hinauszuschaffen. Ich prüfte jeden Zentimeter unseres Hauses und warf hinaus, was nicht von Gott oder in irgendeiner Form zweifelhaft war. Sechzig oder siebzig teure gebundene Bücher über verschiedene okkulte Themen und östliche Religionen wanderten in die Mülltonne, zusammen mit Bildern, Skulpturen, Wandschmuck, handgemalten Tabletts und diversen Kunstgegenständen – alles, was andere Götter verherrlichte. Ich überlegte kurz, ob ich die Sachen meinen alten Freundinnen schenken sollte, die noch immer solche Praktiken betrieben, doch dabei wurde mir klar, wie falsch es war, andere Menschen noch tiefer in die Finsternis zu treiben, aus der ich mich gerade zu lösen bemühte. Also vernichtete ich die Sachen, indem ich sie zerriss oder zerbrach und in die Mülltonne warf. Die Arbeit nahm mehrere Tage in Anspruch.

Dinge, die mich an meine erste Ehe, Ex-Freunde oder an unglückliche Zeiten in meinem Leben erinnerten und die noch brauchbar waren, verschenkte ich an Leute, die keine negativen Gedanken damit verknüpften.

In die Mülltonne wanderten auch Filme und Musik mit gottlosem Inhalt, Romane, die Lebensstile und Denkmuster vertraten, die Gottes Wegen widersprachen. Auf einen Außenstehenden musste mein Tun wie eine Hexenjagd wirken, doch das war es nicht. Es war der völlig vernünftige Entschluss, mich von allem zu trennen, was mich von Gott trennte. Ich hatte Gottes Gegenwart und seinen Segen gut genug kennengelernt, um zu wissen, dass ich alles haben wollte, was er für mich vorgesehen hatte. Als ich mit dem Großreinemachen fertig war, fühlte ich mich leicht, sauber und voller Freude.

Nachdem nun mein Haus und ich wiedergeboren waren, beschloss ich, dass es Zeit für eine Veränderung meiner Garderobe wurde. Ich sortierte enge Hosen, tief ausgeschnittene Pullover, Miniröcke und alle anderen aufreizenden Kleidungsstücke aus, die nicht zu einer Tochter Gottes passten. Dabei fiel mir auf, dass ich manche dieser Sachen sonntags im Gottesdienst getragen und nicht ein einziges Mal tadelnde Blicke von Pastor Jack oder seiner Frau Anne dafür geerntet hatte. Darüber konnte ich nur staunen. Sie hatten mir nie das Gefühl gegeben, weniger wert zu sein als die anderen, obwohl ich ihnen schon allein durch meine Garderobe Anlass genug dazu gegeben hatte. Wenn ich in meinen engen Jeans und meinen knappen T-Shirts ohne Make-up und ungekämmt zu spät zum Gottesdienst kam, begrüßten sie mich stets, als sei ich die Gastrednerin. Sie akzeptierten mich, wie Gott mich akzeptierte – so, wie ich war. Sie sind die Menschen, denen ich, was meine Heilung betrifft, am meisten zu verdanken habe. Wie Gott wirkten auch sie darauf hin, dass ich Fortschritte auf dem Weg des Herrn machte, und wie Gott taten sie dies mit Liebe, nicht mit Verurteilung.

Während ich all diese Dinge entsorgte, wusste ich, dass ich das Gleiche mit bestimmten Verhaltensweisen und Beziehungen tun musste. Ich sah mir keine Fernsehshows mit gottlosen Inhalten mehr an und suchte mir auch die Kinofilme, die ich sehen wollte, sorgfältiger aus. Wenn ich meinen Kopf mit Gewalt, unflätiger Sprache, Flüchen und Sexszenen füllte, fühlte mein Geist sich nicht gut und der Geist Gottes in mir mit Sicherheit auch nicht. Die Bibel sagt, dass ich ein Tempel des Heiligen Geistes Gottes bin (1. Korinther 6,19) – wie könnte ich mich also an der Fülle seiner Gegenwart erfreuen, wenn dieser Fülle so vieles im Weg steht, das ihm und seinen Wegen widerspricht?

Nachdem ich mich von diesen Dingen getrennt hatte, war ich erfüllter und glücklicher. Es war, als sei ein helleres geistliches Licht in mein Leben getreten.

Allmählich merkte ich, dass auch manche meiner ungläubigen Freunde einen schlechten Einfluss auf mich hatten, der mich von Gott ablenkte und in mein altes Leben zurückzuziehen schien. Mir lag an diesen Menschen und doch wusste ich, dass ich den Kontakt zu ihnen abbrechen musste. Dabei entwickelte ich eine recht einfache Methode. Ich erzählte ihnen von meinem neuen Leben in Jesus und lud sie ein, daran teilzuhaben. Wenn sie positiv darauf reagierten, blieben sie meine Freunde, die anderen gab ich auf.

Ein ganz besonderer geistlicher Reinigungsvorgang vollzog

sich ohne mein Zutun. Eines Tages wachte ich auf und stellte fest, dass meine Angst vor Messern verschwunden war. Ich weiß nicht, wie es dazu kam, doch ich vermute, dass hier Gottes Verheißung wirkte, dass die vollkommene Liebe alle Angst vertreibt (1. Johannes 4,18). Und in der Bibel heißt es auch: »Wer sein Wort hält, an dem zeigt sich Gottes Liebe in vollkommener Weise« (1. Johannes 2,5). Es besteht definitiv ein Zusammenhang zwischen Gehorsam und dem Erfahren der Liebe Gottes. Durch meinen Gehorsam war ich fähig, mehr und mehr von Gottes Liebe anzunehmen, und die Liebe Gottes wiederum vertrieb meine Ängste und heilte mich.

Während ich diese einzelnen Schritte im Gehorsam ging, sah ich mein Leben immer kritischer. Mir wurde klar, was eine Abtreibung wirklich bedeutet – nämlich einem Menschen das Leben zu nehmen. Woran ich bis jetzt keinen Gedanken verschwendet hatte, trat mir mit einem Mal in aller Deutlichkeit vor Augen. Mein erster Handel mit Gott fiel mir ein: »Bitte, Gott, hilf mir jetzt, dann werde ich ein guter Mensch.« Was für ein schlechter Scherz! Ich wusste ja nicht einmal, was gut war, und selbst wenn ich es gewusst hätte, stand es damals, ohne das Wirken Jesu und des Heiligen Geistes in mir, gar nicht in meiner Macht, dieses Versprechen zu halten.

Bei jeder meiner beiden Abtreibungen war ich fest überzeugt, dass Geist und Seele eines Kindes erst bei der Geburt Einzug in den Körper halten. So lautete damals der Konsens. Daher kam ich überhaupt nicht auf die Idee, dass ich einen Menschen getötet hatte. »Es ist kein Mensch«, argumentierte ich, »sondern nur ein Zellhaufen.« Das glaubte ich und deshalb hatte ich auch keinerlei Schuldbewusstsein. Deswegen war meine Tat natürlich trotzdem ein Unrecht – ein schlimmes Unrecht mit erschütternden Folgen. Obwohl ich dieses Unrecht bekannt hatte und von den Folgen freigesprochen worden war, hatte mir bis jetzt doch die Einsicht gefehlt, wie grundlegend ich damit gegen die Wege Gottes verstoßen hatte.

Meine Bibellektüre lehrte mich, dass Gottes Pläne und Ziele für jeden einzelnen Menschen im Augenblick der Empfängnis festgelegt werden. Ob es legal war oder nicht, ob ich Schuldgefühle hatte oder nicht, die Tatsache blieb bestehen: Ich hatte zwei Leben zerstört, die Gott mit Gaben ausgestattet und denen er einen Sinn verliehen hatte. Diese Tode manifestierten sich letztlich in meinem eigenen Leben, indem ich das Gefühl hatte, jeden Tag selbst ein wenig mehr abzusterben. Damals hatte ich diesen Zusammenhang nicht erkannt, ich glaubte, durch die Abtreibungen mein Leben zu retten, während ich es in Wirklichkeit verlor.

Je tiefer meine Einsicht in Gottes Wege wurde und je mehr ich seinen Regeln gehorchte, desto deutlicher erkannte ich, dass alle Regeln und alle Gebote Gottes zu unserem Besten dienen. Gottes Gebote wollen uns nicht elend machen oder jeden Spaß verderben, sondern im Gegenteil größtmögliche Erfüllung und einen Sinn im Leben schenken, denn Gott liebt uns.

Jeder neue Schritt des Gehorsams schenkte mir zudem eine stabilere Gesundheit. Da ich jetzt Hoffnung auf eine Zukunft hatte, fing ich an, besser für meinen Körper, den Tempel des Geistes Gottes, zu sorgen.

Je gehorsamer ich war, desto mehr Ganzheit erlebte ich, Ganzheit im Sinne der Einstellung: »Gott, ich liebe dich und deine Gesetze. Ich will deine Wege gehen. Heiliger Geist, gib mir die Kraft, zu tun, was richtig ist.«

Gott ist so gut, dass er uns unbegrenzt seine Liebe und Gegenwart schenkt. Seine Heilung, seine Erlösung und seine emotionale Wiederherstellung stehen allen offen, die bereit sind, aus der Finsternis herauszutreten und die Gebote, die er uns gegeben hat, zu halten. Doch das Leben im Licht des Willens Gottes bedeutet nicht, dass dieses Leben leicht ist. Ehrlich gesagt war das Leben nie leicht für mich. Ich stand vor einer Herausforderung nach der anderen, auch nachdem ich zum Glauben gefunden hatte. Doch ich habe gelernt, dass Gott, wenn ich diese Probleme mit ihm zusammen angehe, etwas Gutes daraus entstehen lässt.

Vom Opfer zur Täterin

Ich wollte nie Kinder haben. Nicht, dass ich sie nicht mochte – aber mein vordringlichstes Ziel war immer, aus der Armut herauszukommen, und ich wusste, dass ich das allein schaffen musste, denn ich würde nie jemand haben, der mir half. Armut bedeutet Fesseln und Gefangenschaft. Ich wusste das aus eigener Erfahrung und ich hatte beschlossen, mich um jeden Preis daraus zu befreien. Wenn ich ein Kind bekam, würde mir das nie gelingen, und vor allem wollte ich auf keinen Fall ein Kind in diese Armut hineinsetzen.

Unter allen Männern, die ich vor Michael gekannt hatte, war kein einziger, der die Kraft oder auch nur den Willen besessen hätte, etwas zu meinem Lebensunterhalt beizutragen, sodass es mir möglich gewesen wäre, zu Hause zu bleiben und ein Kind großzuziehen.

Als ich Michael kennenlernte, überraschte mich zuallererst seine Großzügigkeit. Wenn wir essen gingen, brauchte ich nie zu bezahlen, für ihn war ganz klar, dass er bezahlen würde. Ich konnte eine solche Fürsorge kaum fassen.

Michael und ich sprachen vor unserer Heirat nie über Kinder. Wir hatten auch keine Ehevorbereitungsgespräche, in denen dies Thema gewesen wäre, denn der Pastor unserer Gemeinde war nicht bereit, zwei Menschen zu trauen, von denen einer bereits geschieden war. Deshalb mussten wir uns in einer anderen Gemeinde trauen lassen. Jahre später änderte der Pastor seine Einstellung und entschuldigte sich bei uns für seine damalige Haltung.

Weder Michael noch ich hatten je etwas Normales getan und deshalb kamen wir auch nie in den Luxus des Genusses, normal zu sein. Wir mussten ständig irgendetwas kompensieren. Unsere Eltern hatten keine Ahnung, mit welchen Problemen wir kämpften und warum und wie sehr wir uns bemühten, normal zu sein, ohne dass es uns je gelang.

Als wir heirateten, übergaben wir unser Leben in jeder Hinsicht dem Herrn, auch in der Frage, ob wir Eltern werden sollten. Im ersten Jahr dachten wir überhaupt nicht an Kinder, deshalb beteten wir auch nicht in dieser Hinsicht. Im zweiten Jahr widmeten wir uns dann dieser Frage im Gebet und Gott schenkte uns völlig unerwartet wunderbaren Frieden und eine tiefe Bejahung der Elternschaft. Ich hatte große Angst vor einer Geburt, weil die Mutter meiner Mutter dabei gestorben war, zusammen mit dem Kind. Meine Mutter hatte mir diese Geschichte unzählige Male erzählt und dabei stets sehr anschaulich darauf hingewiesen, dass ein Kind, wenn es dich nicht schon bei der Geburt umbringt, dein Leben ruiniert.

Nachdem Michel und ich beschlossen hatten, ein Kind zu bekommen, war ich schockiert, dass ich nicht sofort schwanger wurde. Wegen meiner zwei ungewollten Schwangerschaften hatte ich fest geglaubt, dass das für mich kein Problem sei. Doch dann verstrich ein Monat nach dem anderen und ich dachte schon, meine Unfruchtbarkeit sei die Strafe für die Abtreibungen. Damals hatte ich immer noch nicht begriffen, wie groß Gottes Liebe ist, dass sie die Grenzen meines Unrechts überschreiten und mir alles, was ich verloren hatte, erneut schenken würde. Ich konnte mir einfach keinen Gott vorstellen, der mich nicht bestrafte, wie ich es verdiente. Doch gleichzeitig glaubte ich nicht, dass er uns zwar Zuversicht geben, dann aber nicht die Fähigkeit schenken würde, ein Kind zu bekommen.

Michael machte seit einiger Zeit seine Angst vor Reisen zu schaffen. Es handelte sich um Agoraphobie, die gleiche Störung, unter der auch meine Freundin Diana gelitten hatte. Dabei hatte er nicht etwa Angst vor Flugzeugunglücken, sondern eher eine unbestimmte Angst, die Sicherheit und Vertrautheit seines Heims zu verlassen. Er wusste genau, dass er diese Angst loswerden musste, und befasste sich intensiv mit der Lösung dieses Problems. Deshalb beschäftigte ihn die Tatsache, dass ich nicht schwanger wurde, damals sehr viel weniger als mich.

Eines Morgens betete ich wieder einmal darum, schwanger zu werden, da sprach Gott ganz direkt zu meinem Herzen: »Du wirst einen Sohn haben und er wird in Jerusalem empfangen werden.« Ich war darüber sehr erstaunt und fragte mich, ob diese Worte tatsächlich von Gott gekommen waren.

Einige Zeit später erhielten wir völlig unerwartet die Gelegenheit, an einer Reise nach Israel teilzunehmen, die unsere Gemeinde organisiert hatte. Wir verbrachten achtzehn Tage dort und so wie Gott es mir gesagt hatte, wurde ich in Jerusalem schwanger.

In den darauffolgenden Monaten war mir ständig übel und ich machte mir viele Sorgen um die Gesundheit meines Kindes. Doch ich klammerte mich an Gottes Verheißung und sagte mir unablässig: »Diese Schwangerschaft kommt von Gott, dieses Kind wird zur Welt kommen.« Mein Mann verlor beinahe die Geduld, weil wir täglich beteten und sich nichts an meinem Zustand änderte.

Vier Wochen vor dem errechneten Geburtstermin bekam ich plötzlich heftige Wehen. Das Kind lag seitlich und konnte nicht auf natürlichem Weg geboren werden, deshalb wurde ein ungeplanter Kaiserschnitt vorgenommen. Wir hatten große Angst, doch ich hörte noch immer Gottes Worte in meinem Innern. Wie vorhergesagt, kam am 25. Juni 1976 – am Geburtstag von Pastor Jack! – ein gesunder Junge zur Welt. Christopher Omartian war unser schönstes Souvenir aus dem Heiligen Land.

Schon bald nachdem ich mit dem Kind aus dem Krankenhaus entlassen worden war, stiegen seltsame Gefühle in mir auf, die ich längst überwunden geglaubt hatte. Der ganze Zorn und Hass, den ich gegen meine Mutter gehegt hatte, kehrte mit aller Kraft zurück. Ich betrachtete meinen schönen Jungen und dachte: »Wie kann ein normaler Mensch ein kostbares Kind behandeln, wie meine Mutter mich behandelt hat?«

Ich fragte den Herrn: »Gott, warum habe ich diese Gefühle? Ich habe ihr doch vergeben, oder nicht?« Ich wusste damals nicht, dass Gott, wenn er ein Werk beginnt, es auch vollendet – und nicht nur das, er macht es vollkommen (Philipper 1,6). Diese negativen Gefühle stiegen in mir auf, weil Gott mich auf eine neue Ebene der Erlösung und Befreiung heben wollte. Ich hatte das Gefühl, Rückschritte zu machen und die Befreiung, die ich bereits erfahren hatte, wieder zu verlieren, doch Gottes Wahrheit verhieß: Solange ich ihm folgte, würde ich »von Herrlichkeit zu Herrlichkeit« und »von Kraft zu Kraft« gehen (2. Korinther 3,18; Psalm 84,8; SCHL).

Es war Gottes Wunsch, mir in diesem Punkt noch mehr Freiheit zu schenken, und jetzt war der Zeitpunkt, an dem ich sie empfangen sollte. Dabei trat etwas an die Oberfläche, das ich nie in mir vermutet hatte. Es kam erst zum Vorschein, als ich ein eigenes Kind hatte.

Ich war entschlossen, eine gute Mutter, ja die bestmögliche Mutter überhaupt zu sein. *Ich werde niemals wie meine Mutter sein*, suggerierte ich mir. *Mein Kind wird die beste Pflege und Fürsorge bekommen, die ich ihm geben kann.*

Eines Abends, Christopher war gerade ein paar Monate alt, wollte er nicht aufhören zu schreien. Michael arbeitete noch, ich war allein zu Hause. Ich versuchte, Christopher zu stillen, aber das half nicht. Ich wechselte seine Windel. Ich zog ihm erst wärmere, dann kühlere Kleidung an. Ich nahm ihn auf den Arm und wiegte ihn. Ich versuchte alles, was eine Mutter tun kann – vergeblich. Er schrie nur noch mehr und ich war nahe daran, mitzuschreien.

Meine Frustration wuchs, bis ich plötzlich ausrastete und die Beherrschung verlor. Ich schlug mein Baby auf den Rücken, die Schulter, den Kopf. Mein Herz klopfte wild, mein Gesicht brannte, meine Augen waren blind vor heißen Tränen, mein Atem ging flach und schwer. Ich hatte völlig die Beherrschung verloren.

Das Baby schrie nur noch lauter und plötzlich sah ich in dieser Reaktion eine Ablehnung meiner Person. »Mein Sohn liebt mich nicht, weil ich keine gute Mutter bin«, lautete die Lüge, die ich in meinem Kopf hörte. Und da Ablehnung sozusagen ein Grundstein meines Lebens war, drohte dieser Gedanke, mich um den Verstand zu bringen.

»Hör auf zu schreien«, brüllte ich Christopher an. »Hör sofort auf zu schreien!«

Plötzlich merkte ich, dass ich kurz davor war, ihn quer durch das Zimmer zu werfen. Ich spürte eine grenzenlose Kraft in mir und wusste, wenn ich dieser Kraft nachgab, konnte ich ihn schwer verletzen, ja sogar töten.

Der einzige Ausweg war, das Zimmer zu verlassen. Ich legte das Kind in seine Wiege, lief in mein Schlafzimmer und fiel vor dem Bett auf die Knie. »Herr, hilf mir«, schluchzte ich. »Etwas Schreckliches ist in mir. Du musst es fortnehmen. Ich weiß nicht, was es ist. Ich liebe mein Baby mehr als alles auf der Welt. Was ist das für eine Mutter, die das Kind, das sie liebt, verletzt? Bitte, was es auch ist, dieses Ungeheuer in mir, nimm es fort«, schluchzte ich in die Bettdecke.

Fast eine Stunde lang lag ich vor Gott auf den Knien. Christopher hatte sich allmählich in den Schlaf geweint und war still geworden.

Michael kam nach Hause, bevor das Baby wieder aufgewacht war, doch ich sagte ihm nicht, was passiert war. Ich konnte nicht. Ich wusste nicht, was ich sagen sollte. Es war zu demütigend, auch nur daran zu denken, geschweige denn, es meinem Mann zu gestehen. Als das Baby aufwachte, schien alles in Ordnung zu sein. Es verhielt sich, als sei nichts geschehen, und ich ebenfalls.

Vier oder fünf Tage später wiederholte sich das Ganze – das Baby schrie unaufhörlich, ich fühlte mich zurückgewiesen, verlor die Beherrschung, wollte es schlagen und schaffte es gerade noch, es in die Wiege zu legen, in mein Schlafzimmer zu laufen, vor Gott auf die Knie zu fallen und ihn um Hilfe zu bitten. Schuldgefühle schlugen über mir zusammen. Was war ich nur für eine Mutter? All meine guten Absichten schmolzen dahin im Feuer der Wut, das in mir brannte. Wieder blieb ich auf den Knien liegen, bis ich spürte, wie die Macht, die mich gepackt hatte, sich hob und die Vergebung Gottes mich erfüllte und meine Schuld fortnahm. In der schrecklichen Einsamkeit, die ich damals wegen des Geheimnisses empfand, das ich niemand zu gestehen wagte, hielt mich allein Gottes Liebe am Leben.

In den folgenden Wochen begann ich langsam zu verstehen, was da geschah und warum es geschah. Allmählich zeichnete sich ganz deutlich das Gesicht einer Täterin ab – einer Frau, die Kinder misshandelt. Mein ganzes Leben lang hatte ich meine Situation vom Standpunkt dessen betrachtet, der misshandelt worden war. Es war schockierend, jetzt festzustellen, dass auch ich das Potenzial in mir trug, andere zu misshandeln. Es war seit meiner Kindheit in mir angelegt. Ich hatte dieses gewalttätige, von totalem Kontrollverlust bestimmte Verhalten schon einmal gesehen – bei meiner Mutter. Gleichzeitig wusste ich, dass mein Hass nicht meinem Kind galt, sondern mir. Und jetzt erkannte ich, dass auch meine Mutter nicht mich gehasst hatte, sondern sich selbst. Mein Mitleid mit ihr wurde noch größer.

Irgendwann gestand ich alles meinem Mann, der zu meiner großen Erleichterung nicht entsetzt war. Überrascht, ja. Aber nicht erschrocken, abgestoßen oder in irgendeiner Weise ablehnend mir gegenüber. Er bot mir an, jederzeit mit mir zu beten, und fügte tröstend hinzu: »Weißt du, ich ärgere mich auch manchmal, wenn er einfach nicht aufhört zu schreien.«

»Aber es ist mehr«, widersprach ich. Ich wollte unbedingt, dass er mich verstand. »Zwischen den Zeiten, in denen ich die Beherrschung verliere, kann ich auch ganz normal ärgerlich werden und mich frustriert fühlen. Ich meine aber etwas anderes. Meine Reaktion steht in keinerlei Verhältnis zum Anlass.«

Michael schlug mir vor, mich an Mary Anne zu wenden und ihr die Situation zu schildern, und ich tat es. Sie betete mit mir und wir beide kamen zu der Überzeugung, dass ich mittlerweile reif genug im Glauben war, um das Problem allein mit Gott zu lösen. Sie meinte, in diesem Fall könne es keine spontane Befreiung geben, es gehe vielmehr um einen schrittweisen Prozess. Und sie hatte recht. Der Heilungsprozess dauerte lange und war mühselig. Die nächsten Jahre betete ich beinahe jeden Tag und jeden Tag zeigte Gott mir aufs Neue, wie sehr er mich liebte.

Anfangs erschreckte mich die Erkenntnis maßlos, dass ich fähig war, mein Kind zu misshandeln. Dieses Problem wurde damals gesellschaftlich noch kaum thematisiert. Ich hatte Menschen, die so etwas taten, immer für Abschaum gehalten, für gefühllos, ungebildet, verachtenswert, zur Unterschicht gehörend. Doch wenn ich mein Bild von diesen Menschen mit mir selbst verglich, schien ich nicht in diese Kategorien zu passen. Mein Mann und ich hatten eine wichtige Position in unserer Gemeinde und leiteten Gebets- und Bibelkreise, die bei uns zu Hause stattfanden. Kein Mensch hätte vermutet, dass ich mit einem solchen Problem kämpfte.

Konnte es sein, dass der gemeinsame Nenner bei den misshandelnden Eltern in ihrer Vergangenheit liegt, in der sie selbst misshandelt wurden? Wenn ja – was war dann mit meiner Mutter? Sie war als Kind nicht misshandelt worden. Doch je mehr ich mich mit dem Thema beschäftigte, desto mehr Auslöser für ein solches Verhalten konnte ich ausmachen.

Menschen, die ihre Kinder misshandeln, haben emotionale Bedürfnisse, die nie befriedigt wurden. Ein Kind braucht Liebe und Zuneigung, ohne die es sich emotional nicht normal entwickeln kann. Es spielt keine Rolle, ob seine Emotionen durch ein Trauma, durch Lieblosigkeit, verbale oder körperliche Misshandlungen oder sexuelle Übergriffe abgetötet oder an der Entwicklung gehindert wurden. Der Körper wächst, weil er Nahrung erhält, der Geist wächst, weil er stimuliert wird, doch es entstehen keine

Gefühle. Ganz tief drin in jedem Täter steckt ein Kind, das geliebt werden muss, um ganz und heil zu werden. Meine Mutter war nicht misshandelt worden, doch durch ein Trauma und eine Tragödie in ihrer Kindheit fühlte sie sich abgelehnt und ungeliebt. Ob das wirklich so war oder ob sie es sich nur einbildete, spielte für die Folgen keine Rolle.

Mein Mitleid mit den betroffenen Eltern wurde immer größer. Sie saßen, wie ich, in einer Falle. Kindesmisshandlung kann, wenn nichts dagegen unternommen wird, von Generation zu Generation weitergegeben werden. Ich wusste, dass die Macht Gottes die einzige Macht war, die diesem Teufelskreis Einhalt gebieten konnte. Glücklicherweise hatte ich es geschafft, dieses Schema zu durchbrechen, trotz des überwältigenden Gefühls, abgelehnt und zurückgewiesen zu werden. Die Kraft dazu hatte ich jedoch nur aufgrund der Heilung gefunden, die mir bereits geschenkt worden war. Ohne sie wäre auch ich eine Mutter geworden, die ihr Kind misshandelt.

Ich betete täglich zu Gott und bat ihn, mir dabei zu helfen, meinen Sohn aufzuziehen, weil ich wusste, dass ich es allein nicht schaffen würde. Dieser kleine Junge war das wunderbarste Geschenk, das Gott mir je gemacht hatte, und der Gedanke, ihn in irgendeiner Weise zu verletzen, war so schrecklich, dass ich ihn kaum denken konnte. Ich betete: »Gott, lass Christopher nicht das Gleiche erleiden, das ich erlitten habe. Lass nicht zu, dass er sich ungeliebt oder abgelehnt fühlt. Lass nicht zu, dass ich ihm in irgendeiner Weise schade.«

Es dauerte mehrere Jahre, bis ich so weit geheilt war, dass ich offen über mein Problem sprechen konnte. Als ich damit an die Öffentlichkeit ging, war ich in keinster Weise auf die Reaktionen vorbereitet. Eine wahre Flut von Menschen, die Ähnliches durchgemacht hatten, meldete sich bei mir. Ich hatte keine Ahnung, wie groß die Sehnsucht nach emotionaler Heilung bei all denen war, die in ihrer Kindheit misshandelt worden waren und ihren Kindern jetzt das Gleiche zufügten. Wo ich auch hinkam, die Reaktion war überwältigend. Ich erhielt zahllose Briefe von Menschen, die mich um Hilfe baten. Sie waren selbst Opfer ihrer Vergangenheit und jetzt, in der Gegenwart, in der gleichen Situation gefangen, ohne Hoffnung auf Hilfe.

»Ich habe Befreiung und Heilung erfahren und dasselbe wird Ihnen zuteilwerden«, versprach ich meinem Publikum. »Sie können sich aus der Vergangenheit und der Lähmung, in der diese Sie festhält, befreien. Es kann anders werden. Doch das kann nur durch die Macht und die Liebe Jesu geschehen.« Die Bibel sagt: »Der Herr hilft uns« (Psalm 3,9). Er ist der Erlöser. Er ist der Heiler. Ohne ihn können wir nicht heil und ganz werden.

»Ich habe es geschafft, indem ich einfach immer mehr Zeit in der Gegenwart des Herrn verbracht habe«, erklärte ich weiter. »Gott bittet uns, ihn zum Mittelpunkt unseres Lebens zu machen und unentwegt seine Gegenwart zu suchen. Wenn wir das tun, stillt seine Gegenwart unsere Not. Die Bibel sagt: ›Der Herr aber ist der Geist, und wo immer der Geist des Herrn ist, ist Freiheit‹ (2. Korinther 3,17). Und sie sagt auch: ›Er wird den Armen erretten, wenn er um Hilfe ruft, er wird den Unterdrückten befreien, der keinen Helfer hat‹ (Psalm 72,12). Wann immer ich zu Gott gebetet habe, hat er mir geholfen. Er hilft denen, die niemand haben, der ihnen Rat gibt, niemand, mit dem sie sprechen können, niemand, der sie versteht.«

Die Befreiung und Erlösung von der Neigung zur Kindesmisshandlung braucht Zeit. Ich musste ganz neu denken lernen. Ich musste Gottes Gegenwart suchen und lang genug dort bleiben, dass mein Herz sich ändern konnte. Es ist zwar gut, sich Rat und Hilfe zu holen, doch ich wusste, dass ich mein Leben nicht im Büro eines Beraters verbringen konnte. Ich musste den Wunderrat selbst kennenlernen und mich von seiner Liebe heilen lassen.

Meine erste Heilung, die Heilung von Depression und Selbstmordtendenzen, die Befreiung von Angst und dem Gefühl der Wertlosigkeit, vollzog sich spontan, von einem Augenblick zum anderen. Die Befreiung von der Neigung zur Kindesmisshandlung war dagegen ein allmählicher Prozess, doch die Liebe Gottes hat mich auch davon geheilt.

Damals wuchs unsere Gemeinde rasch, deshalb brauchten wir einen größeren Gottesdienstraum. Während des Baus der neuen Kirche bat der Pastor uns und einige andere Paare, unser Haus einmal im Monat an einem Sonntagmorgen für Gruppentreffen zur Verfügung zu stellen. Als wir damit anfingen, waren wir achtzehn Personen. Michael begleitete den Gottesdienst auf dem Klavier und hielt eine kurze Predigt über ein Thema, das für alle Hausgruppenleiter für diesen Tag festgelegt worden war. Auf diese Weise konnten jede Woche etwa fünfundzwanzig Prozent der Gemeindemitglieder in Hausgruppen zusammenkommen, sodass in der Gemeinde Platz für andere Menschen war.

Die Hausgemeinde bot einen Raum, in dem die Menschen einander kennenlernen und zusammen beten konnten. Ich leitete den Gebetskreis und forderte alle, die im Gebet um etwas bitten wollten, auf, es uns zu sagen, damit wir gemeinsam darum beten konnten. Zu meiner Überraschung hatte praktisch jeder eine solche Bitte und zögerte auch nicht, sie den anderen mitzuteilen. Der Gottesdienst hatte einen bestimmten Zeitrahmen, in dem gar nicht alle zu Wort kommen konnten. Daher lud ich diejenigen, die noch beten wollten, ein, nach dem Gottesdienst dazubleiben, und viele nahmen die Gelegenheit wahr.

Es zeigte sich sehr schnell, dass wir einmal im Monat einen Abend allein zum Beten brauchten. Ein Termin wurde festgesetzt und schon zum ersten Treffen kamen etwa zwanzig Personen. Michael ging mit den Männern ins Arbeitszimmer, ich mit den Frauen in unser Schlafzimmer, wo wir uns mit gekreuzten Beinen in einem großen Kreis auf unser überbreites Doppelbett setzten. Die Atmosphäre des intimen Zirkels in einem Privatzimmer trug dazu bei, dass wirklich jede der anwesenden Frauen von ihren tiefsten Bedürfnissen, Kämpfen und Wünschen erzählte. Jede Einzelne gestand uns Dinge, die wir im Traum nicht mit diesem Menschen in Verbindung gebracht hätten. Ich erinnere mich noch an jede Frau und an jede Bitte, als sei es gestern gewesen. Ich hatte die Macht Gottes in meinem eigenen Leben auf so vielfältige Weise erfahren, jetzt sah ich seine Macht auch im Leben dieser Frauen am Werk.

In diesem Jahr wuchs unser Hausgottesdienstkreis auf fünfundsiebzig Personen an. Das waren viele Personen für unser kleines Haus. Auch der Gebetskreis, der sich einmal im Monat traf, wurde sehr groß. Irgendwann waren es einfach zu viele und wir mussten uns in kleinere Gruppen aufteilen. Als wir in eine andere Stadt zogen, gaben wir die Hauskreise auf, doch wir gehörten weiterhin unserer alten Gemeinde an und begannen auch wieder mit Gebetskreisen. Einer dieser Gebetskreise betete zum Beispiel für unsere Kinder, ein anderer, der aus Paaren bestand, für unsere Ehen, wieder andere beteten für die Arbeit, die berufliche Laufbahn und die Aufgaben in der Gemeinde. Später leitete ich eine Frauengruppe. Wir trafen uns wöchentlich, um für unsere persönlichen Bedürfnisse zu beten.

Das Überwältigendste war, zu sehen, wie Gott ein Gebet nach dem anderen erhörte, in allen Bereichen. Wir alle lernten dabei viel über den Nutzen und die Macht des gemeinsamen Betens. Es hat unser aller Leben verändert und den Grundstein für Bindungen gelegt, die ganz sicher ein Leben lang halten werden.

Wieder und wieder erlebte ich die erstaunliche Macht des Gebets, wenn wir demütig vor Gott traten, ihm unsere geheimsten Wünsche und Nöte gestanden und darauf vertrauten, dass er uns helfen würde. Bei jedem dieser Treffen lasen wir das Wort Gottes und lobten ihn, bevor wir mit unseren Bitten vor ihn traten und beteten. Unsere Gruppe wurde für uns alle zu einem Kokon der Sicherheit. Immer wenn wir beteten, geschah etwas im geistlichen Bereich und das Reich der Finsternis wurde aus unserem Leben zurückgedrängt.

Ein unvorstellbares Wunder

Ermutigt durch all die Heilungen, die Gott in meinem Leben bewirkt hatte, betete ich immer wieder darum, dass er auch meine Mutter und unsere Beziehung zueinander heil werden lassen möge. Doch je mehr ich betete, desto schlimmer schien es mit ihr zu werden.

Als mein Vater in Rente ging, zogen er und meine Mutter auf eine zwei Hektar große Farm in Kalifornien. Für ihn war das perfekt, denn er war von ganzem Herzen Farmer. Er liebte die Vieh- und Pferdezucht und plante mit dem größten Vergnügen die Anlage seines Gartens. Ohne den Stress und den Schmutz der Stadt, mit einem überschaubaren Arbeitspensum an der frischen Luft und viel frischem Obst und Gemüse aus dem eigenen Garten blühte er förmlich auf.

Anfangs schien der Umzug auch meiner Mutter gutzutun, doch wie immer war diese Phase nur vorübergehend. Diesmal versank sie noch schneller und tiefer als sonst in ihrer Fantasiewelt. Ihre Verbitterung und ihr Hass richteten sich jetzt voll und ganz gegen meinen Vater.

Wenn sie einen ihrer hysterischen Anfälle bekam, ging mein Vater einfach aus dem Haus und überließ sie ihrem Kampf, denn er war überzeugter Pazifist. Das wiederum regte meine Mutter so auf, dass sie sich eines Tages, als mein Vater im Garten Unkraut jätete, hinter ihm anschlich und ihm mit einem großen Ast auf den Rücken schlug. Sie hatte eine erstaunliche Kraft, wenn sie vor Wut außer sich war. Ein andermal, als mein Vater an einem kalten Wintertag draußen war, drehte sie den Gartenschlauch auf und spritzte ihn mit eiskaltem Wasser von oben bis unten nass.

Als sie immer gewalttätiger wurde, machte ich mir ernstliche Sorgen um meinen Vater. Ich bat meine Gemeinde, mit mir während des Gottesdienstes für meine Mutter zu beten. Tausende Menschen beteten und ich hoffte so sehr, dass Gott mein Bitte erhören und meine Mutter heilen würde, doch ich musste erfahren, dass Gott sich nicht vorschreiben lässt, was er tun soll. Statt besser ging es ihr schlechter und eine neue Verwirrtheit kam hinzu.

Normalerweise schlief meine Mutter den ganzen Tag und schlich nachts durchs Haus, im Kampf gegen imaginäre Feinde. Eines Tages weckte sie meinen Vater um drei Uhr nachts. Sie hatte bis Mitternacht gekocht, ein umfangreiches Menü, und den Tisch für sechs Personen gedeckt. Sie sagte Vater, ihre Stimmen hätten ihr gesagt, dass ich zum Essen käme, und jetzt sagten sie, ich hätte mich in der Stadt verirrt. Sie wollte, dass Vater losfuhr und mich suchte.

Wie immer tat er, was sie wollte – gemäß seiner Frieden-um-jeden-Preis-Strategie. Jeder andere hätte ihr gesagt, sie solle ins Bett gehen, oder hätte sie in eine Klinik einweisen lassen, aber nicht mein Vater. Er hatte sich mit ihrer Krankheit abgefunden, aus Gründen, die nur er verstand.

Um vier Uhr dreißig klingelte bei uns das Telefon.

»Stormie?« Die Stimme meines Vaters klang müde.

»Vater? Was ist passiert?«, fragte ich, mit einem Schlag hellwach.

»Deine Mutter sagt, du kämst zum Essen und hättest dich in der Stadt verirrt. Wir suchen dich seit drei Uhr. Kommst du?«

»Natürlich nicht, Vater. Ich bin zu Hause, im Bett.«

»Dann sag das bitte deiner Mutter, damit sie es weiß.« Er reichte ihr den Hörer.

»Wo bist du?«, fragte sie verdrossen.

»Zu Hause im Bett. Wo sollte ich sonst sein?«

»Du hast mir gesagt, du kommst zum Essen.« Sie wurde zusehends wütender.

Wir hatten seit Wochen nicht miteinander telefoniert und uns seit Monaten nicht gesehen. Die Farm lag vier Autostunden entfernt, es war also keine Fahrt, die man einfach mal kurz macht, um jemand zum Essen zu besuchen.

»Das habe ich nie gesagt. Ich habe nicht einmal mit dir gesprochen. Wo willst du das gehört haben?«, fragte ich, obwohl ich genau wusste, wo sie es gehört hatte. Ich hatte schon lange den Verdacht, dass sie die Stimmen von Dämonen hörte, die ihre Persönlichkeit beherrschten. Immer wieder hatte ich versucht, ihr klarzumachen, dass sie auf Lügen hörte, doch das wollte sie nicht einsehen. Sie war blind für die Wahrheit, sie konnte sie gar nicht sehen. Ihre Persönlichkeit war unter einer Trümmerschicht erstickt, sie war nicht mehr in der Lage, rational zu denken. Völlig verärgert legte sie auf.

Ich habe nie, nie, nie erlebt, dass meine Mutter irgendjemand irgendetwas vergeben hätte. Sie schien Ungerechtigkeiten gleichsam zu sammeln und konnte aus dem Stand heraus die Namen aller aufzählen, die ihr je Unrecht getan hatten, und gleich darauf den gesamten Vorfall bis ins kleinste Detail erzählen, ihn mit einer gefühlsmäßigen Intensität wiederbeleben, als erlebe sie ihn zum ersten Mal. So vergaß sie auch meinem Vater niemals, dass er ihr vorgeschlagen hatte, in eine psychiatrische Klinik zu gehen, und mir vergaß sie nie, dass ich nicht um drei Uhr morgens zu ihr gefahren war.

Mehrere Monate später besuchten wir meine Eltern. Als wir das Haus betraten, war der Tisch gedeckt, doch über allem lag eine zentimeterdicke Staubschicht und die Gläser waren mit Spinnweben überzogen.

»Warum ist der Tisch so schmutzig?«, flüsterte ich Vater zu. »Die Teller sind ja völlig eingestaubt.«

»Deine Mutter hat den Tisch damals, als wir dich um vier Uhr dreißig morgens angerufen haben, kurz vor Mitternacht gedeckt.

Sie war so wütend, dass sie sich geweigert hat, irgendetwas wieder wegzuräumen. Auch ich durfte nichts anrühren.«

Als ich Mutters kaltem Blick begegnete, dem vertrauten bösartigen Starren, war mir klar, dass ich jetzt wieder ganz oben auf ihrer Hass-Liste stand. Sie sprach kaum mit mir, versuchte aber, höflich zu sein, wenn Michael mit uns im Zimmer war.

Mein Mann hatte, wie so viele andere, meine Mutter anfangs für »sehr nett« gehalten. Doch als wir dann an unserem ersten gemeinsamen Weihnachtsfest ein paar Tage bei meinen Eltern zu Besuch waren, konnte meine Mutter diesen schönen Schein nicht aufrechterhalten. Sie musste mit ihren Stimmen sprechen, schlich die ganze Nacht durchs Haus und hielt hasserfüllte Tiraden auf die, die sie töten wollten. Sie klagte über die Leute, die sie mit Laserwaffen und elektronischen Strahlen umbringen wollten und sie durch Fenster, Spiegel und das Fernsehen beobachteten. Das FBI belästige sie sexuell, sagte sie. Ich traute meinen Ohren kaum, hatte ich sie doch in meinem ganzen Leben noch nie das Wort »sexuell« aussprechen hören – und jetzt wurde sie vom FBI sexuell belästigt, ja gefoltert! *Man stelle sich vor, wie überrascht das FBI wäre, das zu hören*, dachte ich.

Michael lernte die Krankheit meiner Mutter also schon sehr früh kennen, doch er war niemals bei einem richtigen Wutanfall dabei. Nur eine Handvoll Auserwählter hatte das erlebt, darunter meine Tante, als sie meine Mutter in eine Klinik hatte einweisen wollen – und diese Wutanfälle würden diese Menschen mit Sicherheit ihr Leben lang nicht vergessen. Ich selbst war als Kind mehrmals Zeuge solcher Anfälle geworden, häufiger als alle anderen. Michael blieb verschont.

Mutters Hass auf mich hielt den ganzen Tag an. Ich versuchte, ihn zu ignorieren, doch das war nicht möglich. Als es Zeit wurde, zu essen, sagte ich: »Ich decke den Tisch.«

»Der Tisch ist schon gedeckt!« Sie spuckte mir die Worte förmlich ins Gesicht. »Seit vier Monaten und du wirst so damit vorliebnehmen, wie er ist.«

»Aber das Geschirr ist schmutzig!« Ich protestierte wie ein kleines Mädchen, das versucht, seine Verbitterung über eine ungerechte Behandlung hinter Unschuldsbeteuerungen zu verstecken. Was war nur los mit mir, dass sie mich nach all den Jahren und obwohl ich geheilt und befreit war, noch immer auf meine niedrigsten Empfindungen reduzieren konnte? Ich war eine erwachsene Christin, hatte eine wichtige Aufgabe in meiner Gemeinde – und hätte diese gemeine alte Dame doch am liebsten geschlagen. Anscheinend konnte ich nur dann Mitleid mit dieser armen, emotional gestörten Person empfinden, wenn wir uns nicht im selben Raum aufhielten. Ich konnte mich nicht mit ihrem Hass auf mich abfinden und würde es auch nie können. Michael und ich räumten den Tisch ab, spülten das Geschirr und deckten den Tisch neu. Dann nahmen wir alle Platz zu einer sehr ernsten, angespannten Mahlzeit. Am nächsten Morgen reisten wir ab, wir konnten einfach nicht länger bleiben, nicht einmal Vater zuliebe. Im Auto sagte ich zu meinem Mann: »Ich kann nie wieder hinfahren.«

Es war mein innigster Wunsch, Gott zu gehorchen und meinen Vater und meine Mutter zu ehren, doch bei meiner Mutter fiel mir das entsetzlich schwer.

»Du brauchst nicht hinzufahren, nur um dich niedermachen zu lassen«, hatte Mary Anne mir geraten. »Ehre sie aus der Ferne. Fühl dich nicht schuldig, wenn du ihr eine Zeit lang fernbleibst. Lass dir Zeit, heil zu werden.«

Ich versuchte, es Vater zu erklären, doch er sagte: »Warum gehst du nicht einfach raus und ignorierst sie, so wie ich?«

»Ich wollte, ich könnte es, Vater, aber es klappt einfach nicht. Hier stehe ich, erwachsen, mit einer eigenen Familie, und fühle mich wieder wie ein kleines Kind.«

Er sah ein, dass ich nichts an meinen Gefühlen ändern konnte, und war damit einverstanden, uns nur noch allein zu besuchen.

Von da an betete ich noch viel intensiver für meine Mutter. »Du bist doch der Erlöser«, erinnerte ich Gott. »Du erlöst und befreist, Herr. Ich bitte dich, erlöse meine Beziehung zu meiner Mutter. Ich hatte nie eine Mutter-Tochter-Beziehung. Heile sie, damit dieser Teil meines Lebens geheilt werden kann.«

Da hörte ich, wie Gott ganz klar zu meinem Herzen sprach. Er sagte: »Ich werde diese Beziehung erlösen, aber das wird erst durch deine eigene Tochter geschehen.«

Ich blinzelte, schluckte schwer und sagte mit zittriger Stimme zu dem allwissenden Gott der gesamten Schöpfung: »Aber, Herr, ich habe keine Tochter.«

Die Stille war ohrenbetäubend. Während ich auf Gottes Antwort wartete, dachte ich: *Ich werde fast vierzig sein, wenn ich ein zweites Kind bekomme. Meine erste Schwangerschaft war grässlich. Ich glaube, eine weitere kann ich nicht überleben. Ich habe mich immer dagegen gewehrt, wenn von irgendjemand der Vorschlag kam, wir sollten doch ein zweites Kind bekommen. Gott verlangt nichts von mir, das meine Kräfte übersteigt.*

Ich wehrte mich lange Zeit gegen die Idee, bis mir irgendwann klar wurde, dass ich mich gegen den Willen Gottes wehrte. Ich wusste, dass er mich liebte, ganz gleich, ob ich noch ein Kind bekam oder nicht, doch wenn ich die völlige, umfassende Heilung und Ganzheit und den ganzen Segen wollte, den er für mich bereithielt, musste ich ihm mein Leben und meinen Willen uneingeschränkt zu Füßen legen. Als Michael und ich uns endlich dazu durchgerungen hatten, Gott zu gehorchen, war ich erleichtert.

Meine Erleichterung verwandelte sich in Freude, als ich Gott bat, diese Schwangerschaft nicht wie die erste sein zu lassen, und er mich mit den Worten tröstete: »Ich werde dir dabei helfen.« Ich dachte, das hieße, dass es dieses Mal nicht so schlimm würde.

Wie entsetzt, am Boden zerstört und mutlos war ich, als sich herausstellte, dass diese zweite Schwangerschaft sogar noch schlimmer war als die erste! Wieder litt ich unter furchtbarer Übelkeit und wurde immer dünner. Ich hatte wahnsinnige Schmerzen, als gösse jemand kochendes Wasser in meine Adern. Unfähig zu sitzen oder zu stehen, lag ich flach auf dem Rücken. »Gott, warum?«, rief ich. »Warum wird es wieder genauso? Hast du mich verlassen?« Doch er antwortete mir auch jetzt wieder ganz deutlich: »Ich werde dir helfen.« Erst jetzt fiel mir auf, dass er nicht gesagt hatte, dass es dieses Mal anders sein würde. Gott sagt überhaupt nirgends, dass wir in dieser Welt keine Probleme haben werden. Er sagt, dass wir in dieser Welt Kummer und Not leiden, doch er sagt auch: »Ich werde dir helfen.«

Mein Zustand wurde immer ernster, ich kam ins Krankenhaus und wurde intravenös ernährt. Der gleiche Arzt wie bei meiner ersten Schwangerschaft – einer der besten Geburtshelfer in unserer Stadt – versuchte alles Menschenmögliche, doch er konnte mir keine Schmerzmittel und auch nichts gegen die Übelkeit geben, weil er fürchtete, dem Kind damit zu schaden. Ich war ihm zutiefst dankbar für seine klare Haltung, denn mir selbst ging es so schlecht, dass ich alles getan hätte, um mir ein wenig Erleichterung zu verschaffen, ich hätte sogar Medikamente genommen, die möglicherweise mein Kind geschädigt hätten. Irgendwann machten meine Venen nicht mehr mit. Als die Injektionen abgesetzt wurden, verschlimmerte sich mein Zustand noch einmal. Ich wusste, dass ich ein Wunder brauchte, doch ich war zu krank, um zu beten. Ich konnte nur noch stammeln: »Hilf mir, Jesus.«

Jede Stunde dehnte sich zu einer Woche der Schmerzen und der schrecklichsten Übelkeit. Ich konnte mich nicht aufsetzen, konnte nicht lesen oder fernsehen. Ich konnte nicht schlafen. Ich konnte nichts tun, als in meinem Krankenhausbett liegen und weinen. Es gab keine Linderung für mich.

Mary Anne besuchte mich oft und las mir stundenlang aus der Bibel vor. Sie massierte meine Beine, den einzigen Teil meines Körpers, an dem ich Berührungen ertrug. Ihre Augen flossen über vor Mitgefühl, während sie zusehen musste, wie es mir schlechter und schlechter ging.

Eines Tages weinte ich: »Ich war so dumm, noch einmal

schwanger zu werden, obwohl es mir schon beim letzten Mal so schlecht ging. Warum habe ich das nur getan?«

Mary Anne erinnerte mich an die Wahrheit, für die die Schmerzen mich blind gemacht hatten: »Du hast es im Gehorsam gegen Gott getan, weißt du nicht mehr? Gehorsam wird reich belohnt.«

»Es tut mir leid«, schluchzte ich, »aber im Moment kann ich das nicht so sehen.«

Da hörte ich wieder Gottes Stimme: »Ich werde dir helfen.« Ich wusste nicht, ob das hieß, dass ich sterben und bei Gott sein würde, oder dass die Ärzte das Baby entfernen würden, um mein Leben zu retten. Das schienen die Alternativen zu sein – und ich konnte mich für keine von beiden entscheiden. Ich konnte den Gedanken nicht ertragen, meinen kleinen Jungen zu verlassen, und ich wusste, wenn ich dieses Kind verlor, würde ich wahrscheinlich nie wieder schwanger werden.

In dieser Nacht träumte ich, ich hielte ein wunderschönes Mädchen im Arm, mit dunklem Haar, leuchtenden dunkelbraunen Augen und langen, dunklen Wimpern. Der Traum war so lebendig und lebensecht, dass ich überglücklich war. Damals kannten wir das Geschlecht des Kindes noch nicht.

Als mein Arzt sagte, dass er in der Klinik nichts mehr für mich tun könne, wurden Vorbereitungen für meine Rückkehr nach Hause getroffen. Pastor Jack rief mich am Abend vor meiner Entlassung im Krankenhaus an. Er war enttäuscht, dass ich tatsächlich einen Schwangerschaftsabbruch in Erwägung zog.

Ich antwortete: »Ich verstehe es einfach nicht. Ich weiß, dass Gott mich heilen kann. Ich weiß, dass er will, dass ich dieses Kind bekomme, aber die Schmerzen und die Übelkeit hören nicht auf und jetzt bin ich so schwach, dass ich nicht einmal mehr beten kann.«

Ich hörte die Liebe, das Mitleid und die Sorge in der Stimme meines Pastors, als er für mich betete.

Am Sonntagmorgen wurde ich aus dem Krankenhaus entlassen. Die Schmerzen und die Übelkeit waren schlimmer denn je und ich war völlig entmutigt. Die Ärzte hatten entschieden, dass sie das Baby entfernen würden, wenn mein Zustand sich bis Dienstag nicht änderte. Man konnte sonst nichts mehr für mich tun und die Zeit wurde knapp.

Bald darauf lag ich zu Hause in meinem eigenen Bett und der kleine Christopher kam in mein Zimmer. Doch er kam nicht glücklich hereingestürmt wie früher, sondern öffnete vorsichtig die Tür und blieb ein Stück von mir entfernt stehen. Er hatte seine Mutter vier Monate nicht gesehen, wir waren einander fremd geworden. Selbst jetzt konnte ich ihn nicht einmal in die Arme nehmen, ihm vorlesen und mit ihm spielen. Er war im Begriff, seine Beziehung zu mir zu verlieren. Höflich sagte er: »Hi, Mom«, und dann lief er hinaus, um sein Leben fortzusetzen. Es brach mir das Herz.

Bob und Sally, zwei enge Freunde, kamen mit ihren Kindern, um Michael ein wenig zu entlasten. Sie kochten und leisteten Michael und Christopher Gesellschaft. Für mich konnten sie nichts tun, deshalb ließen sie mich in Ruhe und ich war ihnen dankbar dafür.

An diesem Abend fuhr ich kurz nach sechs Uhr in meinem Bett zusammen. Ich setzte mich auf und fragte mich selbst: »Was ist passiert?« Es dauerte einen Augenblick, bis ich merkte, dass Schmerzen und Übelkeit verschwunden waren.

Ich setzte mich ein paar Minuten auf die Bettkante, um zu sehen, ob sie zurückkehren würden, doch das war nicht der Fall. Langsam stand ich auf und ging in das angrenzende Badezimmer. Dort schaute ich in den Spiegel und betrachtete mein abgemagertes Gesicht mit den hohlen Augen, dann ging ich vorsichtig zurück ins Schlafzimmer und setzte mich wieder aufs Bett. Da Schmerzen und Übelkeit noch immer ausblieben, stand ich wieder auf und ging ins Wohnzimmer, wo mein Mann fernsah. Er fiel fast vom Sofa, sprang auf und rief: »Warum bist du aufgestanden?«

»Ich weiß nicht«, sagte ich, selbst noch ganz ungläubig. »Ich fühle mich plötzlich anders. Die Schmerzen sind weg, die Übelkeit auch. Sie können natürlich jede Minute wiederkommen«, fügte ich hinzu und offenbarte damit das ganze Ausmaß meiner Angst. Nach Monaten der Qual fürchtete ich mich geradezu davor, zu hoffen, dass diese körperliche Erleichterung von Dauer sein könnte.

Michael sah mich überrascht an und sagte leise: »Gelobt sei Gott!«

Ich verließ das Arbeitszimmer und ging langsam den langen Flur entlang in die Küche, wo Sally das Abendbrotgeschirr abwusch. Ich hatte seit Monaten kaum etwas gegessen und war trotz der intravenösen Ernährung extrem schwach.

Sally wandte sich um und sagte erschrocken: »Was machst du denn hier?«

»Ich weiß nicht, was passiert ist, Sally. Ich fühle mich plötzlich besser.«

»Halleluja!«, rief sie laut. »Möchtest du etwas essen – nur um zu beweisen, dass du die Wahrheit sagst?«

»Ja, und zwar schnell, bevor es wieder zurückkommt!«

Sie reichte mir eine Schüssel mit ein paar Birnenschnitzen und etwas trockenen Toast. Es schmeckte köstlich. Ich aß alles auf und dankte Gott für die kleine Atempause. Selbst wenn ich mich nachher vielleicht erbrechen musste, war es doch himmlisch, etwas zu kauen und hinunterzuschlucken.

Wir warteten, doch die Übelkeit und die Schmerzen kehrten nicht zurück. Erschöpft ging ich ins Bett und schlief die ganze Nacht durch.

Am nächsten Morgen ging es mir sehr viel besser, doch ich beschloss, noch einen oder zwei Tage zu warten, bevor ich Pastor Jack erzählte, was geschehen war. Als ich ihn dann schließlich anrief, beschrieb ich ihm genauestens die Ereignisse vom Sonntagabend.

»Gelobt sei Gott, du bist geheilt!«, sagte er sofort.

»Wirklich? Bist du ganz sicher?«

»Stormie«, sagte er und seufzte geduldig, »ich weiß es. Um die gleiche Zeit hat die Gemeinde im Sonntagabendgottesdienst für dich gebetet.«

Ich war fassungslos. »Ihr habt für mich gebetet? Du meinst, es kommt nicht zurück?«

»Nein, du bist geheilt«, sagte er bestimmt.

Er hatte recht.

Ein paar Wochen vor dem errechneten Geburtstermin flog ich mit meinem Mann zur Grammy-Awards-Feier nach New York, denn Michael hatte für die Produktion des Albums von Christopher Cross drei Grammys gewonnen. Christopher war der erste Künstler, der die vier Auszeichnungen – Album of the Year, Record of the Year, Song of the Year und Best New Artist – alle an einem Abend gewann. Es war ein aufregendes Erlebnis und ich dankte Gott, dass er es mir möglich gemacht hatte, an einem solchen Abend an der Seite meines Mannes zu sein. Das wäre nicht möglich gewesen, wenn er nicht ein Wunder für mich getan hätte.

Kurz nach meiner Rückkehr wurde das bezaubernde dunkelhaarige Mädchen mit den haselnussbraunen Augen und den langen, dunklen Wimpern geboren, das ich in meinem Traum gesehen hatte. Wir nannten sie Amanda, das bedeutet »wert, geliebt zu werden«. Ich merkte sofort, dass dieses Mal alles anders war. Ich hatte nicht den Drang zur Misshandlung, verlor kein einziges Mal die Beherrschung, empfand keine Wut, keinen Ärger – ich hatte nicht den leisesten Anflug der früheren Probleme. Ich war frei und geheilt.

Sobald ich mich von dem zweiten Kaiserschnitt erholt hatte, begann ich, die verlorene Zeit mit Christopher aufzuholen. Nachmittags, wenn Amanda schlief, ließ ich sie in der Obhut einer Freundin und unternahm etwas Besonderes mit ihm – nur wir beide. Er war zwar sehr stolz auf seine kleine Schwester, doch er fühlte sich wichtig und ernst genommen, wenn er ihr zum Abschied einen Kuss gab und ihr sagte, dass sie noch zu klein war, um uns zu begleiten. In den drei Stunden, die wir dann zusammen verbrachten, lernten Christopher und ich uns wieder kennen. Wir gingen spazieren und unterhielten uns. Wir gingen in den Park, schauten einen Kinderfilm im Kino, spielten Minigolf, schlenderten durch die Spielwarenabteilung im Kaufhaus. Es war unsere Zeit. Innerhalb von zwei Wochen war alles, was in den Monaten meiner Schwangerschaft beschädigt worden war, wiederhergestellt.

Mit der Geburt von Amanda begann die Heilung. So wie eine offene Wunde jeden Tag ein bisschen heilt, spürte ich, wie die Wunde in meinen Emotionen, irgendwo in meinem Herzen, zu heilen begann. Mein allererstes Mutter-Tochter-Teetrinken erlebte ich an einem Muttertag in Amandas Schule. Es war unbeschreiblich schön und aufregend. Die beiden Kleinen, deren Mütter nicht kommen konnten, taten mir schrecklich leid. Früher hatte immer ich zu diesen Kindern gehört, meine Mutter war nie zu solchen Anlässen gekommen. Jetzt ging ich selbst als Mutter hin.

Amandas schöne braune Augen leuchteten, als sie mit ihren Freundinnen aufstand, um die Lieder zu singen und das Gedicht aufzusagen, das die Kinder für ihre Mütter einstudiert hatten. Immer wieder sah sie zu mir herüber, um zu gucken, ob ich auch zu ihr hinsah – was ich natürlich tat. Die ganze Zeit über.

Gott hatte sein Versprechen, meine verlorene Mutter-Tochter-Beziehung zu heilen, gehalten, und er setzte die Heilung in den folgenden Jahren fort. Wer hätte das je gedacht?

Verborgene Unversöhnlichkeit

Inzwischen wurde ich immer häufiger gebeten, bei Veranstaltungen zu sprechen. Als meine Kinder noch klein waren, nahm ich nicht mehr als eine solcher Verpflichtungen im Monat an, und zwar ausschließlich samstags, wenn mein Mann zu Hause war und auf die Kinder aufpassen konnte. Das war gut für ihn, weil er sah, wie viel Zeit und Mühe Kinder kosten, und es war gut für die Kinder, weil sie Zeit mit ihrem Vater verbringen konnten. Und nicht zuletzt war es gut für mich, einmal einen Tag etwas anderes zu tun.

Bei jedem dieser Vorträge erzählte ich, wie Gott mich geheilt und ganz gemacht hatte. Gott hatte mir aufgetragen, bei jedem Vortrag, ganz gleich, über welches Thema, Zeugnis abzulegen. Er hatte gesagt: »Erzähle den Menschen, was ich in deinem Leben getan habe. Mach dir keine Sorgen darüber, wer es hört und wer nicht. Ich wende das Böse, das der Feind plant, zum Guten.« Die beiden einzigen Male, bei denen ich kein Zeugnis ablegte, kamen Menschen hinterher enttäuscht zu mir und sagten: »Ich habe extra jemand mitgebracht, weil er Ihre Geschichte hören sollte, und Sie haben kein Wort davon gesagt. Ich bin richtig aufgebracht. Ich weiß, dass es etwas in seinem Leben bewirkt hätte.« Ich schämte mich sehr und beschloss, dass mir das nie wieder passieren würde.

Jedes Mal wenn ich meine Geschichte erzählte, kam anschließend unweigerlich eine überraschend große Zahl von Menschen zu mir, die mir erzählten, dass sie unter den gleichen Wunden litten und die gleichen seelischen Narben davongetragen hatten wie ich. Auch sie hatten das Gefühl, innerlich zu sterben, und wollten unbedingt hören, wo sie ein Leben vor dem Tod finden konnten. Ich war sehr erstaunt, dass es so viele Menschen waren, die so reagierten.

Noch eine andere Reaktion hörte ich häufig, nämlich die Frage: »Ist der Schmerz jemals ganz verschwunden?« Sie kam meist von Personen, die als Kind tief verletzt oder misshandelt worden waren. Ich wusste sofort, von welchem Schmerz sie sprachen.

»Ich weiß nicht«, antwortete ich dann, »ich habe eine Heilung und Befreiung erfahren, stärker als alles, was ich mir je hätte träumen lassen, aber ich weiß nicht, ob man sagen kann, dass der Schmerz jemals völlig weg ist.«

Der Schmerz, der aus einer Zurückweisung resultiert, wie ich sie erfahren habe, ist ein ständiger Schmerz, tief im Bauch, und viele Menschen, mich eingeschlossen, akzeptieren ihn als Teil ihres Lebens. Er begleitet uns, wohin wir auch gehen. Bevor ich Jesus kennenlernte, beschwichtigte ich diesen Schmerz mit Methoden, die ihn auf lange Sicht nur schlimmer machten. Selbst in meinen glücklichsten Momenten war er da, wartete auf den leisesten Hauch einer Ablehnung, um aufzubrechen und alle meine negativen Gefühle über mich selbst zu bestätigen. Als ich dann durch Jesus eine Beziehung zu Gott gefunden hatte, konnte ich ihm meinen Schmerz immer wieder im Gebet bringen. Dadurch wurde alles sehr viel besser und der Schmerz kontrollierbar, doch er blieb immer da.

Eines Tages rief Mary Anne mich an und bat mich, in ihr Büro zu kommen. Sie wollte mir von einem Traum erzählen, in dem Gott ihr ihrer Ansicht nach offenbart hatte, warum meine Seele noch immer so unruhig war. »Du hast deine Unversöhnlichkeit gegenüber deinem Vater noch nicht bekannt.«

»Was?«, fragte ich entrüstet, »nein, Mary Anne, wirklich, diesmal irrst du dich!«

»Ehrlich, Stormie, von selbst wäre ich nie auf diesen Gedanken gekommen. Ich bin ganz sicher, dass der Traum von Gott kam.«

Ich schwieg.

»Bete. Horche, was er dir antwortet.«

»Du verstehst das nicht. Mein Vater ist ein ganz lieber Mensch, er hat mir nie etwas Böses getan. Er hat niemals Hand an mich gelegt – bis auf ein einziges Mal, als meine Mutter ihm keine Ruhe gelassen hat. Was sollte ich ihm vergeben müssen?«

»Höre, was Gott dazu zu sagen hat«, antwortete sie freundlich.

Als ich nach Hause fuhr, betete ich: »Gott, was meint Mary Anne damit? Hat sie tatsächlich recht?«

Und plötzlich drang es, schmerzhaft wie ein Blitz aus Stahl, durch mein Herz. Ich war wieder in dem Schrank und weinte leise vor mich hin und fragte mich: *Warum schließt Vater nicht die Tür auf und lässt mich heraus?* Dieser Gedanke war so schmerzlich, dass ich anfing, hysterisch zu schluchzen. Blind vor Tränen musste ich am Straßenrand halten.

»Gott, hilf mir!«, rief ich. Ich kämpfte darum, meine Selbstbeherrschung zurückzugewinnen. In diesem Augenblick wurde mir klar, dass ich meinem Vater tatsächlich nicht verziehen hatte, dass er mir nie zu Hilfe gekommen war. Er hatte mich nie aus dem Schrank befreit. Er hatte mich nicht ein einziges Mal vor den Auswirkungen der Geisteskrankheit meiner Mutter bewahrt. Ich war von dem einzigen Menschen, der mich hätte beschützen können, im Stich gelassen worden. Ich hatte die Unversöhnlichkeit, die ich noch mit mir herumtrug, nicht bekannt, weil ich es mir nie erlaubt hatte, bewusst zornig auf meinen Vater zu sein.

Vor ein paar Jahren erst hatte ich meinen Vater mit meiner Kindheit konfrontiert. Zu meiner großen Überraschung hatte er gar nicht gewusst, dass meine Mutter mich so häufig in den Schrank gesperrt hatte. Ich war zwar erleichtert, als ich das hörte, doch es heilte die Wunde trotzdem nicht und es befreite mich auch nicht aus den Fesseln des lebenslangen, mir selbst verborgenen Grolls gegen ihn. Ich hatte das Gefühl, als würden alle Männer in meinem Leben, wenn ich an den Fingerspitzen über einem Abhang hinge, einfach vorbeigehen und mich abstürzen lassen. Ich konnte nie darauf hoffen, dass jemand für mich eintreten würde, deshalb brauchte ich alle Kraft, die ich hatte, um mich selbst durchzuschlagen, und kam nie wirklich zur Ruhe.

Mary Anne und ihr Mann baten Michael und mich, uns nach dem Karfreitagsgottesdienst mit ihnen zu treffen und mit ihnen gemeinsam für die Befreiung von meiner verborgenen Unversöhnlichkeit zu beten. Ich erklärte mich auch jetzt wieder bereit, drei Tage davor zu fasten.

Seltsamerweise hatte ich diesmal das Gefühl, verrückt zu werden. Ich hatte gehört, dass die Linie zwischen geistiger Gesundheit und Krankheit hauchdünn ist, und glaubte plötzlich, auf einem halsbrecherischen Grat zu balancieren. Nachdem dieses Gefühl mehrere Jahre lang nicht mehr aufgetaucht war, konnte ich überhaupt nicht verstehen, warum ich auf einmal solche Angst hatte, den Verstand zu verlieren. So etwas hatte ich noch nie durchgemacht. Ich war schon oft in Sorge gewesen, ich könnte enden wie meine Mutter, doch noch nie hatte ich mich so dicht davor gefühlt.

Der Karfreitag kam und wir trafen uns wie geplant in Mary Annes Büro. Ich bekannte meine Unversöhnlichkeit gegen meinen Vater und erneut durchbohrte ein stählerner Stich mein Herz. Diesmal löste der Stich eine wahre Sturzflut von Gefühlen in mir aus, wie ich sie als Erwachsene noch nie empfunden hatte. Ich erkannte den Schmerz, den ich als kleines Kind gespürt hatte, wenn ich in dem Schrank eingesperrt war und niemand mir zu Hilfe kam. Es war der gleiche Schmerz, der auch später von Zeit zu Zeit in mir aufbrach, mit solcher Gewalt, dass ich mich dann vor meinen Freunden in der Schule verstecken musste oder später bei CBS in einer Toilettenkabine zusammenkrümmte.

Der Schmerz brach mit aller Kraft hervor. Heftige Schluchzer stiegen aus meinem tiefsten Inneren auf, Schluchzer, die ich jahrelang unterdrückt hatte, weil meine Mutter gedroht hatte, mich zu schlagen, wenn ich weinte. Es fühlte sich an, als müsste ich etwas gebären, das zu groß für meinen Körper war – etwas Greifbares, aber nicht Messbares.

Mary Anne und ihr Mann salbten mich mit Öl, legten mir die Hände auf den Kopf und befahlen im Namen Gottes jedem unterdrückerischen Geist, der mich gefangen hielt, mich zu verlassen. Eine letzte Welle des Schmerzes ließ meinen Körper erbeben, dann war es vorüber. Ein völlig neuer, innerer Friede legte sich über mich.

Mit der Vertreibung dieser ganz tief in meinem Innern begrabenen Unversöhnlichkeit und Wut wurde die letzte Bastion des Teufels in meinem Leben zerstört. Jetzt erkannte ich, dass die unterdrückte Unversöhnlichkeit zu einer Art seelischem Ungleichgewicht in mir geführt hatte. Konnte es so auch bei meiner Mutter gewesen sein? Hatte ihr Groll sich so tief in sie hineingefressen, dass er ihre ganze Sicht auf das Leben verzerrte? Es war bestimmt nicht die einzige Ursache ihrer Geisteskrankheit, doch ich wusste nun, dass ein gesunder Geist eine solche Unversöhnlichkeit und Wut nicht verkraftet. Es besteht ein ganz konkreter Zusammenhang zwischen Vergebung und Ganzheit, Heilsein.

Mir wurde auch klar, dass Erlösung ein Prozess ist, der zu unterschiedlichen Zeiten auf ganz unterschiedliche Art und Weise ablaufen kann. Manchmal genügt es, einfach eine gewisse Zeit in der Gegenwart Gottes zu leben und ihm zu gehorchen – so wurde ich zum Beispiel von meiner Angst vor Messern geheilt. Manchmal muss man inständig zu Gott beten, wie ich es tat, als ich in mir das Potenzial zur Kindesmisshandlung entdeckte. Und manchmal geschieht es im Büro ausgebildeter und qualifizierter christlicher Berater, so wie damals, als ich von meiner lähmenden Depression befreit wurde. Doch ganz gleich, wie es geschieht, nur Jesus, der Erlöser, kann uns wahrhaft frei machen. Er ist das wahre Licht, das die Finsternis erhellt, die uns von allem trennen will, was Gott uns schenken möchte.

Am nächsten Morgen fiel mir auf, dass das Gefühl, ich würde verrückt werden, verschwunden war. Ich fühlte mich im Gegenteil völlig normal. Die Angst vor einer drohenden Geisteskrankheit kehrte niemals zurück. Ich glaube, dass ich damals von einem Geist des Wahnsinns befreit wurde. Ich war nicht besessen gewesen, weil ich Jesus empfangen hatte und der Geist Christi in mir wohnte, der alles andere verdrängt. Doch der Feind kennt unsere Schwächen und bedrängt uns mit Erinnerungen daran. Meine langjährige Angst, geisteskrank zu werden wie meine Mutter, war die perfekte Vorbedingung dafür, mich unter das Joch solcher Gedanken zu zwingen.

Ich begriff, dass das Reich der Finsternis nie aufhört, uns anzugreifen. Unsere Aufgabe ist es, uns von allem zu befreien, das nicht zu Gott gehört. Es liegt in unserer Verantwortung, Gott jeden Tag ein bisschen besser kennenzulernen.

Denn alles, was wir nicht über Gott wissen, wird der Feind unserer Seele gegen uns verwenden.

Zum ersten Mal in meinem Leben wurde mir bewusst, wie wenig ich von meinem Vater wusste. Keiner hatte mir je etwas über ihn erzählt und ich hatte auch nie gefragt. Unbewusst hatte ich ihn immer als eindimensionales Strichmännchen gesehen, doch jetzt, nachdem ich von meiner Unversöhnlichkeit befreit war, entdeckte ich Aspekte seiner Persönlichkeit und Charaktereigenschaften, die ich nie zuvor wahrgenommen hatte. Er war das älteste von acht Kindern – drei Jungen und fünf Mädchen. Deshalb trug er zu Hause große Verantwortung. Er wuchs als Sohn überzeugter Christen auf einer Farm in Pennsylvanien auf, aber sein Vater war trotzdem sehr streng und nie zärtlich zu den Kindern. Er war Kirchenvorsteher und meine Großmutter spielte die Orgel. Ich war völlig überrascht, als ich das hörte, denn ich hatte meinen Vater in meinem ganzen Leben noch nicht die Worte »Kirche« oder »Gott« aussprechen hören.

»Warum bist du nie mehr in die Kirche gegangen, nachdem du zu Hause ausgezogen warst, Vater?«, fragte ich, nachdem er mich mit dieser Information verblüfft hatte.

»Wir hatten damals einen Weg von anderthalb Stunden über die Felder zur Kirche«, antwortete er. »Sonntags machten wir diesen Weg zweimal und dann noch jeden Donnerstagabend, auch bei Regen, Schnee und Hagel. Wenn wir dort waren, saßen wir vier Stunden auf unbequemen hölzernen Bänken, während der Prediger von Hölle und Schwefel schwadronierte. Es war unerträglich langweilig. Die Kinder durften sich nicht bewegen und keinen Ton sagen. Ich habe immer an Gott geglaubt, doch damals habe ich beschlossen, dass ich mich, wenn ich erst einmal von zu Hause fort wäre, solchen Qualen nie mehr unterziehen würde.«

Von Verwandten erfuhr ich, dass mein Vater ein sehr gut aussehender Mann gewesen war und viele Frauen ihm förmlich nachgestellt hatten, doch er war schüchtern und beachtete sie nicht, bis er mit Anfang dreißig meiner Mutter begegnete. Sie war damals vierundzwanzig und er war geradezu berauscht von ihrer Schönheit und ihrer hinreißenden Persönlichkeit. Er verliebte sich in sie und bewahrte sich diese erste Liebe auch dann noch, als kein Funke von der hübschen, bezaubernden Frau mehr in ihr zu finden war. Er hörte nie auf zu hoffen, dass es »eines Tages einen Schlag tun« und sie wieder normal werden würde.

Nachdem ich meinem Vater vergeben hatte, konnte ich sehen, wie sehr er mich im Grunde liebte. Er zeigte es niemals öffentlich, weil das nicht seinem Wesen entsprach, aber er liebte mich trotzdem. Ich entdeckte, dass ein Elternteil ein Kind sehr lieben kann, ohne dass das Kind sich geliebt fühlt. Kinder müssen die Liebe mit ihren Sinnen spüren, sonst können sie diese nicht erkennen. Von da an wurde ich ganz bewusst zärtlicher zu meinen Kindern.

Sechs Monate nach diesem Seelsorgetermin am Karfreitag hatte ich zu einem völlig neuen Zustand des Friedens und der Ruhe gefunden. Nie hätte ich mir so etwas träumen lassen. Ich sprach damals vor einer größeren Gruppe und erzählte meinen Zuhörern von meiner völligen Heilung. Anschließend durften die Teilnehmer Fragen stellen. Eine Dame stand auf und fragte: »Sind Sie diesen Schmerz je losgeworden?«

Ich lächelte freudig und antwortete: »Ja! Ich kann zum ersten Mal in meinem Leben sagen, dass man den Schmerz loswerden kann. Es geht nicht über Nacht, aber es geht.«

Friede über alles Verstehen

Meine Mutter hatte das Haus seit fünf Jahren nicht verlassen. Es war also nichts Ungewöhnliches, dass wir Weihnachten wieder einmal ohne sie verbrachten. Doch mein Vater besuchte uns, zusammen mit meiner Schwester und ihrer Familie, und wir feierten das Fest gemeinsam. Ein Teil des Geschenks, das Michael und ich meinem Vater dieses Jahr machten, war eine Reise nach Osten zu seinen Verwandten. Er bekam das Geschenk schon vor dem Fest, damit er frühzeitig abreisen und rechtzeitig zum Weihnachtsfeiertag wieder bei uns sein konnte. Am Tag danach wollte er dann wieder nach Hause auf die Farm fahren.

Um meine Mutter machten wir uns keine Sorgen, sie war schon immer gern allein zu Hause gewesen. Dann konnte sie mit den Stimmen in ihrem Kopf sprechen, ohne sich irgendeinen Zwang dabei auflegen zu müssen. Eine riesige Kühltruhe in der Garage war bis obenhin mit Essen angefüllt, sodass sie bestimmt keinen Hunger zu leiden brauchte.

Als mein Vater nach Weihnachten wieder nach Hause kam, stellte er fest, dass sie zwei Wochen lang nicht abgewaschen und in den letzten Tagen fast nichts mehr gegessen hatte. Unser erster Gedanke war, dass ihre übliche Weigerung, die Hausarbeit zu machen, sie bewogen hatte, nichts mehr zu essen, weil sie keine sauberen Teller mehr hatte. Doch als mein Vater merkte, dass sie etwas zu sich nehmen wollte, es aber nicht konnte, schloss er daraus, dass sie eine Grippe hatte. Ihre geistige Verfassung hatte sich in den letzten zwei Jahren rapide verschlechtert. Man konnte kaum noch mit ihr kommunizieren und es war unmöglich, eine vernünftige Antwort aus ihr herauszubekommen. Sie verlor zusehends jeglichen Kontakt zur Realität und im gleichen Maße schien sie alles Menschliche abzulegen.

Ein paar Monate vorher war der kleine Hund meiner Eltern krank geworden und gestorben. Mutter weigerte sich zu glauben, dass er tot war. Sie legte den Kadaver in ihr Bett und steckte ihm jeden Tag Futter ins Maul, goss ihm Wasser in die Kehle und sprach zu ihm, als sei er noch am Leben. Wenn Vater meinte, dass er begraben werden müsse oder wenn er auch nur in die Nähe des toten Hundes kam, wurde sie völlig hysterisch. Das überzeugte meinen Vater endlich, dass es Zeit war, sie in eine Klinik einweisen zu lassen. Er ließ sich beraten, doch es stellte sich heraus, dass eine Einweisung durch ein paar Gesetzesänderungen noch sehr viel schwieriger geworden war als früher. Er hätte beweisen müssen, dass die Gefahr bestand, dass sie sich selbst oder einen anderen verletzte. Da er das nicht konnte, waren ihm die Hände gebunden.

Nachdem der Hund fast eine Woche tot auf ihrem Bett gelegen hatte, war der Gestank so unerträglich, dass mein Vater in seinem Schlafzimmer, das am anderen Ende des Flurs lag, nicht mehr schlafen konnte. Er wusste, dass er etwas unternehmen musste. Meine Mutter pflegte den ganzen Tag zu schlafen und nachts durchs Haus zu streifen und mit ihren Stimmen zu reden, also wartete er, bis sie fest schlief. Am späten Vormittag schlich er dann in ihr Schlafzimmer, nahm den kleinen Hund aus dem Bett und begrub ihn auf einem Acker hinter dem Haus. Da er wusste, was ihn erwartete, wenn sie aufwachte, grub er das Loch sehr tief und bedeckte es gründlich mit Erde.

Als Mutter aufwachte, war der Hund fort. Sie wurde wütend, ja hysterisch.

»Wo ist der Hund?«, wollte sie wissen.

»Ich habe ihn begraben. Er ist tot«, sagte mein Vater bestimmt.

»Er ist nicht tot. Du hast ihn lebendig begraben!«, schrie sie, rannte los und holte eine Schaufel. Sie grub überall, suchte den

Hund, auch ganz in der Nähe der Stelle, wo er begraben war. Doch das Grab war tief genug, sie fand ihn nicht. Schließlich gab sie die Suche auf.

Danach nahmen ihre Klagen über Menschen, die sie erschießen wollten, zu. »Sie schießen mir mit Laserstrahlen in den Bauch und in die Brust. Sie schicken Strahlen in mein Hirn. Sie wollen Informationen, aber ich gebe sie ihnen nicht«, sagte sie zu mir, als ich anrief.

Sie tat mir leid, aber nicht genug, dass ich sie besucht hätte. Ich hasste sie nicht mehr, aber ihre verbalen Angriffe auf mich hörten nicht auf. Sie verhielt sich, als verachtete sie mich, und obwohl ich wusste, dass es lediglich nach außen gekehrter Selbsthass war, konnte ich es nicht ertragen, mit ihr zusammen zu sein.

Meine Schwester kam eigentlich immer ganz gut mit ihr zurecht und besuchte sie regelmäßig. Nach Weihnachten erzählte sie mir, dass meine Mutter sehr schlecht aussehe. Sie hatte stark abgenommen, ihr Gesicht war aufgedunsen und ihre Haut gelblich. Mein Vater hielt an seiner Überzeugung fest, dass sie die Grippe hatte.

Bevor Michael und ich mit den Kindern in den Urlaub nach Hawaii flogen, rief ich meinen Vater an, um mich nach dem Befinden meiner Mutter zu erkundigen.

»Es geht ihr besser«, sagte er. »Sie liegt im Bett und ich bringe ihr die Mahlzeiten. Sie isst wieder ganz gut, muss sich auch nicht mehr erbrechen.«

»Soll ich kommen und dir helfen?«

»Nein, nein. Es geht ihr gut, wirklich«, versicherte er mir.

Am Morgen nach unserer Ankunft auf Hawaii stand ich vor allen anderen auf und ging an den Strand. Es war die Zeit, die ich stets allein mit Gott verbrachte und in der ich mit ihm sprach. Mir schien, als könnte ich ihn besser hören, wenn ich weit weg von Telefonen, Verpflichtungen, Abgabeterminen und Menschen war und näher an der Schönheit seiner Schöpfung. Als ich in unser Hotelzimmer zurückkehrte, standen die anderen gerade auf.

Nach dem Frühstück gingen wir wieder in unser Zimmer. Das rote Licht am Telefon blinkte und signalisierte so, dass jemand angerufen und eine Nachricht hinterlassen hatte. Ich wusste sofort, dass es etwas Ernstes sein musste. Am Empfang erhielt ich die Nachricht, ich solle meine Schwester im Haus meiner Eltern zurückrufen. Ich wählte die Nummer und war auf schlimme Nachrichten gefasst, denn weder meine Schwester noch mein Vater hatten mich jemals zuvor im Urlaub angerufen.

Mein Vater nahm ab. »Deine Mutter ist sehr krank, Stormie«, sagte er bekümmert. »Wir versuchen, sie zu einem Arzt zu bringen, aber sie will nicht. Im Moment ist ein Krankenwagen da, aber sie hat sich im Badezimmer eingeschlossen und kommt nicht heraus.«

»Wo ist Suzy?«

»Sie spricht durch die Badezimmertür mit ihr.«

Wie krank kann sie sein, überlegte ich, *wenn sie kräftig genug ist, sich im Badezimmer einzuschließen?*

Ich hörte meinen Vater rufen: »Suzy, Stormie ist am Telefon!«

Suzys Stimme verriet den Ernst der Situation. »Mom ist wirklich sehr krank. Du würdest sie gar nicht wiedererkennen. Sie muss fast dreißig Kilo abgenommen haben, ist nur noch Haut und Knochen und sieht schrecklich aus. Ich glaube, sie stirbt.« Ihre Stimme klang gefasst.

»Bist du sicher?«, fragte ich ungläubig. Ich dachte: *Wie kann es sein, dass mein Vater mir vor ein paar Tagen noch gesagt hat, dass es ihr besser geht, und sie jetzt plötzlich todkrank ist?*

»Sie will nicht aus dem Badezimmer herauskommen und mit dem Krankenwagen mitfahren. Was soll ich tun? Sie hat Schmerzen. Sie braucht Hilfe«, sagte Suzy, ihre Stimme brach.

»Suzy, sie hat wahrscheinlich Angst vor den Männern. Vielleicht denkt sie, sie wollen sie töten. Wenn du sie nicht dazu bringen kannst mitzugehen, schick die Leute fort. Wenn sie weg sind und sie rauskommt, frag sie, ob du sie ins Krankenhaus bringen darfst. Du bist die Einzige, auf die sie vielleicht hört. Sag ihr, du hältst es nicht aus, dass sie solche Schmerzen hat, und im Krankenhaus können sie ihr helfen. Sag ihr, du wirst bei ihr bleiben.«

»Gut«, antwortete sie entschlossen.

»Wir nehmen den ersten Flug. Ich rufe wieder an und sage dir, wann wir eintreffen«, erklärte ich und legte auf.

Plötzlich empfand ich eine ganz starke Dringlichkeit. Ich musste sofort nach Hause! »Gott, bitte hilf mir, dort zu sein, bevor sie stirbt«, betete ich, während ich die Nummer der Fluglinie wählte.

Es gab keinen Flug für vier Personen vor Mitternacht und ich wollte nicht ohne meine Familie fliegen. Ich hatte Angst, meine Mutter ohne Michael und meine Kinder zu sehen.

Den Rest des Tages packten wir, gaben den Mietwagen zurück, checkten aus dem Hotel aus und machten einen Anruf nach dem anderen in der Hoffnung, doch noch einen früheren Flug zu bekommen.

Bevor wir zum Flughafen fuhren, sprach ich noch einmal mit Suzy. Sie hatte meinen Rat befolgt und Mutter war tatsächlich damit einverstanden gewesen, sich von ihr ins Krankenhaus bringen zu lassen. Suzy und mein Vater trugen sie zum Auto und fuhren zur Notaufnahme. Suzy blieb bei ihr, bis sie etwas gegen die Schmerzen erhalten hatte und eingeschlafen war.

»Was haben die Ärzte gesagt?«, fragte ich.

»Sie hat Krebs. Sie wird sterben. Sie geben ihr nur noch etwas gegen die Schmerzen.«

»O nein!«, sagte ich, überwältigt von Schuldgefühlen, weil ich nicht da war, und von Trauer über das schreckliche Leiden meiner Mutter.

»Stormie«, sagte Suzy nach einer kurzen Pause, »du brauchst dich nicht schuldig zu fühlen, wenn du es nicht schaffst, bevor sie stirbt. Es geht ihr so schlecht, es ist besser, du siehst sie gar nicht in diesem Zustand.«

Wir schwiegen, während ich versuchte, die Tränen zu unterdrücken. Schließlich sagte ich »Danke, Suzy. Ich kann dir gar nicht sagen, wie sehr ich zu schätzen weiß, dass du das sagst.« Ich war erleichtert, denn ebenso sehr, wie ich meine Mutter vor ihrem Tod gern noch gesehen hätte, fürchtete ich auch den lebenslangen Zorn meiner Schwester und meines Vaters, wenn ich es nicht rechtzeitig schaffte.

Um Mitternacht gingen wir an Bord des Flugzeugs, um acht Uhr morgens landeten wir in Los Angeles. Wir fuhren nach Hause, leerten den Inhalt der Koffer auf den Boden im Flur und packten warme Kleidung ein, während Michael uns schnell etwas zu essen machte und den Kindern ein Schlaflager hinten im Auto baute.

Ich rief zu Hause bei meinen Eltern an, doch es nahm niemand ab. Daraufhin rief ich im Krankenhaus an und wollte mich ins Zimmer meiner Mutter durchstellen lassen.

»Ihr Zustand ist kritisch«, protestierte die Rezeptionistin.

»Ich bin ihre Tochter«, beharrte ich.

Suzys Ehemann, Louis, kam ans Telefon.

»Louis, wir fahren jetzt von zu Hause los. Wie geht es ihr?«

»Ich weiß nicht, ob ihr es noch schaffen werdet«, meinte er und klang sehr erschüttert.

»Das kann nicht dein Ernst sein. Du meinst, sie wird nicht einmal mehr vier Stunden leben?«, fragte ich entsetzt. Ich konnte es nicht fassen. Es kam alles so schnell.

»Du weißt nicht, wie es ihr geht.« Seine Stimme zitterte. »Sie sieht nicht mehr wie deine Mutter aus, Stormie. Sie ist nicht mehr derselbe Mensch.«

»Wir kommen, so schnell wir können, Lou. Wir kommen direkt zum Krankenhaus.«

Er beschrieb mir den Weg und ich hörte meinen Vater und meine Schwester sprechen, während meine Mutter im Hintergrund stöhnte.

Wir stiegen ins Auto und fuhren so schnell, dass wir fast zu fliegen schienen, es war sehr wenig Verkehr. Im Auto brach ich zusammen und fing an zu schluchzen. »Bitte, Gott, lass mich dort sein, bevor sie stirbt. Bitte, Gott, lass sie nicht sterben, ohne dass ich sie noch einmal gesehen habe.«

Ich schaute auf den Rücksitz und begegnete zwei kleinen braunen Augenpaaren, die mich besorgt anschauten.

»Ist schon gut«, tröstete ich Christopher und Amanda. »Mommy hat nur Angst, dass Grandma stirbt, bevor wir dort sind.«

»Das wäre traurig«, sagte der siebenjährige Christopher.

»Ich werde auch traurig sein«, sagte die fast dreijährige Amanda, die das alles gar nicht richtig verstand, aber sein wollte wie ihr großer Bruder.

Ich war immer ehrlich zu meinen Kindern gewesen und hatte ihnen die Wahrheit gesagt, so weit sie sie meiner Meinung nach verstehen konnten. Christopher wusste, dass meine Mutter mich als Kind sehr schlecht behandelt hatte, doch er hatte auch verstanden, dass sie das getan hatte, weil sie krank war. »Grandma hat euch immer geliebt«, versicherte ich den beiden.

Dann betete ich den ganzen Weg im Stillen. Irgendetwas in mir hoffte, dass Mutter und ich einander noch sehen könnten und dass diesmal alles anders wäre. Vielleicht wäre sie ganz klar, würde ihren Hass auf mich für ein paar Minuten vergessen und wir würden wie Mutter und Tochter miteinander reden. Ich hatte sogar wilde Träume, wie wir einander sagten, dass es uns leidtat, wie sehr wir einander verletzt hatten, und vielleicht sogar sagten: »Ich hab dich lieb.«

Ich dachte daran, wie oft Mutter über die Menschen geklagt hatte, die ihr in die Brust, den Kopf und den Bauch schossen. Keinem von uns war je der Gedanke gekommen, dass sie von echten Schmerzen gesprochen hatte.

Ich dachte an meine Anrufe bei meinem Vater und dass er das Telefon immer gleich an Mutter weitergereicht hatte. Sie hatte sich stets mit derselben unfreundlichen Stimme gemeldet.

»Hi, Mom, wie geht es dir?«, zirpte ich dann mit meiner verlogensten glücklichen Stimme.

»Wie soll es mir wohl gehen?«, antwortete sie darauf und dann spuckte sie den ganzen Müll aus, der ihre Tage anfüllte. Von da an konnte ich kein Wort mehr einwerfen, also legte ich das Telefon aufs Bett und horchte alle fünf Minuten, ob sie noch sprach. Und sie sprach jedes Mal noch, nicht im Geringsten davon irritiert, dass ich überhaupt nichts zu unserem Gespräch beitrug. Dreißig oder vierzig Minuten später nahm ich dann den Hörer in die Hand und sagte laut: »Ich muss jetzt Schluss machen, Mutter. Auf Wiedersehen.« Mein Vater sagte einmal, dass es meiner Mutter nach den Gesprächen mit mir jedes Mal ein wenig besser ging und dass sie bei ihm nicht so viel jammerte wie sonst. So hatte ich ein bisschen das Gefühl, mit diesen Telefongesprächen wenigstens das Leben meines Vaters erleichtert zu haben.

Ich dachte an meinen letzten Besuch bei meiner Mutter und meinem Vater. An einem Tag war sie plötzlich in das Zimmer gekommen, in dem ich gerade allein saß, und hatte gesagt: »Die vielen Male, die ich dich im Schrank eingeschlossen habe – das hat dir doch nichts ausgemacht, oder?« Am Ende des Satzes senkte sie die Stimme, als ginge sie ganz selbstverständlich davon aus, dass es mir nichts ausgemacht hatte, statt eine echte Frage zu stellen und eine ehrliche Antwort zu erwarten.

Ich war so überrumpelt, dass mir die Luft wegblieb. War das die gleiche Frau, die in ihrem ganzen Leben noch nie zugegeben hatte, dass sie einen Fehler gemacht hatte? Sie hatte zwar von vornherein klargestellt, dass sie die Sache mit dem Schrank für eine Lappalie hielt und einfach nur neugierig war, doch sie gab immerhin zu, es getan zu haben.

Sie tat mir so leid, dass ich ihr nicht die Wahrheit sagte, doch andererseits war ich auch nicht so abgeklärt, mir eine bissige Antwort zu verkneifen: »O nein, Mutter, ich habe jede Minute genossen.«

Meine Ironie war verschwendet. Mutter hörte, was sie hören wollte, und antwortete mit einem leichten Lächeln: »Dachte ich mir doch, dass es dir nichts ausgemacht hat.« Dann ging sie zurück zu ihrer Arbeit in der Küche. Irgendwie freute ich mich, weil meine Mutter endlich zugegeben hatte, dass sie mich in den Schrank eingesperrt hatte, doch ich hatte keine Ahnung, was sie nach all den Jahren dazu getrieben hatte. Vielleicht lässt eine Sünde, die nicht vor Gott bekannt wurde, einen Menschen einfach nicht zur Ruhe kommen.

Die Fahrt dauerte zweieinhalb Stunden, viel kürzer als die üblichen vier Stunden. Michael ließ mich vor dem Krankenhaus aussteigen. Er suchte einen Parkplatz und ich rannte den Gang zum Empfang entlang und fragte nach der Zimmernummer meiner Mutter. Mit klopfendem Herzen wartete ich, während die Frau hinter der Theke die Nummer suchte. Ich hatte solche Angst, dass ich zu spät kam und man sie schon aus dem Zimmer gebracht hatte.

»Sie liegt in Zimmer 3A, rechts den Flur entlang«, informierte mich die Rezeptionistin.

Das Krankenhaus war sehr klein, es dauerte nur wenige Sekunden, dann stand ich vor dem Zimmer und öffnete die Tür. In dem Zweibettzimmer lagen nur zwei alte, sehr krank aussehende Damen, keine davon sah aus wie meine Mutter. Die Frau am Fenster war ohne Bewusstsein und an viele Kabel, Schläuche und ein Beatmungsgerät angeschlossen. Sie hatte keine Zähne im Mund. Meine Mutter hatte ihre Zähne noch. Sie hatte nie erlaubt, dass ein Zahnarzt sie anrührte.

Die andere Frau war extrem dünn und gebrechlich, ihre blauen Augen starrten mit einem schmerzgepeinigten, hoffnungslosen Ausdruck zur Seite. *Ich muss im falschen Zimmer sein*, dachte ich und wollte gehen. Doch ich sah noch ein weiteres Mal hin, nur um sicherzugehen, und bemerkte, dass es die blauen Augen meiner Mutter waren. Sie war so abgemagert, dass sie kaum wiederzuerkennen war.

»Mom«, sagte ich leise, »Mom, ich bin's, Stormie.«
Keine Antwort.
Ich setzte mich so hin, dass ihre blauen Augen mich direkt anstarrten. Sie waren blicklos.

»Mom!« Ich fing an zu weinen. »Mom, du bist fort, nicht wahr? Ich bin zu spät.«

Ich legte meine Hand auf ihren Arm. Er war noch warm. Sie musste wenige Sekunden, bevor ich hereingekommen war, gestorben sein.

Ich nahm ihre Hand, hielt sie in meiner und weinte. Dann legte ich meinen Kopf auf ihre Brust und schluchzte in die Decke. Ich weinte nicht, weil ich meine Mutter oder unsere Beziehung vermisste. Es hatte nie eine Beziehung gegeben. Ich weinte wegen der vielen Dinge, die nie gewesen waren. Um alles, das es nie zwischen uns gegeben hatte. Um die Lebensfreude, die sie nie gekannt hatte. Ich weinte um den Schmerz eines kleinen Mädchens, das mit dem Fuß aufstampfte und ihrer schwangeren Mutter eine freche Antwort gab und sie dann nie wiedersah, weil sie in der Nacht ins Krankenhaus kam und starb. Ich weinte um einen Teenager, der sich für jeden Todesfall in der Familie verantwortlich fühlte. Ich weinte um eine Frau, die in Angst, Unversöhnlichkeit, Verbitterung und Zorn auf Gott lebte und nie seine Liebe und Heilung und Erlösung kennengelernt hatte. Ich weinte um eine Frau, die die Vergebung ihrer Tochter nicht annehmen konnte, weil sie selbst unfähig war zu vergeben. Ich weinte um einen Menschen, der niemals wurde, wozu Gott ihn bestimmt hatte. Um all das trauerte ich und wusste, so musste Gott empfinden, wenn wir straucheln und kämpfen und uns in schreckliche, schmerzhafte Situationen bringen, wo wir uns doch nur ihm zuwenden müssten.

Ich blickte noch einmal in ihr Gesicht und strich ihr übers Haar. Ich weinte um all die Jahre meines Lebens, in denen ich sie nicht zärtlich berühren durfte. Sie hatte es nie zugelassen.

Seltsamerweise spürte ich Gottes Gegenwart und Frieden, obwohl mir nicht vergönnt gewesen war, worum ich Gott die ganze Fahrt über angefleht hatte – meine Mutter ein letztes Mal lebend zu sehen. Wenn er gewollt hätte, dass ich noch einmal mit ihr sprach, hätte er mich ein paar Minuten früher ankommen lassen.

Aber vielleicht hätte sie ihre letzte Kraft zusammengenommen und mir etwas Schreckliches, Grausames an den Kopf geschleudert, das ich dann für den Rest meines Lebens als letzte Erinnerung behalten hätte. Ich vertraute darauf, dass Gott das Beste für mich wollte.

Da außer der bewusstlosen Patientin niemand im Zimmer war, tat ich etwas, das vielleicht seltsam, ja respektlos erscheinen mag. Ich hob die Decke und betrachtete Mutters Körper. Ihre Beine waren noch immer wunderschön – schlank, mit milchweißer Haut, exquisit geformt. Ihr Bauch war sehr aufgebläht. Ich hob ihr Nachthemd an, legte meine Hand auf den Bereich, wo ich ihre Leber vermutete, und spürte eine große, harte Masse. Dann berührte ich ihre Brust und spürte einen riesigen Knoten, etwa so groß wie eine halbe Grapefruit. Es war, wie ich schon bei Suzys Telefonat vermutet hatte, Brustkrebs, der Metastasen in Leber und Hirn gebildet hatte. Ich dachte daran, wie sehr Mutter all die Jahre gelitten haben musste, und doch nie zugelassen hatte, dass ihr jemand half. Was für ein entsetzliches, furchtbares Sterben. Beim Gedanken an die grässlichen Schmerzen, die sie gehabt haben musste, wurde mir übel.

Ich zog ihr Nachthemd wieder herunter, deckte sie ordentlich zu und nahm wieder ihre Hand. Ihre Finger wurden bereits kalt. Ich starrte in ihr Gesicht. Ihre blauen Augen wirkten riesig, weil sie so dünn geworden war. Ich hatte meine Mutter immer für groß und abscheulich gehalten, jetzt sah sie klein, zerbrechlich und sehr hübsch aus.

Während ihr Körper kalt und steif wurde, traf mich die Endgültigkeit meiner Situation in ihrer ganzen Wucht. Plötzlich saß ich wieder in der kleinen Kirche, die wir besucht hatten, als ich vierzehn war. Ich erinnerte mich, wie sie über Gott und Jesus gesprochen hatte, als seien sie Wirklichkeit für sie, und wie engagiert sie in diesen wenigen Monaten gewesen war, bis sie in einem Wutanfall die große Familienbibel aus dem Haus geschleudert hatte. Sie sprach danach nur noch ein einziges Mal von Gott. Sie meinte, er wisse, dass diese Leute sie töten wollten, doch er könne ihr nicht helfen. Jetzt empfand ich Frieden, als sagte Gott zu mir: »Es ist gut, Stormie. Deine Mutter ist jetzt bei mir. Sie leidet nicht mehr. Sie ist nicht mehr geisteskrank. Ich habe sie zu mir geholt.« Es war eine seltsam friedliche Situation, ganz anders, als ich erwartet hatte. Der Tod war gar nicht so schlimm. Natürlich hatte ich leicht reden, ich hatte ja nicht sterben müssen. Doch es schien alles ganz natürlich – wie ein normaler Teil des Lebens.

Irgendwann kamen zwei Schwestern herein. Sie sahen, dass meine Mutter tot war, und baten mich, das Zimmer zu verlassen. Als ich heraustrat, kam Michael gerade mit den Kindern den Flur entlang. »Sie ist tot, Michael«, flüsterte ich.

Später durften wir beide noch einmal zu meiner Mutter ins Zimmer. Die Schwestern hatten ihr die Augen geschlossen, ihre Arme gekreuzt und die Decke über ihr glatt gezogen. Während wir still an ihrem Bett standen, kam ein Arzt herein, ein freundlicher Mann in den Sechzigern.

»Es tut mir sehr leid«, sagte er. »Wir konnten nichts mehr für sie tun. Sie hatte Krebs in der Brust und in der Leber und wahrscheinlich auch einen Hirntumor. Ihre Leber war fünfmal so groß wie normal.«

Er gab seinem Entsetzen Ausdruck, dass der Krebs so weit hatte fortschreiten können, ohne dass sie Hilfe gesucht hatte.

»Doktor, ich bin ihnen dankbar für alles, was Sie in den letzten fünf Jahren für meinen Vater getan haben, und ich bin auch sehr dankbar, dass Sie Mutters Schmerzen in den letzten Stunden ihres Lebens lindern konnten«, versicherte ich ihm.

»Der Krebs war so schlimm, dass wir sie wahrscheinlich auch dann nicht hätten retten können, wenn Ihr Vater sie vor einem Jahr gebracht hätte.« Er hatte von Mutters Geisteszustand gewusst, mein Vater hatte ihm davon erzählt und ihn um Rat gebeten. Allerdings hatte niemand gewusst, dass sie auch körperlich krank gewesen war. »Die Krankenhauskosten für Ihren Vater wären enorm gewesen und es hätte dennoch nichts geholfen. Der

Krebs wuchs schon seit vielen Jahren in ihr. Es war wirklich besser so.«

»Das glaube ich auch. Wie geht es jetzt weiter?«

»Wir müssen deinen Vater anrufen«, sagte Michael und machte sich auf die Suche nach einem Telefon. Vater war überhaupt nicht auf Mutters Tod vorbereitet. Er hatte keine Ahnung, wie krank sie gewesen war. Der Schock für ihn war so stark, dass er ihn buchstäblich umwarf und er das Bett hüten musste. Deshalb kümmerten Michael und ich uns um alles.

Ich suchte den schönsten Sarg aus, den ich finden konnte, und bestellte große, bunte Blumensträuße, weil ich wusste, dass sie ihr gefallen hätten. Ich wählte eine Grabstelle unter einem hohen, Schatten spendenden Baum, weil sie Bäume immer geliebt hatte. Und ich kaufte ihr hübsche neue Unterwäsche. Als ich sie bezahlte, liefen mir plötzlich Tränen über die Wangen und ich fing an zu schluchzen, weil ich daran denken musste, wie oft ich meiner Mutter etwas hatte kaufen wollen, das sie nicht von mir angenommen hatte. Jetzt kaufte ich ihr etwas, doch es war nur für ihr Begräbnis. Die Kassiererin gab mir das Wechselgeld und meinen Einkauf und sah mich besorgt an. Doch sie sagte nichts und ich war froh darüber.

Meine Schwester nahm den Tod meiner Mutter sehr schwer. Ich verstand das nicht so recht, denn mir war nie aufgefallen, dass sie eine echte Beziehung zueinander gehabt hatten. Dabei beging ich den Fehler, zu glauben, Suzy sei wie ich – dass sie das Gleiche wollte, das Gleiche erlebt hatte. Das Gegenteil traf zu: Es gab keinerlei Gemeinsamkeiten zwischen uns. Suzy wehrte sich, wenn meine Mutter sie beschimpfte, während ich mich in eine Ecke verkroch. Suzy wurde zornig und zeigte es auch, ich war verletzt und fraß meinen Zorn in mich hinein. Suzy hatte eine Beziehung zu meiner Mutter, auch wenn sie keine gute Mutter gewesen war, ich hatte keine. Suzy empfand Kummer, ich empfand Erleichterung. Schon als Kinder waren wir in zwei völlig verschiedenen Welten aufgewachsen. Mich hat meine Mutter rücksichtslos misshandelt, Suzy hatte sie nicht beachtet. Es hatte beinahe den Anschein, als hätte Mutter das Gefühl gehabt, dass sie mich zu viel bestraft hatte, und deshalb Suzy überhaupt nicht bestrafte. Doch Mutter dachte niemals rational. All das wurde mir erst jetzt klar.

Ich war glücklich, dass ich keine negativen Gefühle mehr gegenüber meiner Mutter hatte – keine Unversöhnlichkeit, keinen Zorn, keine Verbitterung, keine unbeglichenen Rechnungen. Gott hatte alles geheilt, schon vor ihrem Tod, und mit diesen Dingen würde ich mich nie mehr zu befassen brauchen.

Die Nachricht von Mutters Tod verbreitete sich rasch in unserer Familie und unter unseren Freunden. Wir erhielten viele Anrufe. Ich war schockiert, als eine Frau erwähnte, wie viel meiner Mutter an mir gelegen habe.

»Deine Mutter war immer sehr stolz auf dich«, sagte sie. Anita war eine langjährige Freundin, die uns treu geblieben war, obwohl Mutter sie oft sehr grob behandelt hatte.

»Meine Mutter war stolz auf mich?«, fragte ich völlig verblüfft. Ich konnte es nicht glauben.

»Als du die Hauptrolle in der Schulaufführung bekamst, war sie sehr stolz, genauso wie auf deine Auftritte in den Fernsehshows. Sie hat sie nur nie besucht, weil sie dachte, die Leute, die sie angeblich töten wollten, würden dann auch dich töten wollen.«

»Das kann ich kaum glauben, Anita. Warum hat sie mir das nie gesagt?«

»Du kennst doch deine Mutter, Stormie. Sie hatte komische Ideen. Sie dachte, wenn sie dir je etwas Gutes über dich sagen würde, würde dich das verderben. Schade, dass du deine Mutter nicht gekannt hast, als sie jünger war. Sie war eine entzückende Frau, wirklich. Diese Geisteskrankheit hat alle ihre guten Eigenschaften völlig überwuchert.«

Unfähig, die Tränen weiter zu unterdrücken, sagte ich: »Danke, Anita. Das bedeutet mir viel.«

Nach der Beerdigung meiner Mutter blieben wir noch ein paar Tage, um Vater zu helfen. Auch danach fuhren wir monatelang jedes Wochenende zu ihm. Sein Haus war schmutzig, dunkel und deprimierend, weil Mutter nie zugelassen hatte, dass es geputzt oder gestrichen wurde. Ihr Zimmer war voller dicker Spinnweben, die herunterhingen wie in alten Horrorfilmen. Das Bett war gegen den Schrank gerückt, sodass das Kopfteil vor den Türen stand, die überhaupt nicht mehr geöffnet werden konnten. Der Schrank war bis oben hin angefüllt mit alten, schmutzigen Kleidungsstücken und bezahlten Rechnungen, Rezepten, Briefen und Seiten, die sie aus Zeitschriften ausgerissen hatte.

Vater bat mich, die Sachen auszusortieren. Ich machte ihm keine Vorwürfe, er hatte zu viel durchgemacht, um es selbst zu tun. Es war jedoch auch für mich schlimmer, als ich erwartet hatte. Ich fand im Haus und in dem angrenzenden Schuppen fast jedes Kleid, jeden Mantel, jedes Paar Schuhe, jede Tasche, die ich, meine Schwester und meine Mutter je besessen hatten. Es war wie eine Rückkehr in meine Vergangenheit. Ich hatte gewusst, dass sie nie etwas weggeworfen hatte, doch das Ausmaß ihres Hortens war mir nicht klar gewesen. Auch das war eine Auswirkung ihrer Krankheit und ihrer Ängste.

Michael und ich beschlossen, das Haus renovieren zu lassen, schon um der Gesundheit meines Vaters willen. Wir konnten es nicht selbst tun, deshalb beauftragten wir eine Firma, die Zimmer zu streichen und das Haus neu zu verputzen. Außerdem kauften wir neue Teppiche, Vorhänge und Tagesdecken. In dem Maß, in dem das Haus wieder hell und hübsch wurde, konnte ich sehen, wie mein Vater neuen Mut fasste. Die unglücklichen Erinnerungen verblassten, alles wurde neu – auch mein Vater.

Beim Putzen fand ich das alte grüne Tagebuch, das ich mit vierzehn bekommen hatte. Ich hatte es fortgeworfen, aber Mutter hatte es anscheinend im Mülleimer gefunden und wieder herausgeholt. In den nächsten Tagen las ich das Tagebuch noch einmal von vorn bis hinten durch. Mein damaliges Leben war noch schlimmer gewesen, als ich es in Erinnerung hatte. Ich war entsetzt über meine Unwissenheit. Ich hatte keine Ahnung davon gehabt, wie ich mein Leben so gestalten konnte, dass es gut war. Nach dem Lesen dankte ich Gott, weil er mir noch einmal gezeigt hatte, wie weit ich durch ihn gekommen war. Die Zeit und die Heilung hatten den Schmerz in meiner Erinnerung verblassen lassen.

Ich blickte aus dem Fenster auf den Hof, wo mein Vater die kleine Amanda in die Schaukel gesetzt hatte, die er für sie und ihren Bruder in der großen Weide aufgehängt hatte. Er stieß sie so an, dass sie hoch in die Luft flog, und sie kicherte und zirpte: »Höher, *Gampa*, höher!«

In den letzten Wochen, während wir mit Putzen und Aussortieren beschäftigt waren, hatte mein Vater sich praktisch allein um Christopher und Amanda gekümmert. Sie gingen mit ihm Kühe füttern und Orangen pflücken und durften auf seinem Pony reiten. Immer wieder wurde deutlich, wie sehr der Großvater und seine Enkel sich liebten. Jetzt, da Mutter fort war, konnten wir Vater besuchen, wann immer wir wollten, und er konnte ganz er selbst sein. Er blühte förmlich auf, und unsere Beziehung ebenfalls. Er war eigentlich immer recht gesellig gewesen, doch er hatte ständig Angst gehabt, etwas zu sagen, was meiner Mutter missfiel, und deshalb fast gar nicht mehr gesprochen. Jetzt war das alles vorbei.

Er war jahrelang schwerhörig gewesen, doch nach Mutters Tod fiel mir plötzlich auf, dass er ganz normal hörte. War es möglich, dass das einfach seine Strategie gewesen war, um mit Mutter fertigzuwerden? Hatte er es getan, um zu überleben? Vielleicht hatte er deshalb nicht bemerkt, dass sie im Sterben lag. Sie jammerte schon so lange, dass er einfach ausgeblendet hatte, was sie sagte. Ich war oft ungeduldig mit Vater gewesen, weil er so langsam sprach und so schlecht hörte. Konnte es sein, dass ich ihm all die Jahre etwas vorgeworfen hatte, was er tun musste, um neben meiner Mutter zu überleben?

Ich erkannte nun, was für ein großartiger Mensch mein Vater war. Obwohl meine Mutter unbeschreiblich grausam zu ihm gewesen war, hatte er bis zu ihrem Tod gut für sie gesorgt. Die meisten anderen Männer hätten sie schon vor Jahren verlassen. Einmal hatte er eine schmerzhafte Gürtelrose und war so krank, dass er das Bett hüten musste. Damals hatte meine Mutter ein riesiges Abendessen gekocht und sich geweigert, ihm etwas zu essen zu bringen. Trotzdem brachte er ihr in den Wochen vor ihrem Tod jede Mahlzeit ans Bett und hegte keine negativen Gefühle gegen sie. Auch nach ihrem Tod sagte er kein einziges böses Wort über sie. Seine Fähigkeit, zu vergeben, war größer, als ich es je bei einem anderen Menschen erlebt habe.

»Man darf keinen Groll hegen, man muss vergeben und vergessen«, sagte er immer wieder. Nach Mutters Tod hatte er daher nichts zu bereuen. Er hatte alles gegeben, was von ihm erwartet werden konnte, und sehr viel mehr.

Schon vor einiger Zeit hatte Gott es mir aufs Herz gelegt, ein Buch über mein Leben zu schreiben. Ich arbeitete bereits seit Längerem daran, aber erst nach dem Tod meiner Mutter begann ich tatsächlich damit, es zu schreiben.

Ich wusste, dass ich nicht über meine Vergangenheit schreiben konnte, ohne mich ihr offen zu stellen. Ich musste alles immer wieder vor Gott bringen und mir selbst, meiner Mutter, meinem Vater und den Menschen vergeben, die zwar vermutet hatten, dass etwas nicht stimmte, mir aber nie geholfen, ja es nicht einmal versucht hatten. Ich musste die Gefühle der Verlassenheit, Traurigkeit, Hoffnungslosigkeit und Sinnlosigkeit, die Angst, die Furcht und den Zorn neu durchleben. Alles kehrte mit voller Macht zurück: die Feindseligkeit und Verbitterung, die ich empfand, weil ich gegenüber allen anderen so weit im Hintertreffen war und doppelt so hart arbeiten musste, um mit ihnen mitzuhalten; und auch der Zorn auf Gott, weil er das alles so lange zuließ. Es war schrecklich, an manchen Tagen überstieg es beinahe meine Kräfte.

Eines Tages schrieb ich über die Zurückweisungen, die ich als Kind auf dem Spielplatz erlebt hatte. Dabei konnte ich gar nicht mehr aufhören zu weinen, denn als ich das alles noch einmal durchlitt, wurde mir klar, wie schlimm mein Herz damals verwundet worden war. Ohne Liebe konnte es nicht heilen, deshalb hatte ich damals die Hoffnung verloren. Sie kehrte erst zurück, als ich zu Gott fand. An dem Tag, als ich das alles aufschrieb, ging es mir so schlecht, dass ich Diana anrief, um sie zu bitten, mit mir zusammen zu beten.

Diana und ihr Mann Andrew waren in eine andere Stadt gezogen, die etwa eine Autostunde von uns entfernt lag. Sie hatten inzwischen einen kleinen Jungen bekommen. Aber Diana und ich beteten immer noch mehrmals pro Woche zusammen am Telefon – bis während einer Routineuntersuchung ein Knoten in ihrer Brust gefunden wurde. Von da an beteten wir fast täglich. Sie war operiert worden und wartete nun auf die Ergebnisse.

»Es ist Brustkrebs«, sagte sie, als sie meine Stimme hörte. Wir weinten beide. Ich habe meine Probleme ihr gegenüber nie mehr erwähnt. In den nächsten Monaten beteten wir fast täglich. Ihr wurde eine Brust abgenommen und neu aufgebaut, dazwischen bekam sie Chemotherapie und Bestrahlung. Knapp ein Jahr danach wiederholte sich das Ganze, weil man auch in ihrer anderen Brust eine Krebsgeschwulst fand. Doch diesmal verlor sie den Kampf nach einem Jahr und ging zum Herrn. Es brach mir das Herz. Ich nahm ihren achtjährigen Sohn bei uns auf, bis ihr Mann wieder imstande war, sich um ihn zu kümmern. Ich vermisste Diana furchtbar. Ihren Sohn jeden Tag zu sehen, half mir und schmerzte mich gleichzeitig. Er erinnerte mich so sehr an sie, dass ich den Verlust – seinen und den seines Vaters – wie meinen eigenen empfand. Irgendwann zogen die beiden in einen anderen Bundesstaat, wo das Leben leichter und billiger war.

Als das Manuskript für *Stormie* fertig war, musste ich es meinem Vater zu lesen geben und ein Dokument von ihm unterschreiben lassen, mit dem er seine Zustimmung zur Veröffentlichung gab, weil es viele sehr intime Details über sein Leben enthielt.

Michael und ich fuhren zum Abendessen zu ihm. Nach dem Essen gingen wir zu Bett und er fing an zu lesen. Ich war schrecklich nervös und hatte Angst, was er wohl denken würde, wenn er herausfand, was ich alles getan hatte. Als ich am nächsten Morgen aufstand, saß er noch immer im Sessel, das Buch auf dem Schoß, und sah aus dem Fenster. Er sagte, er sei die ganze Nacht aufgeblieben und hätte es gerade erst ausgelesen. Mit klopfendem Herzen fragte ich: »Was hältst du davon?«

Er schwieg kurz, dann antwortete er: »Du hast ein sehr positives Bild von deiner Mutter gezeichnet.«

Mir kamen die Tränen vor Erleichterung. Es stimmte, ich hatte nicht geschrieben, wie schlimm meine Mutter wirklich gewesen war, weil ich glaubte, dass die Menschen damit nicht würden umgehen können. Sie hatte ein paar sehr abscheuliche Dinge getan, die ich, obwohl ich mich ihnen hatte stellen müssen, nicht in das Buch aufgenommen hatte. Die Tatsache, dass mein Vater zugab, wie böse meine Mutter wirklich gewesen war, machte mich unendlich dankbar. Und er verlor nicht ein einziges Wort über das Schlechte, das ich getan hatte.

Stormie wurde veröffentlicht und die Reaktionen auf das Buch waren überwältigend. Während des Schreibens hatte ich keine Ahnung gehabt, was mein Zeugnis über meinen Weg aus der Finsternis ins Licht für andere Menschen bedeuten könnte. Ich hätte nie mit einer solchen Resonanz gerechnet. Ich erhielt ganze Kartons voller Briefe von Menschen aus den gesamten Vereinigten Staaten, die Ähnliches erlebt hatten. Sie hatten noch nie ein Buch gelesen, das dieses Thema aus der Perspektive der Heilung durch Gott behandelte und all das Gute beschrieb, das er für uns bereithält, wenn wir uns auf seine Erlösung einlassen. Ich hatte keine Ahnung von dem Ausmaß des seelischen Schadens und der seelischen Narben, die zahllose Menschen Tag für Tag in ihrem Innern verbergen. Es gibt so viele, die das Gleiche durchmachen, und es hilft sehr, mit anderen darüber zu sprechen.

Verfolgt

Die junge Frau wartete auf mich, als ich meine Kinder von der Schule abholte. Ihr Sohn ging in dieselbe Klasse wie meiner, ich hatte ihn allerdings noch nicht kennengelernt. Sie war unglaublich nett. Schüchtern stellte sie sich mir als Sandy* vor. Sie hatte meine Autobiografie *Stormie* gelesen, deshalb sprach sie mich auf meine Kindheitserfahrung an. Sie erzählte mir, dass sie ganz ähnliche Erfahrungen wie ich mit einem Elternteil gemacht hatte. Ihren Worten entnahm ich, dass sie von ihrem Vater oder Stiefvater sexuell missbraucht worden war. Ihre Mutter dagegen schien ein netter Mensch zu sein, sie bezahlte sogar das Schulgeld, damit ihr Enkel diese kleine christliche Schule besuchen konnte.

Am Ende unseres Gesprächs dankte Sandy mir, dass ich ihr die Hoffnung gegeben hatte, sich eines Tages von ihrer Vergangenheit befreien zu können.

Als sie fragte, zu welcher Gemeinde wir gehörten, sagte ich es ihr.

Von jetzt an wartete sie jeden Tag nach der Schule auf mich, wenn ich meine Kinder abholte, und unterhielt sich mit mir. Wir führten sehr gute Gespräche über die Befreiung von einem emotionalen Trauma. Ich lernte ihren Sohn kennen, ihren Mann und ihre Mutter. Es schien eine ausnehmend nette Familie zu sein.

Sonntagmorgens brachte ich in der Gemeinde zunächst meine Kinder in ihre jeweiligen Sonntagsschulklassen. Als ich den Gottesdienstraum betreten wollte, wartete Sandy an der Tür auf mich. Ich freute mich, dass sie in unsere Gemeinde kam. Es stellte sich heraus, dass sie ganz in der Nähe wohnte.

Ihr Mann hatte eine Baufirma, die auf die Instandhaltung und Renovierung von Häusern spezialisiert war. Als Sandy mir erzählte, dass die Geschäfte gerade sehr schlecht liefen, beauftragte ich ihren Mann mit einigen Arbeiten am Haus meines Vaters. Wir hatten ihm geholfen, ein Haus etwa eine Autostunde von uns entfernt zu finden. Als ich sah, wie gut die Firma gearbeitet hatte, bat ich sie, auch an unserem eigenen Haus ein paar Verbesserungen vorzunehmen.

Sandy erzählte mir eines Tages, dass sie dringend zum Friseur müsse. Sie hatte versucht, ihr sehr dunkles Haar zu blondieren, und es dabei völlig ruiniert. Sie fragte mich nach meinem Friseur und ich nannte ihn ihr. Sie fand auch heraus, in welchen Geschäften ich einkaufte und zu welchen Zeiten ich zum Gottesdienst ging. Und die ganze Zeit, während ich mich um sie kümmerte und glaubte, ihr zu helfen, merkte ich nicht, dass ich in eine Falle tappte.

Allmählich hatte es den Anschein, als warte Sandy immer schon auf mich, egal, wo ich hinging. Ich spürte dabei vor allem, wie bedürftig sie war. Sie schien zu glauben, dass ich alle Antworten hätte, die ihr helfen konnten, ihre seelische Qual zu überwinden. Ich versuchte zwar immer wieder, sie auf Gott zu verweisen, doch sie beharrte darauf, dass sie wisse, dass ich die Einzige sei, die ihr helfen konnte. Ich sagte ihr, dass das niemand könne außer Gott und einem guten Seelsorger. Von ihrem Mann erfuhr ich, dass er sich ihrer Probleme schmerzlich bewusst war. Auch er hoffte, dass ich ihr helfen konnte.

Als mir im Laufe der Monate klar wurde, worauf das alles hinauslief, versuchte ich, Sandy dazu zu bewegen, sich professionelle Hilfe zu suchen. Sie jedoch war völlig darauf fixiert, dass ich alles *für sie* in Ordnung bringen sollte. Nach ihren eigenen Worten sah sie in mir die Mutter, die sie nie gehabt hatte.

Je mehr ich versuchte, mich aus ihren Fangarmen zu befreien, die mich praktisch überall umschlungen hielten, desto mehr versuchte sie, sich mein Leben ganz zu eigen zu machen. Schon bald zeigte sie ein sehr seltsames Verhalten. So rief sie dreißig oder vierzig Mal am Tag bei uns an und wir hörten dämonisch klingende Stimmen, die drohten, meine Kinder zu töten, wenn ich ihr nicht half. Es wurde deutlich, dass sie an einer multiplen Persönlichkeitsstörung litt, dies bestätigte mir später auch ihr Mann. Wir wussten nicht, wozu die einzelnen Persönlichkeiten fähig waren, doch inzwischen kam Sandy häufig mitten in der Nacht zu unserem Haus, kletterte über den Zaun in den Hinterhof und spähte durch die Fenster ins Haus hinein. Danach beschrieb sie mir auf dem Anrufbeantworter ganz genau, was sie gesehen hatte, als Beweis dafür, dass sie tatsächlich da gewesen war. Michael und ich beteten unablässig zu Gott und baten ihn, diese schreckliche Last von uns zu nehmen.

Wir gingen zur Polizei. Dort riet man uns, uns einen Anwalt zu nehmen. Mein Mann und ich wandten uns an einen befreundeten Anwalt, der Christ war. Dieser riet uns, Anzeige zu erstatten und eine einstweilige Verfügung gegen Sandy zu erwirken. Sie kam zwar zum Gerichtstermin und der Richter sprach eine strenge Verwarnung aus, Sandy sollte umgehend damit aufhören, mich und meine Familie zu stalken. Doch das konnte sie nicht aufhalten. Wir bekamen weiterhin Anrufe und Drohungen. Aus Angst um unser Leben riefen wir noch mehrmals die Polizei, doch man sagte uns jedes Mal, dass die Polizei nichts tun könnte, solange die Frau nicht in unser Haus eingebrochen war und unser Leben tatsächlich bedroht hatte.

»Aber dann ist es zu spät«, sagte ich in dem Versuch, den Polizisten mit Vernunftgründen zu überzeugen. »Sie müssen doch vorher etwas unternehmen!«

»Es tut mir leid, aber uns sind durch das Gesetz die Hände gebunden«, antwortete er. »Wir können nichts tun, bevor der Stalker nicht ins Haus eingedrungen ist.«

»Aber das ist ja furchtbar. Was sollen wir denn jetzt tun? Was tun denn andere Menschen in dieser Situation? Was würden Sie uns raten?«

»Sie könnten Bodyguards einstellen oder umziehen.«
»Woher bekommt man Bodyguards? Kennen Sie eine gute Firma?«

Der Polizist nannte mir den Namen eines bekannten Sicherheitsdienstes und wir engagierten sofort zwei Bodyguards, damit wir endlich wieder schlafen konnten. Sie waren sehr teuer. Für eine Zehn-Stunden-Schicht erhielt jeder Bodyguard einhundertfünfundzwanzig Dollar. Wir brauchten zwei Männer und ein Auto vor unserem Haus, jede Nacht von zwanzig Uhr bis sechs Uhr morgens. Das waren zweihundertfünfzig Dollar pro Nacht – unvorstellbar teuer und auf die Dauer völlig unerschwinglich für uns, doch im Moment hatten wir keine andere Wahl. Die Gefahr, dass Sandy ihre Drohung wahrmachte und mich und unsere Kinder umbrachte, war zu real. Sie verhielt sich wie eine Geisteskranke. Bei einem Stalker weiß man nie, wie verrückt und wozu er fähig ist.

Die Bodyguards berichteten uns mehrmals, sie hätten gesehen, wie Sandy den Weg zu unserem Haus heraufkam. Manchmal kam sie mit dem Auto, manchmal spazierte sie auch mitten in der Nacht vorbei. Mindestens einmal versuchte sie, über den Zaun zu klettern, doch dann sah sie die Bodyguards und rannte davon.

Ihren vielen schrecklichen, bedrohlichen Anrufen, die wir tagtäglich erhielten, entnahm ich, dass ihr Zustand sich ständig verschlechterte. Bevor wir vor Gericht gegangen waren, hatten wir ihren Mann angerufen und ihn gebeten, etwas zu unternehmen. Doch er sagte, er sei ebenfalls mit seinem Latein am Ende. Er, ihr Sohn und ihre Mutter hätten genauso große Angst vor ihr wie wir. Ich glaubte ihm. Sie hatte sich von einer netten, schüchternen jungen Frau in einen Menschen verwandelt, der sich verhielt, als sei er von Dämonen besessen und als würde er ganz und gar auf der dunklen Seite leben.

Mir war klar, dass sie verrückt war und nicht mehr rational denken und handeln konnte, aber für uns war es zu teuer, weiterhin Bodyguards anzustellen. Außerdem würde sie sicher bald herausfinden, dass sie vom Nachbarhaus her, wo die Bodyguards sie nicht sehen konnten, ganz leicht in unseren Hinterhof gelangen konnte. Sie war nicht dumm – und sie war fest entschlossen. Sie glaubte, ich sei der einzige Mensch, der ihr helfen könne, und sie würde sich nicht aufhalten lassen. Wenn ich ihr nicht half, würde sie mich bestrafen.

Wir konnten nicht mehr warten. Wir annoncierten unser Haus zum Verkauf und verkauften es tatsächlich innerhalb kürzester Zeit, weil es in einer beliebten Wohngegend lag und den Leuten gefiel. Ich persönlich glaube, dass Gott uns geholfen hat, es so schnell zu verkaufen. Wir zogen heimlich, still und leise um und hinterließen keine Nachsendeadresse. Ein neues Haus war schnell gefunden – wir hatten es bereits im Vorjahr entdeckt und seither immer wieder gedacht, dass es geradezu perfekt für uns war. Wunderbarerweise stand es im Moment wieder zum Verkauf.

Nach unserem Umzug hatte ich noch längere Zeit Angst, dass Sandy herausfinden könnte, wo wir jetzt wohnten. Ich musste meinen Kindern sagen, was geschehen war. Bis jetzt hatte ich ihnen noch nichts davon erzählt, weil ich nicht wollte, dass sie wie ich in ständiger Angst lebten, doch jetzt wollte ich, dass sie mir sagten, wenn sie sie irgendwo sahen. Nach unserem Umzug mied ich sämtliche Orte, die ich früher aufgesucht hatte.

Es war die schlimmste Zeit in meinem Leben als gläubige Christin. Ich wusste, dass es keinen Ausweg gab – es sei denn, Gott vollbrachte ein Wunder. Wir beteten, dass er uns helfen und vor dem Feind, der uns in Sandys Gestalt angriff, retten möge, dass er sie aus unserem Leben entfernen und an einen Ort bringen möge, wo sie Hilfe fand.

Gerade als ich dachte, dass ihr Zustand nicht noch schlimmer werden könne, ließen ihr Mann und ihre Mutter sie in eine psychiatrische Klinik ein paar Autostunden südlich von uns, in einer der Küstenstädte, einweisen. Danach begann für uns eine Zeit des Friedens, den wir auch dringend nötig hatten. Ich begann mit neuen Gebetskreisen in unserem Haus. Durch diese Gebetskreise konnten wir endlich wieder den Frieden und den Segen Gottes spüren und erkennen, dass unser Leben einen Sinn und ein Ziel hatte.

Aufbruch ins Gelobte Land

Michael war, seit wir geheiratet hatten, manchmal sehr launisch. Er hatte immer wieder mit plötzlichen Wutanfällen zu kämpfen, die stets zum Ausbruch kamen, wenn ich es am wenigsten erwartete. Anfangs kränkten sie mich tief, weil er in diesen Momenten sehr laut und herzlos werden konnte. Ich empfand diese Ausbrüche stets wie einen Schlag ins Gesicht. Es war ein Gefühl wie früher, wenn meine Mutter mich in den Schrank gesperrt hatte. Meine Reaktion war, mich von ihm zurückzuziehen und aus Selbstschutz gegen ihn zu verhärten, doch das machte ihn nur noch wütender.

Vor unserer Heirat hatte es nicht den geringsten Hinweis auf diese Wutanfälle gegeben. Ich wusste, dass er sich mit Depressionen und Ängsten herumschlug, Gefühlen, die ich nachvollziehen konnte. Ich hatte ein Leben lang selbst mit diesen Gefühlen gekämpft und war überzeugt, dass wir diese Probleme gemeinsam meistern konnten. Wutanfälle hatten nicht zu meinen Bewältigungsstrategien gehört. Offensichtlich werden diese zu den vorteilhaften negativen Emotionen gerechnet, weil man seinen Gefühlen dabei Luft macht und die Wut und der Zorn sich nicht in selbstzerstörerischer Weise gegen das eigene Ich richten, wie es bei mir der Fall war.

Schon vor der Ehe hatte ich erfahren, dass Michaels Mutter sehr streng mit ihrem Sohn gewesen war, weil sie wollte, dass er Arzt oder Anwalt wurde oder einen ähnlich angesehenen Beruf wählte, der ihm eine sichere Lebensgrundlage bot. Ihre Familie war Opfer des barbarischen Massenmords an den Armeniern durch die Türken gewesen. Die Armenier waren das erste christliche Volk, ihre Feinde waren Christen-Hasser. Michaels Großmutter mütterlicherseits hatte den brutalen Mord an ihrem Mann und ihren beiden jüngeren Töchtern mitansehen müssen. Sie selbst konnte in den Wald entkommen. Danach war sie lange Zeit umhergeirrt und hatte sich von Gras ernährt, bis jemand sie bei sich aufnahm. Sie verließ Armenien und zog durch ganz Europa, ehe sie endlich an Bord eines Schiffes nach Amerika gehen konnte. Hier heiratete sie dann wieder und bekam drei Kinder, eins davon war Michaels Mutter.

Menschen, die Verfolgung erlitten haben, können die Vergangenheit nie vergessen und werden stets alles Menschenmögliche tun, damit sie sich nicht wiederholt. Das erklärt, warum Michaels Mutter so streng mit ihm war und einen Maßstab an sein Leben legte, dem er nicht gerecht werden konnte. Damals wusste noch niemand, dass er Legastheniker war, ja man wusste noch nicht einmal, was Legasthenie war. Seine Schulzeit war dadurch natürlich alles andere als einfach. Seine Eltern glaubten, er sei einfach nur aufsässig. Meiner Ansicht nach war all dies die Ursache für Michaels Wut.

Legastheniker haben eine geniale Seite, sie haben Eigenschaften, die die meisten Menschen ohne Legasthenie nicht haben. Sie können eigentlich alles, was auch andere Menschen können, doch sie lernen nicht so, wie es in der Schule gefordert wird. Sie haben eine andere Herangehensweise. Wenn man ihnen erlaubt, auf ihre Weise zu lernen, sind sie meist sehr erfolgreich. Michael war ein musikalisches Genie. Alles, was mit Musik zu tun hatte, fiel ihm leicht, er brauchte es gar nicht zu lernen, er machte es einfach. Seine Eltern ließen ihn Akkordeonunterricht nehmen, als er vier war, und von da an fiel ihm alles Musikalische einfach zu. Er war ausersehen für etwas ganz Großes, doch er musste es sich gegen eine Wand elterlichen Widerstands und daraus folgender gegenseitiger Frustration erkämpfen.

Als unsere Kinder bereits zur Schule gingen, flog Michael regelmäßig von Los Angeles nach Nashville, wo er die Alben von Amy Grant und mehreren anderen Künstlern produzierte. Er liebte Nashville und stellte es mir ständig als eine viel bessere Alternative zu Los Angeles hin, wo das Großziehen von Kindern damals sehr schwierig war. Die Stadt war gefährlich, Schießereien aus dem fahrenden Auto auf Menschen waren keine Seltenheit. Michael war entschlossen, nach Nashville umzuziehen, deshalb begleitete ich ihn auf seiner nächsten Reise, um die Stadt und die Leute kennenzulernen, die er kannte, und mir ein paar Häuser anzusehen.

Das Problem war, dass er sich in dieser Suche verhielt wie ein Diktator und nicht wie ein Mensch, der Gott wegen des Umzugs um Rat gefragt hatte und auch sonst um Gottes Führung im Leben bat. Jedes Mal wenn wir uns ein Haus ansahen und es mir nicht gefiel, wurde er wütend. Statt normal mit mir darüber zu reden, wurde er ausfallend. Ich sah, dass er sich nicht vom Heiligen Geist leiten ließ, sondern von seinen irdischen Wünschen, und beschloss meinerseits, nicht die Sicherheit all dessen, was ich liebte, aufzugeben – meine Familie, meine Gemeinde, unsere Pastoren, enge Freunde und Gebetspartner –, nur um mit jemand, der sich so unmöglich aufführte, weit weg zu ziehen. Ich hatte Angst, dass er in seiner Wut völlig unzugänglich werden könnte. Es war ein purer Albtraum für mich.

Ein Freund half Michael dann zu erkennen, dass ich auf sein zorniges Drängen nicht reagieren würde, wie er es sich wünschte, und so verzichtete er auf seine Attacken und rang sich dazu durch, lieber zu beten. Wenn unser Umzug Gottes Wille war, sollte Gott, so betete er, meinem Herzen diesen Willen kundtun.

Ich fastete und betete ebenfalls mehrmals und versicherte Gott, dass ich tun wollte, was er von mir verlangte. Ich musste nur wissen, dass es sein Wille war.

In dieser Zeit wurden Amy Grant und ihr Mann zu einem Treffen hochrangiger Politiker, darunter der Präsident und die First Lady, der Vizepräsident, das Kabinett und viele Gouverneure, nach Camp David eingeladen. Sie bat uns, mitzukommen, damit Michael sie auf dem Klavier begleiten konnte. In Camp David wurden wir zunächst zu unseren Ferienhäusern geführt, aber kurz darauf trafen wir uns mit dem Präsidenten und der First Lady in deren Unterkunft. Das Abendessen nahmen wir gemeinsam ein und am nächsten Morgen beim Sonntagsgottesdienst in der Kapelle sangen Amy und ihr Mann, während Michael sie auf dem Klavier begleitete.

Danach gab es ein wundervolles Mittagessen mit den Regierungsbeamten, bei dem ich rechts vom Präsidenten saß, der wie auch die First Lady einer der liebenswürdigsten Menschen war, denen ich je begegnet bin.

Im Flugzeug zurück nach Nashville, wo Michael und ich vor dem Rückflug nach Los Angeles in Amys Haus übernachten wollten, dachte ich über diesen kurzen, aber ereignisreichen Besuch nach: *Ich habe mich in meinem ganzen Leben noch nie so sicher gefühlt wie in dieser kurzen Zeit in Camp David. Dort gab es keine Bedrohung durch Finsternis. Es war einfach herrlich, nicht über all das nachdenken zu müssen, wovor ich in Los Angeles Angst habe, wo so viele Gefahren stündlich Realität sind, immer da sind, uns ständig umgeben.*

Damals gab es in Los Angeles keinen sicheren Ort, keine Zuflucht, ganz gleich, wo man wohnte. Der Gegensatz konnte stärker nicht sein.

Im Flugzeug litt ich unter starker Reisekrankheit. Ich war leider schon immer sehr anfällig dafür gewesen, doch an diesem Tag hatte ich nicht wie sonst ein Medikament dabei. Gott sei Dank musste ich mich nicht übergeben, das geschah erst auf der Fahrt vom Flughafen zu Amys Haus. Ich konnte ihren Mann gerade noch bitten, am Straßenrand zu halten. Es war mir sehr peinlich, aber ich war Gott dankbar, dass es nicht im Auto passiert war.

Bei Amy angekommen, entschuldige ich mich gleich und ging hinauf ins Gästezimmer, um mich vor dem Essen noch ein bisschen hinzulegen. Während ich im Bett lag, hörte ich die Stimme Gottes so klar und deutlich wie selten in meinem Leben. Er sprach zu meinem Herzen die eindrücklichen Worte: »Ihr sollt hierher ziehen. Sucht euch ein Haus und zieht so schnell wie möglich um, auch wenn euer Haus in Los Angeles noch nicht verkauft ist. Meine Pläne für dich und Michael sind hier.«

Für mich kam das völlig unerwartet. Ich war damals nicht einmal mitten in einer Zeit des Gebets für Erkenntnis in dieser Sache. Es geschah aus heiterem Himmel – für mich, nicht für Gott. Am nächsten Tag flogen wir nach Hause und boten unser Haus sofort zum Verkauf an. Michael musste weiter zwischen Los Angeles und Nashville pendeln, weil er für Amy arbeitete. Dort fand er dann ein Haus für uns. Ich hatte nicht einmal Zeit, es mir anzusehen, denn während wir unsere Situation weiterhin im Gebet vor Gott brachten, wurde uns die enorme Dringlichkeit dieses Umzugs klar. Ich hatte ständig das Gefühl, dass ein großes Unglück – so etwas wie ein Erdbeben – bevorstand und dass wir hier weg mussten, bevor es geschah.

Dann ging tatsächlich alles sehr schnell. Wir lebten seit vier Jahren in dem Haus in Northridge. Obwohl wir dort Frieden gefunden hatten, war ich nie das Gefühl losgeworden, dass uns etwas Dunkles, Böses umgab. Ich betete die ganze Zeit, dass Gott es in Schach halten und uns beschützen möge.

Knapp drei Wochen vor unserem Umzug rief mich eine Frau an, die meine Stalkerin Sandy, ihren Mann und ihre Mutter kannte. Die Anruferin wusste, dass Sandy mich verfolgt hatte, und teilte mir mit, dass Sandy noch in dieser Woche aus der Klinik entlassen würde. Kalte Angst kroch mir den Rücken hinauf. Plötzlich hatte ich ein Bild vor Augen, wie wir in unser Haus in Nashville einzogen und sie durch ein Fenster zu mir und meinen Kindern hereinschaute. Der Gedanke, sie niemals loszuwerden, versetzte mich in Panik.

Ich wusste, dass nur Gott uns beschützen konnte, deshalb betete ich wieder, dass er Sandy aus unserem Leben heraushalten möge. Ich betete, dass sie gesund werden und sich auf ihre Familie konzentrieren möge und dass wir umziehen konnten, bevor sie wieder da war. Ich betete darum, dass sie kein Interesse mehr daran haben würde, uns noch länger nachzustellen. Ich betete um ihre vollständige Heilung, wie ich es immer tat, doch ich wusste nicht, ob mein Gebet erhört worden war. Ich hatte erfahren, dass ihr Mann sich hatte scheiden lassen und nichts mehr mit ihr zu tun haben wollte. Sie würde nicht wieder bei ihm leben, wo immer er und ihr Sohn zurzeit auch sein mochten. Ich wollte eigentlich am liebsten gar nichts über sie wissen, deshalb fragte ich auch nie nach.

Wir hielten es für das Beste, wenn so wenige Leute wie möglich von unserem Umzug wussten. Mir war unbehaglich zumute, weil diese Person, mit der ich gesprochen hatte, die ganze Geschichte kannte. Doch sie schien auf unserer Seite zu sein und hatte ja auch versucht, uns zu warnen. Ich sagte niemand, wo wir hinziehen würden, das wussten nur die engsten Familienangehörigen. Unseren Freunden erklärte ich, wir würden uns melden, sobald wir in unserem neuen Haus angekommen waren. Ich wollte, dass sie, falls jemand fragte, guten Gewissens sagen konnten, dass sie meine neue Adresse nicht kannten.

Als Sandy dann tatsächlich ein paar Tage vor unserem Umzug aus der Klinik entlassen wurde, konnte ich es kaum fassen. Ich konnte mir nicht recht vorstellen, dass es ihr besser ging, vor allem, nachdem ich gehört hatte, dass ihre Familie der Ansicht war, sie sei noch nicht gesund genug für eine Entlassung. Ich hatte den Umzug unbedingt hinter uns bringen wollen, *bevor* sie entlassen wurde. Am Tag nach ihrer Entlassung erfuhr ich jedoch, dass sie in der Nähe der Klinik geblieben war, weil sie dort eine Beziehung begonnen hatte. Ihr Freund tat mir leid, denn er wusste nicht, worauf er sich da einließ.

Am Tag bevor der Umzugswagen kam, um unsere Möbel abzuholen, rief die gleiche Person noch einmal an und sagte mir, Sandy sei ermordet worden. Ihr Leichnam war am Strand in der Nähe der psychiatrischen Klinik entdeckt worden. Sie war offenbar getötet und dann direkt über der Stelle, an der man sie gefunden hatte, von den Klippen ins Meer gestoßen worden. Ihr »Freund« war wohl der Hauptverdächtige, aber ich weiß nicht, was aus der Geschichte geworden ist. Ich wollte mit der ganzen Sache nichts zu tun haben, deshalb habe ich nie nachgefragt.

Als ich erfuhr, dass sie getötet worden war, hatte ich gemischte Gefühle. Ich weinte wegen ihrer Familie, vor allem wegen ihres Sohnes, doch gleichzeitig war ich unsagbar erleichtert, weil ich mir nie wieder Sorgen machen musste, dass sie mich und meine Familie bedrohte. Ich glaube nicht, dass ihr Tod die Antwort Gottes auf meine Gebete war. Ich denke, sie hatte einen Anfall von geistiger Umnachtung in der Gegenwart eines Menschen, der damit nicht umgehen konnte.

Ich war traurig, Los Angeles zu verlassen, weil ich so viel für die Menschen dort gebetet hatte und wusste, dass Gott sie liebte und wollte, dass sie ihn kennenlernen. Noch trauriger machte mich, dass ich unsere Gemeinde, unseren Pastor und unsere Freunde verlassen musste, denn bei ihnen hatte ich endlich Hoffnung für mein Leben und meine Zukunft gefunden. Hier hatte ich mich aus der Finsternis befreit und das wahre Licht gesehen. Hier war ich die quälenden Gefühle losgeworden und hatte überwältigende Freude und Frieden gefunden. Hier hatte ich die machtvolle Gegenwart und Liebe Gottes kennengelernt, die mein Leben von Grund auf verändert hat. Hier hatte ich angefangen, die Stimme des Heiligen Geistes zu hören, die mich von nun an jeden Tag führte. Doch es war der Geist Gottes gewesen, der uns bewog, unser Haus, das wir liebten, sobald wie möglich zu verlassen und nicht einmal zu warten, bis es verkauft war – obwohl alle anderen uns davon abrieten.

In Los Angeles lebten außerdem mein Vater, meine Schwester, ihr Mann und ihre Kinder. Wie konnte ich sie alle verlassen? Ich betete und sprach auch mit Michael über meinen Kummer. Wir beschlossen, sie zu fragen, ob sie mit uns kommen wollten. Mein Vater war vor vier Jahren mit uns zusammen in unser neues Haus gezogen, weil wir hier so viel Platz hatten, dass er in einem eigenen Flügel für sich sein konnte und wir doch in seiner Nähe waren. Wir baten ihn, mit uns zu kommen, und er war sogleich einverstanden.

Als Nächstes fragten wir meine Schwester. Sie hatte im letzten Jahr als Teilzeitkraft für uns gearbeitet, während sie sich von einem Arbeitsunfall erholte, den sie an ihrer früheren Arbeitsstelle erlitten hatte. Dort hatte sie jeden Tag eine einstündige Fahrt im Berufsverkehr auf sich genommen, für eine Arbeit, die sie nicht liebte. Wir boten ihr eine Vollzeitstelle im Büro in Tennessee an, wenn sie und ihre Familie mit uns umzogen, denn sie hatte sich bei uns sehr bewährt. Sie würde bei uns mehr Geld bekommen und hätte keinen Berufsverkehr mehr.

Suzy freute sich über das Angebot, und nachdem sie mit ihrem Mann gesprochen hatte, sagten die beiden zu. Das Haus meiner Schwester wurde verkauft, ich flog mit ihr nach Nashville und sie kaufte dort ein Haus, ohne dass ihr Mann es gesehen hatte. Unsere Häuser lagen im selben Viertel. Es war Frühling, alles stand in voller Blüte und wir waren uns einig, dass wir nie einen schöneren Ort gesehen hatten. Es war das Osterwochenende und Amy Grant und ihre Familie luden uns ein, am Ostersonntag mit ihnen im Haus ihrer Eltern zu essen. Die Liebenswürdigkeit, mit der sie uns empfingen, gab uns das herrliche Gefühl, an diesem Ort willkommen zu sein. Wir haben diese Freundlichkeit, die wir damals so dringend brauchten, nie vergessen.

Der Umzug würde unser Leben völlig verändern, vor allem für unsere Kinder, das war uns bewusst. Doch wir waren bereit, den Druck und Stress von Los Angeles hinter uns zu lassen. Es war wie die Flucht aus Ägypten ins Verheißene Land.

Dachte ich jedenfalls.

Bald darauf erschien es mir eher, als wären wir in der Wildnis gelandet. Auf eine große Hitzewelle folgte ein Eissturm und vieles lief überhaupt nicht so, wie wir das geplant hatten. Wir fanden lange Zeit keine Kirche, in der wir uns wohlfühlten.

Mein Mann und unsere Kinder hatten ebenfalls Schwierigkeiten, sich an die neue Umgebung anzupassen, und Amanda und Christopher fanden lange Zeit keine Freunde. Für fühlten uns wie aus dem Raum gefallen, als würden wir nicht hierher gehören. Wir fragten uns, ob wir einen Fehler gemacht hatten. War es wirklich Gottes Stimme gewesen, die wir gehört hatten? Wollte er uns hier auf grünen Auen weiden, wie es in Psalm 23 heißt?

Gleichzeitig wusste ich, dass es tatsächlich Gott gewesen war, der uns hierher gebracht hatte. Die Nachrichten, die wir aus Los Angeles hörten, bestätigten dies.

Das große Beben

Ende Juni 1993 waren wir nach Nashville umgezogen. Gut zwei Monate später, im September desselben Jahres, war die hübsche junge Frau, die in unserem Büro in Los Angeles die Buchhaltung gemacht hatte, zusammen mit ihrem neunjährigen Sohn mit dem Auto unterwegs, etwa zwei Straßen von unserem früheren Haus in Northridge entfernt. Sie wollte ihre Tochter von einer Bibelstunde abholen. Die Frau hatte gerade geparkt, da fuhr ein Auto mit zwei Männern darin von hinten an sie heran. Der eine stieg aus, trat zu ihr ans Auto und richtete durch das Seitenfenster ein Gewehr auf sie. Er verlangte Portemonnaie und Brieftasche, die sie ihm beide rasch und ohne Widerworte aushändigte. Daraufhin erschoss er sie vor den Augen ihres entsetzten Sohnes. Sie war sofort tot. Ihre Tochter stürmte aus dem Haus und sah im Wagen ihre tote Mutter. Die Kinder und der Ehemann der jungen Frau waren außer sich vor Schmerz, wir alle waren tief bekümmert und besorgt. Alle, die in der Gegend wohnten, waren starr vor Entsetzen.

Ich konnte mir kaum vorstellen, welche Angst wir gehabt hätten, wenn wir damals noch dort gewohnt hätten. Genau vor so etwas hatte ich mich immer gefürchtet, weil diese Art von grauenhaften Verbrechen immer näher an unser nettes, ruhiges Viertel herangerückt war.

Später stellte sich heraus, dass ein Kinderpornoring in der Nähe unseres ehemaligen Hauses in einem Gebäude operierte, in dem man so etwas niemals vermutet hätte. Ich hatte immer gespürt, dass uns etwas Böses umgab, doch ich hatte es nie genauer benennen können. Ich hatte meine Kinder nie im Vorgarten spielen lassen, obwohl er einen Sicherheitszaun mit elektrischen Toren besaß. Sie durften nur in den Hinterhof, der von einer drei Meter hohen Backsteinmauer umgeben war, die ohne Leiter nicht zu überwinden war. Dieses Gefühl, dass uns etwas Böses umgab, war immer stärker in mir geworden. Jetzt wusste ich, dass es die warnende Stimme Gottes gewesen war.

Nach den extremen Wetterlagen fingen wir zum Jahreswechsel gerade an, uns in der neuen Umgebung wohlzufühlen. Als wir am 17. Januar 1994 morgens den Fernseher einschalteten, hörten wir, dass Los Angeles um vier Uhr dreißig nachts von einem Erdbeben der Stärke 6,7 erschüttert worden war. Wir sahen Szenen, die wir von früher kannten, und hörten, dass das Epizentrum in Northridge lag – genau dort, wo wir gewohnt hatten, bevor wir nach Tennessee gezogen waren.

Laut Caltech (California Institute of Technology) waren es die stärksten Erdbewegungen, die je in einem Stadtgebiet in Nordamerika gemessen worden waren. Betroffen waren über viertausend Quadratkilometer und fünfzig Städte. Siebenundfünfzig Menschen kamen ums Leben, es gab zwölftausend Verletzte, einhundertvierzehntausend Menschen wurden obdachlos, einhundertmal wurde Feueralarm ausgelöst und vierhundertneunundvierzigtauend Häuser und Wohnungen wurden zerstört. Es war die teuerste Naturkatastrophe der Vereinigten Staaten. Sieben große Autobahnbrücken stürzten ein, zweihundertzwölf wurden so schwer beschädigt, dass sie längere Zeit nicht befahrbar waren. Wir hörten, dass unser Haus in Northridge so schwer beschädigt war, dass man es nicht mehr betreten durfte.

Das Erdbeben war stärker als alle anderen, die ich erlebt hatte, und ich dankte Gott, dass wir nicht dort gewesen waren, als es sich ereignete. Gleichzeitig machte ich mir große Sorgen um unsere Freunde und Nachbarn.

Mir fiel ein, wie dringend Gott mir ans Herz gelegt hatte, Northridge so schnell wie möglich zu verlassen, ganz gleich, ob unser Haus schon verkauft war oder nicht – was natürlich ein finanzielles Risiko war. Noch Monate nach dem Umzug zahlten wir Hypotheken und Rechnungen für zwei Häuser – ein unhaltbarer Zustand, allmählich wussten wir nicht, wie wir uns das noch länger leisten konnten.

Doch als ich von den Verwüstungen in Northridge erfuhr, dankte ich Gott, dass wir auf ihn gehört hatten. In einer Fernsehsendung sahen wir ein zweistöckiges Wohnhaus, nur etwa zehn Straßen von unserem Haus entfernt, das einmal ein dreistöckiges Haus gewesen war: Das zweite Stockwerk war eingebrochen und dabei waren fast alle Bewohner, die im Erdgeschoss wohnten, umgekommen. Ich musste an meine Angst denken, als ich im Erdgeschoss des dreistöckigen Wohnhauses in Studio City befürchtet hatte, dass das Haus über mir einstürzen könnte. Das war vor über zwanzig Jahren gewesen. Das Fernsehen konzentrierte sich nun besonders auf dieses eine Wohnhaus in Northridge, weil die Leute, die im Erdgeschoss gewohnt hatten, umgekommen beziehungsweise zum Teil noch verschüttet waren. Mich schauderte bei dem Gedanken, was diese Menschen empfunden haben mussten.

Als die Nachbeben vorüber waren, flog ich mit meinen Kindern nach Los Angeles, um die Schäden an unserem ehemaligen Haus zu besichtigen und zu prüfen, ob noch etwas zu retten war. Doch es war so stark beschädigt, dass eine Reparatur unmöglich war. Wir weinten beim Anblick der Zerstörung und dachten daran, wie leicht wir darin hätten umkommen können. Die Kinder hätten vielleicht überlebt, wenn sie in ihren Betten geblieben wären, mein Mann und ich aber wohl nicht. Der Schaden war immens.

Wir verkauften das Haus schließlich an Grundstückspekulanten, die sich ausrechneten, dass der Grund und Boden irgendwann wieder sehr wertvoll sein würde. Wir hatten zwar eine Erdbebenversicherung, aber offenbar hatten wir versäumt, das Kleingedruckte zu lesen, in dem stand, dass die Versicherung nur so viel bezahlen würde, wie das Haus zur Zeit des Erdbebens wert gewesen war. Den Wertverlust des Grundstücks bezahlte sie nicht. Niemand wusste, ob das Haus überhaupt wiederaufgebaut werden konnte, denn das Fundament war stark beschädigt und an einigen Stellen um bis zu vierzig Zentimeter nach oben verschoben. Von der Versicherung erhielten wir fünfzig Prozent des Kaufpreises. Zusammen mit dem Verkauf des Grundstücks rettete uns das vor dem Ruin. Zumindest mussten wir nun nicht mehr die Doppelbelastung des Unterhalts für zwei Häuser tragen.

Wir waren dankbar, dass wir zum Zeitpunkt des Bebens nicht in diesem Haus gewohnt hatten, denn dann hätten wir alles verloren, was sich im Haus befand, und wahrscheinlich sogar unser Leben. Das war für uns auch die Erklärung, warum wir das Haus nicht hatten verkaufen sollen. Gott hatte nicht gewollt, dass jemand dort wohnte, als es zu dem Unglück kam.

Danach beklagten wir uns nie mehr darüber, dass wir Los Angeles verlassen und große Eingewöhnungsprobleme in Tennessee hatten. Wir fragten auch nicht mehr, ob es wirklich Gottes Wille gewesen war, dass wir hier lebten. Dass wir hier vor ein Problem nach dem anderen gestellt wurden, bedeutete noch lange nicht, dass wir nicht den Willen Gottes erfüllten.

Die Menschen in Los Angeles, mit denen wir über das Erdbeben sprachen, darunter auch unsere Pastoren, sagten, es sei das grausamste und schrecklichste Beben gewesen, das sie je erlebt hatten. Es war ganz anders als die Erdbeben, die wir gewohnt waren, bei denen die Erde von einer Seite auf die andere zu schwanken scheint. Stattdessen war es eine so heftige Auf-und-Ab-Bewegung, dass man nicht an einen sicheren Ort flüchten konnte. Ich konnte das Entsetzen in ihren Gesichtern sehen, als sie es mir schilderten. Und ich hörte bei unseren Telefonaten in ihren Stimmen, wie traumatisch das Erdbeben für sie gewesen war.

Die Häuser vieler Bekannter von uns waren genauso stark beschädigt wie unseres, doch sie hatten zusätzlich fast alles verloren, was darin gewesen war. Viele packten zusammen, was sie konnten, und zogen fort. Manche von ihnen kamen nach Tennessee, wo wir lebten. Viele gingen einfach weg, weg von ihren Häusern und allem Inventar, das nicht mehr zu retten war. Der Anblick brach einem das Herz. Doch niemand von unseren Bekannten war getötet oder verletzt worden. Für dieses Wunder waren wir Gott dankbar.

Wir waren zwar nicht dabei gewesen, aber die furchtbare Katastrophe hatte uns doch tief erschüttert. Wir wussten, dass Gott uns vor dem Äußersten bewahrt hatte. Wenn wir in jener Nacht in diesem Haus in unseren Betten gelegen und versucht hätten, hinauszulaufen, wären wir – sofern wir es überhaupt geschafft hätten – vermutlich draußen von unserem Haus erschlagen worden. Das schwere Dach war auf die Veranda gestürzt und die drei großen Ziegelkamine waren über dem Wintergarten eingebrochen und hatten einen Krater in den Betonboden geschlagen. Wären Michael und ich im Schlafzimmer geblieben, so wäre der Einsturz der zwei Stockwerke hohen Glaswand an der Außenseite unseres Schlafzimmers und des ebenfalls zwei Stockwerke hohen Kamins im Schlafzimmer, die unsere Betten unter sich begruben, unser Tod gewesen.

Wir waren Gott dankbar, dass er uns bewogen hatte fortzuziehen. Er hatte uns gerettet – und ich hatte darüber gejammert, wie er es getan hatte!

Jetzt waren wir neugierig darauf, was Gott in Tennessee mit uns vorhatte. Ich war mehr denn je überzeugt, dass wir das Leben ohne ständiges, inbrünstiges Beten nicht bewältigen konnten. Das hatte ich zwar schon vorher gewusst, doch jetzt stand es für mich völlig außer Frage und ich überlegte nie wieder, ob ich nicht einmal einen Tag das Beten auslassen könnte.

Ich wusste ein für alle Mal, dass das unmöglich war.

Die Umkehr

Nach dem Umzug – vor allem nach der Katastrophe in Los Angeles – verbrachte ich jeden Tag mehr Zeit mit Beten. Es waren leidenschaftliche, glühende Gebete für meinen Mann und meine Kinder. Ich beobachtete, wie sie alle, jeder auf seine Weise, darum kämpften, mit ihrem neuen Leben zurechtzukommen. Wir hatten alles, was uns vertraut war, verlassen und waren an einen Ort gezogen, an dem uns unerwarteterweise gar nichts vertraut war. Das war nichts Schlechtes, es war eben nur alles ganz, ganz anders. Wir vermissten unsere alten Freunde. Die Menschen, die wir hier neu kennenlernten, waren zwar sehr nett und freundlich, aber es erwies sich doch als schwierig, ihnen wirklich näherzukommen.

Los Angeles ist ein Schmelztiegel unterschiedlichster Kulturen, Rassen und Farben. Man merkt überhaupt nicht, wenn jemand anders ist, weil alle anders sind. Doch genau das schreckte die guten Leute in unserer neuen Heimat ab. Ich konnte sie verstehen.

Im Laufe des folgenden Jahres zogen viele unserer alten Freunde aus Los Angeles zu uns nach Tennessee. Manche hatten ihre Häuser bei dem Erdbeben verloren. Doch wir hatten uns nicht zusammengesetzt und gesagt: Lasst uns alle gemeinsam nach Tennessee ziehen. Gott hatte jeden Einzeln dazu bewogen.

Eine enge Freundin von mir, Roz, war abgesehen von meiner Familie die Einzige, mit der mein Mann und ich vorab über unseren Umzug nach Tennessee gesprochen hatten, und das auch nur, weil wir schon lange Zeit miteinander beteten und auch wegen des Umzugs gebetet hatten. Wir waren überrascht gewesen, dass Gott den Wunsch nach einer räumlichen Veränderung gleichzeitig in unsere Herzen gelegt hatte, und hatten den Rat unseres Pastors gesucht. Pastor Jack versuchte nie, Menschen in seiner Gemeinde zu halten, indem er ihnen riet, nicht fortzuziehen. Auch er war der Ansicht gewesen, dass unser Umzug der Wille des Herrn sei. Er bereitete seine Gemeindeglieder sogar ständig darauf vor, dass Gott sie in ganz Amerika, ja auf der ganzen Welt verstreuen könnte. Daher beteten er und die anderen Pastoren an einem Sonntagmorgen dafür, dass wir unsere Gemeinde mit Gottes Segen verlassen durften.

In Tennessee vermissten wir unseren Gebetskreis sehr. Die Menschen in dieser Gruppe waren starke Gebetskrieger und -kriegerinnen, sie waren ein Teil meines Lebens, ein fester Halt, eine sichere Hilfe. Wir hatten alle derselben Gemeinde angehört und man konnte in unserer Gemeinde nicht regelmäßig den Gottesdienst besuchen, ohne zu lernen, wie man betet. Ich empfand den Verlust als außerordentlich schmerzlich und mir wurde klar, dass ich bald wieder einen neuen Gebetskreis in unserem Haus gründen musste.

Ich lud die Frauen, die früher in meiner Gruppe gewesen und ebenfalls nach Nashville gezogen waren, zusammen mit ein paar anderen zugezogenen Frauen aus unserer neuen Gemeinde ein. Wir wussten, dass Gott uns hierhergebracht hatte, das hieß, dass er ein Ziel für uns und unsere Familien vor Augen hatte. Dieses Ziel wollten wir nicht verfehlen. Die Gruppe traf sich jeden Dienstagmorgen in meinem Haus, so wie früher.

Eines Tages rief mich die Polizei aus einem anderen Bundesstaat an und sagte mir, dass Dianas Ehemann bei einem Autounfall ums Leben gekommen sei. Diese Nachricht erschütterte mich zutiefst. Andrew und sein Sohn hatten seit Dianas Tod jedes Weihnachtsfest bei uns verbracht und er hatte mich zum Vormund seines Sohnes bestimmt. Ich flog in den Westen, um dem Jungen in dieser schrecklichen Situation beizustehen. Da er noch dieses Jahr seinen Highschool-Abschluss machen würde, beschlossen wir, dass er dort, bei seinen Freunden, bleiben sollte. Danach sollte er dann zu uns nach Tennessee kommen, bis er sich entschieden hatte, auf welches College er gehen wollte. Das Vanderbilt College bot ihm ein Stipendium an, doch er wollte lieber mit seinen Freunden ans Pacific Northwest gehen. Ich hielt das für eine gute Entscheidung.

Meine Gebetspartnerinnen trugen uns im Gebet durch diese Tragödie und die tief greifenden Veränderungen, die damit einhergingen.

In all den Jahren meiner Ehe gab es manchmal Streit zwischen meinem Mann und mir, aber es wurde viel schlimmer, nachdem wir nach Tennessee gezogen waren. Ich war mit sehr vielen Verletzungen in die Ehe gekommen und er mit sehr viel Wut. Diese negativen Emotionen sorgten für schier unüberwindbare Schwierigkeiten zwischen uns. Ich bat Gott immer wieder darum, Michael zu verändern, aber dieses Gebet wurde nie beantwortet.

Eines Tages hatte ich das Gefühl, dass ich für diese schreckliche Situation fasten und beten sollte. Ich sagte Gott, dass ich nicht länger mit der Wut meines Mannes leben konnte und dass ich nicht wusste, was ich tun sollte.

Gott antwortete mir und sagte, dass ich aufhören sollte, mein Lieblings-drei-Wort-Gebet zu sprechen, das lautete: »Ändere ihn, Herr!« Stattdessen sollte ich anfangen, Gottes Lieblings-drei-Wort-Gebet zu sprechen: »Ändere mich, Herr!«

Diese Antwort erschütterte mich zutiefst.

»Aber Gott, in diesem Fall brauche ganz bestimmt nicht ich mich zu ändern! Er muss sich ändern«, sagte ich so respektvoll, wie ich konnte.

Und Gott ging tatsächlich auf mich ein. »Alle müssen sich ändern«, erklärte er, »denn keiner ist so, wie ich ihn mir vorgestellt habe.«

Gott will, dass wir alle viel mehr werden wie er, erkannte ich.

»Wenn du bereit bist, dich zu ändern«, fuhr er fort, »kann ich dich zum Werkzeug der Befreiung deines Mannes machen. Wenn du bereit bist, bei deinem Mann zu bleiben und meinen Willen zu tun, lehre ich dich, für ihn zu beten, wie ich es mir wünsche.«

Ich muss gestehen, dass es mir schwerfiel, all die Ungerechtigkeiten, die sich in unserer Ehe angesammelt hatten, hintanzustellen und ganz neu anzufangen, als sei all das Böse nie geschehen. Doch ich sagte Ja zu Gott. Es gab keine Garantien, aber ich hatte keine andere Wahl.

Gott sagte mir auch, dass ich, um meine Beziehung zu meinem Mann in Ordnung zu bringen, jeden Tag alle bitteren und unversöhnlichen Gefühle gegen ihn bekennen musste, bevor ich betete. Wenn ich das nicht tat, würde er meine Gebete nicht hören. In der Bibel steht: »Hätte ich in meinem Herzen böse Gedanken, dann hätte der Herr mich nicht erhört« (Psalm 66,18). Meine eigene Unversöhnlichkeit, meine Verbitterung, meine Zweifel und meine bösen Gedanken waren Schuld – oder Sünde – in den Augen Gottes, doch er wollte, dass ich mit reinem Herzen betete, bevor er meine Gebete erhörte.

Als mein Mann am nächsten Tag nach Hause kam, erzählte ich ihm, was Gott mir aufs Herz gelegt hatte: »Michael, Gott hat mir gezeigt, dass ich nicht so für dich gebetet habe, wie er es will. Ich werde jetzt jeden Tag für dich beten. Sag du mir bitte, wie ich beten soll.«

Er war einverstanden.

Jeden Morgen fragte ich Michael, wie ich für ihn beten sollte, und etwas Erstaunliches geschah. Er nahm sich die Zeit, mir zu sagen, was ihn quälte – viele Dinge, von denen ich gar keine Ahnung gehabt hatte.

Jedes Mal, wenn sein Zorn aufflammte, reagierte ich nicht unmittelbar darauf, sondern betete zuerst. Ich bat Gott, mir zu zeigen, was diesen Zorn verursacht hatte. Ich bat ihn, mir zu helfen, richtig darauf zu reagieren. Und ich bat Gott, meinen Mann von seinem Zorn zu befreien und ihm Frieden zu schenken. Und jedes Mal wenn ich das tat, sah ich, wie sein Zorn sich verflüchtigte, statt wie früher größer zu werden. Ich konnte es kaum fassen. Je mehr ich so für ihn betete, wie Gott es wollte, desto mehr Veränderungen nahm ich an Michael wahr. Und auch an mir!

Zu den Veränderungen in meinem eigenen Verhalten kam es, weil ich, bevor ich für meinen Mann betete, dafür sorgte, dass ich keine negativen Gefühle, Gedanken oder Einstellungen in meinem Herzen ihm gegenüber hatte – und auch gegen keinen anderen Menschen. Ich erkannte sehr schnell, dass die »bösen Gedanken in meinem Herzen« dafür gesorgt hatten, dass mein Gebet nicht erhört wurde. Als ich meiner Gebetsgruppe davon erzählte, beteten die anderen für uns, und die Atmosphäre bei uns zu Hause veränderte sich ganz allmählich in dem Maße, in dem Gott mir jeden Tag aufs Neue zeigte, wie ich für Michael beten sollte.

Als mein Verleger mich im folgenden Jahr fragte, ob es etwas gebe, worüber ich gern schreiben würde, sagte ich: »Ja. Ich möchte über die Kraft schreiben, die darin liegt, wenn Frauen für ihren Mann beten.« Ich erzählte ihm, was geschehen war und was Gott mich hatte erfahren lassen. Die Verlagsredaktion hatte jedoch Bedenken, ob das Buch sich verkaufen würde, weil sich gerade Bücher über Kindererziehung sehr viel besser verkauften als Bücher über die Ehe. Der Verlag war schließlich bereit, ein Buch über das Gebet von Ehefrauen zu veröffentlichen, wenn ich es mit dem Buch *Mein Gebet macht mein Kind stark – Was geschieht, wenn Eltern beten* absicherte, das ich im Jahr davor veröffentlicht hatte. Das hieß, wenn sich das neue Buch nicht verkaufte, würde mir der Verlag seine Verluste von dem Honorar für *Mein Gebet macht mein Kind stark* abziehen.

Ich war jedoch ganz sicher, dass dieses Buch von Gott gewollt war, und ich wusste auch, dass die meisten Frauen sich wünschen, dass ihre Ehe nicht nur funktioniert, sondern blüht und gedeiht und so wird, wie es dem Willen Gottes entspricht. Da mein Gebetskreis bei jedem Buch, das ich geschrieben hatte, mit mir gebetet hatte, wusste ich, dass ich auch dieses Buch nicht ohne seine betende Unterstützung schreiben konnte. Es würde mit Sicherheit sehr viel schwieriger werden als alle anderen. Und so war es dann auch.

Ich leitete damals eine ganz besonders engagierte, leidenschaftlich betende Gruppe von sieben Frauen. Alle waren Frauen des Wortes Gottes mit gläubigen, demütigen und reinen Herzen, die sich aufrichtig wünschten, dass der Wille Gottes in ihrem Leben und auch im Leben ihrer Männer und ihrer Kinder Realität wurde.

Eines Montags betete ich zur Vorbereitung auf unseren Dienstagmorgen-Gebetskreis am nächsten Tag und hatte plötzlich das ganz starke Bedürfnis, für mein neues Buch zu beten, aber ganz anders als für die vorherigen Bücher. Eigentlich wollte ich meinen kleinen Kreis nicht aus einer Laune heraus mit der Bitte um ein solches Gebet überfallen, doch ich wusste, dass dieses Bedürfnis nicht aus mir kam. Der Friede, den ich bei diesem Gedanken empfand, war mir Beweis genug, dass es Gottes Wille war.

Als es Zeit war, am nächsten Morgen meine besondere Bitte vorzutragen, sagte ich: »Ich habe eine Bitte um ein ungewöhnliches Gebet, aber ich glaube, dass es von Gott kommt, weil ich selbst gar nicht darauf gekommen wäre. Ich bitte euch, dass ihr mir sagt, ob ihr mich darin unterstützen könnt und mit mir darum beten wollt. Ich schreibe gerade an einem Buch mit dem Titel *Mein Gebet macht uns stark – Was geschieht, wenn Frauen für ihren Mann beten*. Ich möchte mit euch zusammen darum beten, dass dieses Buch einen großen Durchbruch erlebt und auf der ganzen Welt gelesen wird, in jedem Land, in das Gott es bringen will, und dass es in jede Sprache übersetzt wird, die Gott will. Ich weiß, das klingt größenwahnsinnig und sehr hochmütig, aber ich trete in aller Demut mit dieser Bitte vor euch.«

Daraufhin antworteten alle in der Gruppe sofort, dass sie diese Bitte unterstützen konnten. Sie glaubten mir, dass sie von Gott kam und dass wir jede Woche für das Buch beten sollten, auch nach seiner Veröffentlichung. Und das taten wir dann auch.

Als das Buch erschien, wurde es so gut aufgenommen, dass es zum Spitzenreiter auf der Bestsellerliste der Christian Bookseller Association wurde. Ich rief meinen Verleger an, um ihm zu danken.

»Hi, Bob. Ich möchte dir für alles danken, was dein Verlag getan hat, damit dieses Buch die Nummer eins in den Charts wird. Ich bin dir so dankbar.«

»O, damit haben wir eigentlich gar nichts zu tun«, antwortete er bescheiden.

»Nicht?« Ich war verdutzt.

»Nein, so etwas kann nur Gott tun«, sagte Bob bestimmt und dann erklärte er mir, dass sich das Buch mit jedem Monat besser verkaufe, sogar noch besser als das über Eltern, die beten. »So etwas habe ich noch nie erlebt.«

Meine Gebetsgruppe und ich erkannten, dass Gott die Gebete erhört hatte, die wir auf seinen Wunsch hin gesprochen hatten. Wir machten die Erfahrung, dass wir zuhören und tun müssen, was er sagt, wenn Gott möchte, dass wir für etwas beten, das nichts mit uns zu tun hat. Er möchte große Dinge durch uns tun, die ohne ihn nicht geschehen können.

Dieses Wunder hat uns allen die Augen geöffnet, denn das Buch über Eltern, die beten, verkaufte sich über dreieinhalb Millionen Mal und das Buch über Ehefrauen, die beten, mehr als doppelt so oft. Beide wurden in mehr als fünfunddreißig Sprachen übersetzt. Gott erhörte unsere Gebete, dass das Buch sich auf der ganzen Welt verbreiten möge – und zwar weit über unsere Erwartungen hinaus.

Wie *Mein Gebet macht mein Kind stark* verkaufte sich auch *Mein Gebet macht uns stark* mit jedem Jahr besser, weil die Frauen, die es gelesen hatten, Gebetskreise gründeten und so für seine Verbreitung sorgten. Ich danke allen Frauen, die bereit waren, die schwierige Aufgabe des Betens auf sich zu nehmen – vor allem das Gebet um persönliche Veränderung. Es ist nicht einfach, aber es bewirkt viel. Ich wusste, dass es Wunder wirken kann, aber ich wusste nicht, wie viele Frauen bereit sind, diese Mühe auf sich zu nehmen. Wie sich zeigte, waren es Millionen. Ich erhielt zahllose Briefe und E-Mails mit dem persönlichen Zeugnis von Frauen, die mir von dem Wunder berichteten, das Gott in ihrer Ehe getan hatte. Natürlich waren die Reaktionen ihrer Ehemänner darauf nicht immer gleich positiv, denn auch die Männer selbst müssen bereit sein, sich von Gott verändern zu lassen – und das ist nicht jeder.

Das Buch blieb die folgenden siebenundzwanzig Monate auf dem ersten Platz und fiel erst auf den zweiten ab, als nach zwei Jahren *Mein Gebet macht uns stark – for men* erschien, in dem es um das Gebet von Männern für ihre Ehefrau geht. Für einen Monat löste die Neuerscheinung das Buch für Frauen auf dem ersten Platz ab. Dann rückte *Was geschieht, wenn Frauen für ihren Mann beten* erneut auf den ersten Platz, diesmal für zwölf Monate. Danach blieb es zweiunddreißig Monate unter den ersten Fünfzig, unter denen es seit nunmehr fünfzehn Jahren immer wieder auftaucht.

All das kann nur Gott tun!

Zwischen Leben und Tod

Während meine Bücher auf der ganzen Welt erfolgreich waren, ging es mir selbst gesundheitlich sehr schlecht. Als ich an *Mein Gebet macht uns stark – for men* arbeitete, wäre ich beinahe gestorben. Der Arzt, der mich operierte, sagte: »Sie waren dem Tod nahe. Eine Stunde später und ich hätte Sie nicht mehr retten können.«

Ich hatte mich seit längerer Zeit nicht wohlgefühlt und hatte häufig Bauchschmerzen. Einmal hatte ich nach einer Mahlzeit extreme Schmerzen und musste stundenlang erbrechen. Immer wenn es völlig unerträglich wurde, brachte mein Mann mich in die Notaufnahme einer Klinik, wo sie mich sorgfältig untersuchten. Ich war bei allen möglichen Ärzten, Spezialisten, Gastroenterologen und in verschiedenen Krankenhäusern und betete die ganze Zeit, dass irgendjemand irgendetwas finden möge. Sie taten, was sie konnten, doch sie fanden einfach keine Ursache für meine Beschwerden.

Eines Sonntagabends hatte ich wieder starke Schmerzen und musste mich erbrechen, doch da ich am nächsten Morgen einen Termin bei einem Gastroenterologen hatte, beschloss ich, so lange es ging, zu Hause in meinem Bett zu bleiben, statt die Nacht in einer Notaufnahme zu verbringen und zu warten, bis ich drankam, nur um mir dann wieder sagen zu lassen, dass sie nichts finden konnten. Ich verstand nicht, wie es sein konnte, dass ich solche Schmerzen hatte, ohne dass die Ärzte und Spezialisten jemals einen Grund dafür fanden.

Michael schlief im Gästezimmer, damit wenigstens einer von

uns am nächsten Morgen ausgeschlafen war. Um Mitternacht wurden meine Schmerzen heftiger. Ich lag auf der Seite und hielt mir den Leib. Plötzlich spürte ich, wie in meinem Unterbauch etwas explodierte. Der Schmerz war schlimmer als alles, was ich bis dahin durchgemacht hatte, einschließlich der Geburten. Mir war sofort klar, dass ich daran sterben konnte und auf der Stelle in ein Krankenhaus musste, doch die Schmerzen lähmten mich. Ich konnte meinen Arm nicht einmal mehr einen halben Meter weit ausstrecken, um ans Telefon zu kommen und meinen Mann anzurufen. Ich wartete ein paar Sekunden, um zu sehen, ob der Schmerz wieder so weit nachließ, dass ich mich bewegen konnte, doch das geschah nicht. Also ließ ich mich auf den Nachttisch fallen, auf dem das Telefon stand, drückte den Knopf für interne Gespräche und rief: »Michael, hilf mir. Ich muss sofort ins Krankenhaus!«

Mein Mann rannte die Treppe herunter und ich sagte ihm, dass etwas in meinem Körper explodiert sei. Er wollte den Notarzt rufen. Inzwischen krümmte ich mich vor Schmerzen und konnte kaum noch sprechen. Dennoch sagte ich das Dümmste, was ich je in meinem Leben gesagt habe: »Nein, ich habe keine Zeit, auf einen Krankenwagen zu warten, ich muss sofort ins Krankenhaus.«

Diesen Entschluss sollte ich noch bitterlich bereuen und in den folgenden Jahren – ja vielleicht für den Rest meines Lebens – schwer bezahlen.

Michael trug mich zum Auto. Die ganze Zeit krümmte ich mich weiterhin vor Schmerzen. Ich konnte nur noch beten: »Hilf mir, Jesus.«

Im Krankenhaus schien alles in Zeitlupe abzulaufen. Die Notaufnahme war voll. Ich sagte ihnen, dass ich glaubte, dass mein Blinddarm geplatzt sei, weil ich gefühlt hätte, wie etwas in meinem Bauch explodierte. Die Ärzte konnten sehen, dass ich schreckliche Schmerzen litt, aber sie konnten mir nichts dagegen geben, weil sie nicht wussten, woher die Schmerzen kamen. Sie machten eine schmerzhafte Untersuchung nach der anderen, doch sie fanden nichts.

Ich spürte, wie das Leben meinen Körper verließ, und wusste, dass ich sterben würde, wenn sie nicht bald etwas fanden. Nach mehreren Stunden in der Notaufnahme kamen Suzy und Roz, um für mich zu beten. Michael und ich hatten natürlich auch schon gebetet, doch die Verstärkung war ein großer Trost. Sie riefen Leute im ganzen Land an, die mich kannten, und baten sie, ebenfalls für mich zu beten.

Ich fragte Gott: *Ist meine Zeit gekommen? Werde ich jetzt zu dir gehen?* Doch er versicherte mir, dass es noch nicht so weit sei.

Ich bat jeden im Krankenhaus, der an mir vorbeilief, mir zu helfen, doch sie ignorierten mein Flehen. Dann beschlossen sie, mich wieder nach Hause zu schicken, weil sie nichts finden konnte. Ich sollte am nächsten Morgen um neun Uhr wie geplant den Gastroenterologen aufsuchen. Michael und mir war klar, dass der einzige Ort, an den ich gebracht werden durfte, der Operationssaal war.

Mein Mann und meine Schwester sahen, dass ich immer schwächer wurde, und bestanden darauf, dass ein Arzt geholt wurde, damit er sich davon überzeugen konnte, dass ich bereits gelb wurde und dass sie etwas unternehmen mussten. Inzwischen war die Explosion in meinem Bauch schon fast acht Stunden her.

Ein junger Arzt kam, um mich zu untersuchen, und ich sagte ihm, dass mein Blinddarm geplatzt sei. Er war der Erste, der mir glaubte. Er tastete den Bereich ab, von dem der Schmerz ausstrahlte, und ich ging beinahe durch die Decke. Er war entsetzt, dass ich schon acht Stunden ohne Hilfe hier lag, und befahl, sofort den Operationsraum fertig zu machen.

»Ich glaube, Sie haben recht, Ihr Blinddarm ist wirklich geplatzt«, sagte er, »aber wenn es das nicht ist, werde ich trotzdem operieren und nachgucken, was da los ist.«

Die Operation dauerte Stunden. Als ich aus der Narkose aufwachte, kam der Arzt zu mir und sagte: »Ihr Blinddarm war tatsächlich geplatzt. Noch eine Stunde und ich hätte nichts mehr für Sie tun können. Das Gift hatte sich bereits überall ausgebreitet, ich musste die Bauchdecke und die Eingeweide öffnen, um es abzusaugen. Deshalb hat die Operation so lange gedauert. Sie haben jetzt ein Loch im Bauch und ein großes Gerät saugt weiterhin ständig das Gift ab. Die nächsten zehn bis vierzehn Tage, bis die Schnitte geheilt sind, dürfen Sie weder essen noch trinken. Sie schweben immer noch in Lebensgefahr, deshalb müssen Sie die ganze Zeit an die Maschine angeschlossen bleiben.«

Ich sah den Schlauch, der aus meinem stark bandagierten Bauch herauskam und zu der pumpenden Maschine führte. *Das Loch in mir muss mindestens drei Zentimeter breit sein*, dachte ich. Der Gedanke, eine so große Öffnung im Bauch zu haben, war gruselig.

Ich dankte dem Arzt von ganzem Herzen und sagte ihm, er sei die großartigste Gebetserhörung meines Lebens und ich wüsste, dass er von Gott geschickt worden sei. Ich habe ihn nie gefragt, ob er an Gott glaubte, aber ich vermute es, weil er so besonders freundlich und mitfühlend war.

Mein Sohn und meine Tochter kamen jeden Tag mehrmals und einige meiner engsten Freundinnen organisierten sich untereinander so, dass morgens und nachmittags immer jemand für eine Weile bei mir war und mir helfen konnte.

Christopher war damals in seinem letzten Jahr an der Universität und Amanda in ihrem ersten Semester am College. Beide studierten in unserer Stadt, waren also ganz in meiner Nähe. Amanda sagte, sie wolle jeden Abend kommen und bis sieben Uhr morgens bei mir bleiben, doch das versuchte ich ihr auszureden. Ich bekam intravenöse Infusionen, deshalb musste ich alle zwei Stunden aufstehen und ins Badezimmer gehen und mich dann langsam und von Schmerzen geplagt eine halbe Stunde die langen Krankenhausflure entlangschleppen, damit mein Kreislauf in Gang blieb und ich keine Infektion bekam. Das bedeutete, ich musste von der Maschine gelöst werden, die mit dem

Schlauch in meinem Bauch verbunden war, doch alles andere, an das ich angeschlossen war, nahm ich mit – die Morphiumpumpe, den Antibiotikum-Tropf und den Infusionsbeutel, die alle an einem Infusionsträger mit Rollen hingen.

Ich wollte nicht, dass meine Tochter die Nächte bei mir verbrachte, weil es einfach zu viel verlangt war, in dem unbequemen Sessel zu schlafen, den man zu einem schmalen, harten Bett umfunktionieren konnte, und alle anderthalb Stunden aufgeweckt zu werden, um eine halbe Stunde mit mir zum Badezimmer und dann den Flur auf und ab zu gehen und nach all dem am nächsten Morgen zum College zu hetzen.

»Mom«, sagte sie energisch, »ich kann nicht irgendwo anders sein, wenn ich weiß, dass du hier alleine leidest. Ich muss bei dir sein.«

Es rührte mich tief, dass sie für mich ein so großes Opfer brachte. Sie kam jeden Abend um sieben und half mir, ein bisschen herumzugehen. Dann arbeitete sie für das College. Um neun Uhr half sie mir erneut aufzustehen, dann legte sie sich hin. Um elf Uhr, um ein Uhr, um drei Uhr und um fünf Uhr half sie mir wieder, dann duschte sie und ging zum College, nicht ohne um sieben Uhr noch einmal mit mir herumzuwandern. Ich weiß wirklich nicht, wie sie das die ganze Zeit, die ich im Krankenhaus war, durchgehalten hat, doch sie sagte immer nur: »Mom, ich kann nicht irgendwo anders sein.« Ich war ihr unendlich dankbar.

Der Arzt kam immer frühmorgens, untersuchte mich und sagte mir, was für den Tag geplant war. Am ersten Morgen nach der Operation kam er gegen sechs Uhr, um mir zu sagen, dass ein Arzt und mehrere Schwestern jeden Morgen kommen und meine Verbände wechseln würden. Meine Freundin Michelle kam gegen neun Uhr und half mir aufzustehen und umherzugehen. Sie hatte mich gerade zurück ins Bett gebracht und wieder an die Maschine angeschlossen, was sehr schmerzhaft war, wenn die Pumpe wieder einsetzte und alles wieder angesaugt wurde, als eine Gruppe von zehn Ärzten und Schwestern hereinkam, um zum ersten Mal den Verband zu wechseln.

Michelle stand rechts neben mir und wir sahen etwas, von dem wir nie gedacht hätten, dass wir das jemals sehen müssten. Der Arzt entfernte den Verband, der meinen ganzen Bauch bedeckte, und wir sahen, dass der Schnitt keineswegs drei Zentimeter groß war, wie ich gedachte hatte. Er war fast fünfzig Zentimeter lang. Mein Körper war komplett geöffnet, weil er nicht mit Stichen genäht war. Man sah direkt in meine Bauchhöhle und konnte die Stiche sehen, mit denen ich innerlich genäht worden war. Der Arzt erklärte mir, dass so viele Leute anwesend seien, weil nur sehr selten so große Operationen durchgeführt werden und man fast nie eine so riesige »offene Wunde«, wie sie es nannten, zu Gesicht bekommt.

Michelle und ich waren nicht darauf vorbereitet, meine ganzen Innereien in ihrer blutigen Nacktheit zu sehen. Es war so entsetzlich und schockierend, als sich diese große Höhle vor meinen Augen öffnete, dass ich umgesunken wäre, wenn ich nicht schon gelegen hätte. Eine der Schwestern bemerkte, dass Michelle im Begriff war, ohnmächtig zu werden, und führte sie aus dem Zimmer.

Dieser tägliche Prozess des Verbände-Abreißens – und ich meine, was ich sage, sie mussten die Verbände wirklich abreißen – und Säuberns der riesigen Wunde war qualvoll. Ich hatte eine Morphinpumpe, und wenn ich auf einen Knopf drückte, floss eine höhere Dosis in meine Venen. Doch die Menge, die ich insgesamt erhalten durfte, war beschränkt, deshalb bewahrte ich mir immer fast alles für die Zeit des Verbandswechsels auf. Ich bekam zwar noch andere schmerzstillende Medikamente, aber es war trotzdem jedes Mal unerträglich schmerzhaft.

Nach zehn Tagen sagte der Chirurg: »Sie haben zu viele Besucher, das Infektionsrisiko ist zu hoch. Das Ganze ist immer noch sehr gefährlich, Sie können immer noch sterben. Deshalb schicke ich Sie jetzt nach Hause, mit drei Schwestern, die Sie rund um die

Uhr versorgen. Sie werden Ihren Verband wechseln und die Wunde regelmäßig säubern. Außer Ihren nächsten Angehörigen dürfen Sie niemand sehen. Ihr Immunsystem ist stark angegriffen und das kann sich nachteilig auf sämtliche Körperorgane auswirken. Sie dürfen kein Risiko eingehen.«

»Sie nähen mich nicht zu, bevor Sie mich nach Hause schicken?«, fragte ich entsetzt.

»Die Infektionsgefahr ist zu groß. Sie müssen von innen nach außen heilen.«

»Wie lange wird das dauern?«

»Fünf oder sechs Monate«, antwortete er.

Ich stellte mir vor, dass ich mich eine so lange Zeit immer so schlecht fühlen und völlig hilflos sein würde. Trotzdem war ich froh, nach Hause zu kommen, weil ich im Krankenhaus sehr wenig Schlaf bekam.

Die beste Nachricht war jedoch, dass ich die schreckliche Maschine nicht mitzunehmen brauchte. Es wäre eine Möglichkeit gewesen, doch stattdessen würden die Schwestern die große Öffnung von Hand mit Schwämmen und Pads säubern – was keineswegs so lustig war, wie es klingt.

»Sie werden Schwierigkeiten mit den Narben bekommen«, erklärte mir der Arzt weiter.

»Das ist schon in Ordnung. Es ist mir egal, wie es aussieht. Ich weiß, dass Sie mir das Leben gerettet haben, und das ist alles, was zählt.«

»Ich meine nicht diese Narbe«, antwortete er. »Ich spreche von den inneren Narben. Ich musste so viele Schnitte machen, um das ganze Gift herauszubekommen, dass die inneren Narben Ihnen in ein paar Jahren große Probleme bereiten werden.«

Ich dachte: *Wie schlimm kann es schon sein? Nichts kann so schrecklich sein wie das, was ich schon durchgemacht habe.*

Ich sollte mich schwer irren! Ich hatte keine Ahnung, was die Zukunft in dieser Beziehung für mich bereithielt. Es dauerte fünf Monate, bis die offene Wunde sich schloss. Das ist jetzt fünfzehn

Jahre her und ich habe noch immer mit den Folgen der Operation und den inneren Vernarbungen zu kämpfen.

Gott hat mein Leben gerettet, indem er mir diesen wunderbaren, jungen, mutigen Arzt schickte. Die drei Schwestern, die mich jeden Tag zu Hause pflegten, waren freundlich und mitfühlend. Sie alle waren Christinnen und sie wechselten mir nicht nur jeden Tag die Verbände. Als sie sahen, dass ich allergisch auf die Bandagen reagierte, die sie benutzten, und dass diese große, blutende Geschwüre hervorriefen, besorgten sie antiallergische Verbände für mich, was dieses Problem löste. Sie taten weit mehr, als von ihnen verlangt wurde, um mir zu helfen. Ich betete oft mit ihnen über die Probleme, die sie in ihrem eigenen Leben hatten, und gab ihnen ein paar von meinen Büchern. Sie waren wie Engel Gottes, geschickt, um mir zu helfen, und ich bin ihnen allen zutiefst dankbar.

Ich war vielleicht zwei oder drei Wochen zu Hause, da hatte ich plötzlich noch einmal eine genauso heftige Schmerzattacke – das gleiche Gefühl, das ich von meinem geplatzten Blinddarm kannte. Ich konnte nicht fassen, dass ich nach allem, was ich durchgemacht hatte, jetzt wieder an derselben Stelle stand und so schnell wie möglich in die Notaufnahme musste. Doch diesmal hatte mein Gastroenterologe Dienst, als ich kam. Er rief die besten Leute zusammen und sagte ihnen unmissverständlich, dass er Antworten haben wollte. »Kommt mir nicht und sagt, ihr könnt nichts finden«, befahl er.

Die Ärzte hielten sich daran und fanden heraus, dass ich über einhundert kleine Gallensteine hatte. Sie glaubten, dass diese Steine überhaupt die Ursache all meiner Probleme waren. Man hatte sie nicht gefunden, weil sie zu klein waren. Ich musste mir die Gallenblase herausnehmen lassen, aber die Operation wurde mit einem Endoskop durchgeführt und war nicht annähernd ein solcher Albtraum wie die erste. Doch ich hatte mich ja noch kaum von der ersten Operation erholt und deshalb war alles sehr riskant.

Wenn man mein Problem rechtzeitig erkannt hätte, hätte man es mit einem kleinen Eingriff beheben können. Ich fragte mich natürlich, warum es keiner gefunden hatte, obwohl wir so viel deswegen gebetet hatten, doch ich habe gelernt, Gott nicht wegen solcher Dinge infrage zu stellen. Er weiß, warum er bestimmte Dinge zulässt. Vielleicht geschieht es, damit wir nicht denken, wir könnten auch nur einen Moment ohne ihn leben. Ich habe nämlich auch gelernt, dass Gott uns umso mehr segnet, je stärker er uns von sich abhängig macht.

Wenn wir Gott kennengelernt und seine Erlösung erfahren haben, versuchen der Feind und das Reich der Finsternis, alles zu untergraben, was Gott in und durch uns tun will. Wenn wir dann nicht voll und ganz von Gott abhängig sind, hören wir seine Stimme nicht. Während ich in Lebensgefahr schwebte, wusste ich, dass mein Leben nur noch in Gottes Händen lag. Wenn ich überlebte, dann ganz allein durch seine Hilfe.

Die Genesung zog sich lange hin. Mindestens fünf Jahre wurde sozusagen ein Feuer nach dem anderen gelöscht. Das Gift hatte meine inneren Organe und Systeme so stark geschädigt, dass die Probleme nacheinander angegangen werden mussten. Ich bekam viele körperliche Probleme, die ich nie zuvor gehabt hatte.

Mein Cholesterinspiegel, der immer normal gewesen war, schoss in die Höhe. Ich hatte immer gesunde Knochen gehabt, jetzt bekam ich Osteoporose. Meine Hormone waren völlig aus dem Gleichgewicht. Mein Immunsystem war so angegriffen, dass ich mir jeden Infekt holte, der gerade grassierte. Meine Migräneanfälle wurden so heftig, dass ich volle vierundzwanzig Stunden brauchte, um mich von einem zu erholen – und ich hatte mehrere in der Woche, zum Schluss fast jeden Tag einen. Meine Allergien verschlimmerten sich drastisch und auch Verdauungsprobleme machten mir sehr zu schaffen. Die Medikamente, die die Ärzte mir für die verschiedenen Symptome verordnet hatten, beeinträchtigten mein krankes Verdauungssystem noch mehr und verstärkten zum Teil die äußerst schmerzhaften Darmblockaden, die durch die Narben verursacht wurden.

Von jetzt an geriet ich mit meinen Buchprojekten hoffnungslos ins Hintertreffen, weil ich ständig mit meinen Symptomen kämpfte.

Meine Freundin Sally erzählte mir schließlich vom Hotze Health and Wellness Center in Houston. Dort half man mir, meine Lebenskraft zurückzugewinnen. Sally war wegen eines gesundheitlichen Problems in dieser Klinik gewesen, und als ich sie zwei Wochen nach ihrer Rückkehr sah, konnte ich kaum glauben, was der Aufenthalt bei ihr bewirkt hatte. Sie sah aus wie ein neuer Mensch und fühlte sich auch so.

Im Hotze wurde ich zwar auch von Ärzten behandelt, doch sie erkannten sehr schnell, dass die Nebenwirkungen bestimmter Medikamente zu stark für mich waren, und ließen sich andere Möglichkeiten einfallen. Sie halfen mir, meinen Hormonhaushalt wieder ins Gleichgewicht zu bringen, befreiten mich von der Osteoporose und schenkten mir wieder gesunde Knochen. Ich wurde meine Migräne und die Allergien los und sie schafften es sogar, meinen hohen Cholesterinspiegel zu senken, und zwar ganz ohne Medikamente und Nebenwirkungen. All das geschah nicht über Nacht, doch nach und nach sah ich Fortschritte.

Ich muss nach wie vor bestimmte Speisevorschriften einhalten und das wird wohl mein Leben lang so bleiben. Viele meiner Lieblingsspeisen werde ich nie mehr essen können. Außerdem kann alles, was ich esse, und jedes Medikament, das ich einnehme, eine Darmblockade auslösen. Ich darf mich niemals satt essen, nie zu viele verschiedene Sachen auf einmal essen. Die Operation nach dem geplatzten Blinddarm hat mein Leben also wirklich von Grund auf verändert.

Einmal, als ich wieder eine solche Blockade hatte und in der Notaufnahme lag, sagte der Arzt, ich müsse in Zukunft schneller in die Klinik kommen, wenn es wieder passiere, weil die Blockaden einen Riss zur Folge haben könnten, an dem ich mit Sicherheit sterben würde. Ich habe seinen Rat seither immer beherzigt.

Der Arzt sagte auch, dass eine Operation zur Beseitigung der Engstelle im Darm bedeuten würde, dass ich ein Stück Darm verliere und danach noch schlimmere Verdauungsprobleme hätte – etwas, das ich auf jeden Fall vermeiden möchte, weshalb ich in dieser Hinsicht äußerst vorsichtig bin. Ich war schon viele Male wegen solcher Darmblockaden im Krankenhaus, wo sie mir dann jeweils entweder drei Tage lang den Magen auspumpen oder mir Medikamente geben, die helfen. Das letzte Mal, als ich wieder extreme Schmerzen hatte, riefen wir einen Notarzt. Ich werde nicht denselben Fehler noch mal machen und im Operationssaal enden oder sterben, nur weil ich zu lange gewartet habe.

Gott hat mir geholfen, mich zu erholen, Tag für Tag, Jahr für Jahr. Wenn ich die lange Narbe quer über meinem Bauch sehe, denke ich daran, dass er mich vor dem Tod gerettet hat und ich jeden einzelnen Tag meines Lebens auf ihn angewiesen bin. Diese Erfahrung hat mein Leben verändert, ich bin seither ein anderer Mensch. Ich bin noch abhängiger von Gott.

Michael hat mich in der ganzen schweren Zeit unterstützt, auch wenn er manchmal nahe davor gewesen sein muss, den Mut zu verlieren.

Doch dann traf es ihn.

In Gesundheit und Krankheit

Mein Mann und ich hatten bei unserer Hochzeit geschworen, einander zu lieben, in Gesundheit und in Krankheit. Eine Krankheit bringt oft unser wahres Wesen ans Licht. Damit meine ich keine gelegentliche Grippe, Rückenschmerzen oder Kopfweh. Ich rede von einer Krankheit oder einem Unfall, die alles verändern. Krankheiten, für die man seine ganze geistige, körperliche, emotionale, geistliche und finanzielle Kraft braucht, wenn man sie überstehen will. Ich spreche von einer Krankheit oder einem Unfall, die zu dauernder Behinderung oder gar zum Tod führen – und deren Ausgang ungewiss ist.

Wenn Sie und Ihr Mann gezwungen sind, sich, was den Ausgang einer wichtigen Sache betrifft, ganz allein auf Gott zu verlassen, und Sie diese Herausforderung bewältigen, dann wird das Sie beide für immer verändern. Wer so etwas als Paar übersteht, wird sowohl als Einzelner als auch als Paar stärker. Wer Zuflucht bei Gott sucht, findet zu einer reicheren, tieferen Beziehung zu ihm. Wem das nicht gelingt, dessen Beziehung scheitert möglicherweise.

Wie schon gesagt: Es ist eine gute Sache, von Gott abhängig zu sein. Deshalb lässt er es zu, dass wir an einen Punkt kommen, an dem wir vollständig von ihm abhängig sind, damit er Großes in und durch uns tun kann, das nie möglich wäre, wenn wir selbst verantwortlich wären. Letztlich ist es sogar gefährlich, nicht von Gott abhängig zu sein.

Wenn Sie darauf angewiesen sind, dass Gott Ihnen die Kraft gibt, sich einer Situation zu stellen, dann ist Ihnen alles möglich.

Wenn Sie in festem Glauben sagen: »Alles ist mir möglich durch Christus, der mir die Kraft gibt, die ich brauche« (Philipper 4,13), können Sie einen Tag nach dem anderen bewältigen, denn es ist seine Kraft, die Sie trägt. Jesus macht möglich, was unmöglich scheint. Sie überleben, weil Sie das Licht der Welt haben und sein Geist in Ihnen wohnt. Das bedeutet: Ganz gleich, wie dunkel Ihre Lage auch sein mag, wenn Sie mit ihm gehen, gehen Sie nie wirklich in Dunkelheit. Noch in den dunkelsten Stunden Ihres Lebens entdecken Sie sein Licht. Sie tun einen Schritt nach dem anderen, leben einen Tag nach dem anderen. Er gibt Ihnen das Licht, das Sie für jeden Ihrer Schritte brauchen.

Ich hatte bereits ein Buch zu diesem Thema geschrieben mit dem Titel *Gerade genug Licht für den nächsten Schritt*. Nun wurde all das, was ich bereits gelernt hatte, in dieser neuen Erfahrung auf die Probe gestellt.

Eines Morgens, als Michael sich gerade rasierte, fiel mir ein Fleck in seiner Kniebeuge auf, der mir komisch vorkam. Ich sagte es ihm, doch er meinte, es sei sicher nur eine kleine Schuppenflechte, wie er sie häufiger hatte. Für mich sah es nicht so aus, doch er wollte die Stelle zunächst einmal mit seiner Creme behandeln.

Während der folgenden vier Wochen sah dieser seltsame Ausschlag jedes Mal schlimmer aus, wenn ich ihn sah.

»Hast du das schon dem Arzt gezeigt?«, fragte ich Michael immer wieder. »Behandelst du es?«

Er antwortete jedes Mal: »Nein, ich war noch nicht beim Arzt, aber ich behandle es mit dem Medikament, das er mir gegeben hat.«

Darauf sagte ich immer: »Was du auch tust, es hilft nicht. Bitte geh zum Arzt.«

Die Sache beunruhigte mich immer mehr, weil es so seltsam aussah, völlig anders als alles, was ich je gesehen hatte.

Eines Morgens stand Michael wieder im Badezimmer vor dem Waschbecken und rasierte sich und ich betrachtete die Rückseite seines Knies. Die Hautveränderung war inzwischen so groß wie eine kleine Grapefruit. In diesem unregelmäßigen Kreis befand sich ein Areal, das aussah wie viele kleine Blutblasen von unterschiedlicher Größe und Form und unterschiedlichen Rot-, Rosa- und Purpurtönen. Es sah offen und nässend aus, doch ich berührte es nicht, um zu prüfen, ob es wirklich nässte.

»Michael! Hast du das Ding an deinem Bein eigentlich mal richtig angeguckt? Es sieht schrecklich aus. Ruf den Hautarzt an! Heute noch. Du wirst noch heute hingehen. Sofort! Ich meine es ernst. Egal, was du vorhast, sag es ab. Ich habe noch nie so etwas gesehen«, sagte ich eindringlich. Er merkte mir an, wie ernst ich es meinte. Deshalb tat er, was ich sagte, was allein schon ein Wunder war.

Der Dermatologe betrachtete das Hautareal und meinte: »Wir müssen sofort eine Biopsie machen.« Nach einem oder zwei Tagen rief er uns an und sagte, bei der Biopsie seien Krebszellen gefunden worden. »Ich schicke Sie zu einem Onkologen, der auf Lymphome spezialisiert ist.«

Ein paar Tage später ging Michael zu einer Onkologin ins Vanderbilt Hospital. »Das sieht auf jeden Fall nach einem Lymphom aus«, bestätigte sie und ordnete eine Reihe von Untersuchungen an, darunter ein Knochenmarkstest und eine Kernspintomografie. Nach einer Woche lagen die Ergebnisse vor. Sie bestellte uns ins Krankenhaus und sagte: »Michael, Sie haben ein Non-Hodgkin-Lymphom.«

Ich wusste genau, was das war, weil ich mitbekommen hatte, wie viele Menschen daran gestorben waren, darunter auch Jackie Kennedy. Ich wusste, dass es tödlich war.

Am gleichen Tag erfuhren wir, dass es zwei Orte in den Vereinigten Staaten gab, die Non-Hodgkin-Lymphome zum Teil erfolgreich behandelt hatten. Der eine war in Houston, Texas, der andere war das Vanderbilt Hospital, zwanzig Minuten von unserem Wohnort. Am Vanderbilt gab es einen besonderen Flügel, auf dessen Eingang in Großbuchstaben schlicht und einfach LYMPHOMA stand. Die erste Schwester, die Michael zu Gesicht bekam, sagte zu ihm: »Wenn Sie schon Krebs haben müssen, sind Sie mit diesem bei uns an der richtigen Adresse.«

Der Lymphomspezialist erklärte meinem Mann, dass sie Proben seiner DNA nehmen würden, um eine ganz speziell auf ihn zugeschnittene Chemotherapie zu entwickeln, die die beste und wirksamste Behandlung für seinen Körper wäre.

Als er dann nach drei Wochen zu seiner ersten Chemotherapie ging, hatten wir, unsere Gebetspartner und weitere Menschen im ganzen Land für diesen Tag gebetet. Wir waren zwar alle extrem nervös, doch wir spürten die Gegenwart des Herrn und empfanden gleichzeitig Frieden. Bei unserer Ankunft im Lymphomzentrum des Vanderbilt Hospital wartete dort schon eine überraschend große Anzahl von Patienten darauf, in eines der zahlreichen Infusionszimmer gerufen zu werden. Als Michael schließlich in das kleine Zimmer geschickt wurde, das für ihn reserviert war, spürten wir, dass Gott da war, wie wir es von ihm erfleht hatten.

Ich sah zu, wie die Mitarbeiter des Krankenhauses meinen Mann an mehrere Monitore anschlossen und ihn über einen Schlauch mit der Hauptquelle einer wässrigen Flüssigkeit verbanden. Als Nächstes legten sie über weitere Schläuche Zugänge für mehrere andere Beutel mit Flüssigkeiten – jede für einen anderen Zweck. Sie alle dienten der Vorbereitung für das, was sein Körper heute erhalten sollte. Dann sagte ein Mitarbeiter, wir müssten jetzt nur noch auf die speziell für Michael entwickelte Chemotherapie warten, die jeden Moment gebracht würde. Nachdem man uns allein gelassen hatte, beteten wir wieder – einfach, weil wir nichts anderes tun konnten.

Als die Flüssigkeit schließlich gebracht wurde, trug die Person, die Michael daran anschloss, einen vollständigen Schutzanzug, wir konnten keinen Zentimeter von ihr sehen.

Ich dachte: *Lieber Gott, wenn die Person, die diesen Beutel an den intravenösen Schlauch anschließt, nicht riskieren kann, auch nur einen Tropfen von dieser Flüssigkeit abzubekommen, und er bekommt sie in seine Venen injiziert – wie sieht dann das Risiko für ihn aus?*

Michael dachte dasselbe.

Der Geruch der Chemo bereitete uns Übelkeit. Wir hatten ihn schon wahrgenommen, als wir den speziellen Flügel des Krankenhauses betraten. In sämtlichen Räumen bekamen die Menschen Infusionen mit chemotherapeutischen Flüssigkeiten gegen Lymphome. Manche von ihnen wirkten noch ganz gesund, andere waren dünn und gebrechlich. Sie lagen im Bett, weil sie nicht mehr die Kraft hatten, wie Michael in einem bequemen Sessel zu sitzen. Während die Chemo in seinen Körper tropfte, wurde der Geruch stärker.

Nach der Chemotherapie bekam er eine weitere Infusion, die ihm helfen sollte, mit der Chemo, die er gerade erhalten hatte, fertigzuwerden.

Wir waren insgesamt acht Stunden in diesem Raum.

Als ich Michael nach Hause fuhr, sprachen wir hauptsächlich über die Person in dem Schutzanzug, die ihn an den Schlauch mit der Flüssigkeit angeschlossen hatte. Wir wussten nicht, was uns erwartete. Ich betete, dass ihn die Chemo nicht in der gleichen Nacht noch umbringen würde. Wir schliefen in getrennten Zimmern, damit wir einander in dieser Nacht nicht gegenseitig störten, doch ich wachte ständig auf und sah immer wieder nach ihm. Er schlief jedes Mal, doch sein Atem ging ungewöhnlich schwer. Ich konnte sehen, dass sein Körper mit etwas sehr Ernstem kämpfte.

Am nächsten Morgen fuhr ich Michael wieder ins Krankenhaus zu einer starken Steroidimpfung, die ihm tagelang zu schaffen machte. Seine Stimmung wurde extrem wechselhaft, er hatte ständig Wutausbrüche, ohne jeden Grund. Diese Achterbahnfahrt hielt an bis zum Beginn der dritten Woche, dann beruhigte er sich wieder. Doch gerade als er anfing, sich besser zu fühlen, musste er zur nächsten Runde Chemo in die Klinik.

Nach der letzten Infusion bekam er Bestrahlungen am Bein, viele Tage lang. Wieder spürten wir die Gegenwart Gottes. Wir beteten jeden Tag und Gott begleitete uns jeden Schritt auf dem Weg.

Wir hatten damals zwei kleine, langhaarige Chihuahuas. Einer schlief immer neben mir in seinem eigenen kleinen Bett, der andere schlief bei Michael. Während der Behandlung störte der Geruch der Chemo den kleinen Hund so sehr, dass er nicht mehr neben Michael bleiben wollte. Es war ein guter Tag, als die Chemo vorbei war und der kleine, treue, pelzige Freund wieder bei ihm schlief.

Die Behandlung ist jetzt drei Jahre her und der Krebs ist nicht zurückgekehrt. Die Onkologin sagte, das sei ein gutes Zeichen, denn diese tödliche Krebsart kehrt gewöhnlich schon nach einem Jahr zurück, wenn die Behandlung nicht gewirkt hat. Sie sagte, wenn jemand mit Non-Hodgkin-Lymphom nach einer Behandlung drei Jahre krebsfrei bleibt, kommt der Krebs normalerweise nicht wieder – und wenn doch, wird er erneut behandelt. Wir danken Gott, dass der Krebs nicht zurückgekehrt ist, und beten weiterhin, dass das nie geschehen wird.

Michael sagte, der größte Trost in dieser Zeit seien die vielen Schwestern am Lymphomzentrum gewesen, die alle meine Bücher gelesen hatten. »Ich hatte das Gefühl, in guten Händen zu sein, als ich das hörte«, sagte er. »Wenn sie deine Bücher gelesen haben, müssen sie sich mit Beten auskennen.«

Die beiden schweren Krankheitsphasen, die mein Mann und ich durchlebten und bei denen es wirklich um Leben und Tod ging, gaben uns die Gelegenheit, zu zeigen, wir sehr wir uns wirklich einander verpflichtet hatten. Zu wissen, dass der Ehemann oder die Ehefrau in solchen Zeiten zu hundert Prozent hinter einem steht, ist unglaublich wichtig. Es stärkt die Beziehung. So war es auch bei uns.

Diese Erfahrungen haben uns beide verändert. Jetzt fiel es uns nicht mehr schwer, unwichtige Probleme zu ignorieren. Ein Tag, an dem es nicht um Leben und Tod geht, ist ein guter Tag. Doch auch wenn das der Fall ist, ist es trotzdem ein guter Tag, weil Gott auch dann bei uns ist.

Schlimme Dinge geschehen jederzeit und überall – und wir wissen nicht immer, warum. Doch Gott bewirkt auch in diesen Situationen Gutes, wenn wir bei ihm bleiben und beten. Davon bin ich überzeugt, selbst wenn es manchmal, in schwierigen Zeiten, nicht einfach ist, vor allem, wenn die Dinge nicht so laufen, wie wir es wollen. Wir gehen durch dunkle Zeiten, doch Gott schenkt uns immer so viel Licht, wie wir für den gegenwärtigen Augenblick brauchen.

Ich war für Michael da, in Gesundheit und in Krankheit, wie ich es gelobt hatte – allerdings habe ich auch gesagt, dass ich, wenn er jemals wieder eine so starke Steroidspritze bekommen sollte, in ein Hotel ziehen werde, bis die Wirkung nachlässt.

Ein sicherer Ort

Viele Menschen wussten, was geschehen war, als ich nach meiner Operation wieder anfing, im ganzen Land Vorträge zu halten. Sie sagten mir, wie sehr sie für mich gebetet hatten, als sie hörten, wie krank ich war. Ich war damals noch in den ersten fünf Jahren meiner Genesungszeit und die Anteilnahme dieser Menschen bedeutete mir unsagbar viel.

In diesen Genesungsjahren kamen unabhängig voneinander drei Frauen auf mich zu und berichteten mir von einer Offenbarung Gottes in Bezug auf meine Vergangenheit, die ihnen zuteilgeworden war. Sie gebrauchten dabei interessanterweise exakt dieselben Worte.

Als die erste Frau mich ansprach und mir ihre Erkenntnis mitteilte, war ich total überrascht.

»Danke, dass Sie mir das erzählt haben«, sagte ich. »Ich hätte es nie so sehen können.«

Ich vergaß nicht, was sie mir gesagt hatte, doch ich kannte die Frau nicht und hatte keine Ahnung, was ich mit ihrer Botschaft, die mir zum damaligen Zeitpunkt völlig fremd erschien, anfangen sollte. Die Frau wirkte aufrichtig und hatte das bescheidene und freundliche Auftreten eines Menschen, dem das Wort Gottes nicht fremd ist. Ich hatte jedoch noch nie etwas Ähnliches gedacht und wusste nicht, wie ich mit dieser Deutung umgehen sollte.

Ich wusste, dass es in der Bibel heißt: »Auf die Aussage von zwei oder drei Zeugen hin soll jede Sache entschieden werden« (2. Korinther 13,1). Deshalb betete ich: »Gott, wenn etwas Wahres daran ist, lass es von zwei weiteren Zeugen bestätigen.« Doch die nächsten ein, zwei Jahre hörte ich nichts mehr.

Eines Nachmittags, ich hatte gerade auf einer Frauenkonferenz in Kanada gesprochen, kam eine weitere Dame zu mir und sagte das Gleiche wie die erste Frau, mit genau denselben Worten. Ich fand das seltsam und verstand es immer noch nicht, dankte ihr jedoch und erzählte ihr, dass jemand anders vor einiger Zeit genau dasselbe zu mir gesagt hatte.

Ich werde beten und abwarten, was Gott mir sagt, nahm ich mir vor.

Für mich war es ein interessantes Zusammentreffen, dass zwei Frauen in verschiedenen Ländern mir die gleiche Botschaft weitergegeben hatten. Wieder bat ich Gott, mir die Wahrheit zu zeigen. Ich hatte das Gefühl, dass das Böse, das mir in der Vergangenheit zugefügt worden war, durch diese Aussagen klein gemacht wurde. Ich verstand einfach nicht, was das sollte.

Etwa zwei Jahre später war ich wieder einmal in Los Angeles, wo ich auf einer großen Konferenz in der Gemeinde sprechen wollte, in der ich Gott gefunden hatte. Hier war ich dreiundzwanzig Jahre lang in ein Leben mit Gott hineingewachsen, bevor Michael und ich von Gott dazu geleitet wurden, nach Tennessee zu ziehen. Die Gemeinde hatte damals Tausende von Mitgliedern und war auf der ganzen Welt bekannt. Zu der besagten Konferenz waren die Leute von überallher gekommen, der Kirchenraum war brechend voll.

Ich erzählte von meiner Vergangenheit und von dem, was man mir angetan hatte, indem man mich in meiner frühen Kindheit so oft in einen Schrank gesperrt hatte. Ich schilderte, wie alles, was ich tat, um den ständigen seelischen Schmerz zu lindern, mich letztlich dem Tode näher brachte – und wie Gott mich erlöste, nachdem ich Jesus als Erlöser angenommen hatte, und wie er mein Leben veränderte.

Das Schönste an dieser Tagung war, dass ich so viele alte Freunde wiedersah – in erster Linie Rebecca, Pastor Jacks Tochter, eine langjährige Gebetspartnerin von mir. Ich konnte mich jedoch nicht länger mit ihr unterhalten, weil mich so viele Menschen begrüßen wollten. Immerhin aßen wir später zusammen zu Mittag, meine Tochter, die mich begleitet hatte, war ebenfalls dabei.

»Ich muss dir noch etwas sagen, das Gott mir offenbart hat. Ich schreibe es auf und schicke es dir«, sagte Rebecca.

Kurz nach meiner Rückkehr nach Hause erhielt ich den versprochenen Brief. Es war die gleiche Nachricht von Gott, die die beiden anderen Frauen mir überbracht hatten, doch Rebeccas Brief war detaillierter. Außerdem hatte ich die Botschaft jetzt schriftlich vorliegen und konnte sie immer wieder lesen. Und nicht zuletzt kannte ich Rebecca lange und gut und wusste, dass sie eine absolut zuverlässige Zeugin war. Sie hatte schon früher Gottes Stimme vernommen und ich vertraute ihr darin. Als ich ihren Brief gelesen hatte, war mir klar, dass Gott mich durch die beiden anderen Frauen, die mir bereits das Gleiche gesagt hatten, vorbereitet hatte.

Sie schrieb:

Liebe Stormie,

Ich möchte dir etwas sagen, das der Herr mir offenbart hat, als du von dem Schrank in deiner Kindheit gesprochen hast. Er sagte: »Dieser Schrank war ein Teil meines Plans, Stormies Leben zu retten. Was Satan Böses beabsichtigt hat, habe ich zum Guten gewendet. So schrecklich es auch war, der Schrank wurde zu einem sicheren Ort, an dem ihr Leben beschützt und erlöst wurde.« *Diese Worte haben mich sehr berührt, weil wir beide wissen, dass er wirklich alle Menschen erlöst.*

Rebeccas Brief berührte auch mich zutiefst. Eine solche Botschaft aus dem Mund dreier Zeuginnen konnte ich nicht ignorieren. Sie schärfte mein Bewusstsein und meine Wahrnehmung. Die beiden ersten Male, die ich diese Worte gehört hatte, begriff ich nicht, warum Gott etwas so Schlimmes benutzte, um mich zu erlösen. Ich konnte keinen Zusammenhang zwischen diesen Ereignissen sehen. Doch ich teilte Rebeccas Überzeugung, dass Gott die Menschen erlöst. Mich hatte er nicht nur aus meiner Vergangenheit erlöst, er hatte mich und mein Leben ganz und gar erlöst, indem er alles Schmerzliche und Böse, das mir widerfahren war, zum Guten gebrauchte.

Während ich diesem Gedanken nachsann, fragte ich mich: *Wie viele andere Segnungen in meinem Leben habe ich übersehen, wie vielen habe ich mich vielleicht sogar widersetzt, die Gott doch zu einem Ort der Sicherheit für mich gemacht hat?*

Ich dachte an den Umzug nach Tennessee. Tennessee war ganz eindeutig zu einem sicheren Ort für mich und meine Familie geworden, zu einem Schutz vor dem Erdbeben. Und das Krankenhaus, das sich auf die besondere Krebsart spezialisiert hatte, die das Leben meines Mannes bedrohte, befand sich ebenfalls in Nashville. Ach, und da war noch so viel mehr. Nashville war uns in so vielen Dingen zu einem Ort der Sicherheit geworden.

Ich will damit nicht sagen, dass alles Böse, das uns zustößt, etwas Gutes ist. Doch Gott nimmt das Böse, das der Feind beabsichtigt, und wendet es zum Guten.

Mein ganzes früheres Leben habe ich mich geängstigt. Ich hatte Angst vor meiner Mutter, Angst vor anderen Kindern, Angst vor Menschen, Angst vor großen Höhen, Angst vor der Dunkelheit, Angst vor dem Sterben, Angst vor Autounfällen, Angst davor, ins Krankenhaus zu müssen, Angst, nicht rechtzeitig ins Krankenhaus zu kommen, Angst vor allem Möglichen, das mir zustoßen könnte. Ich hatte zahllose Ängste, ja die Angst beherrschte mein ganzes Leben.

In der Bibel las ich: »Weil den Hilflosen Gewalt angetan wird und die Armen leiden, will ich eingreifen, um sie zu retten, ich will denen helfen, die sich danach sehnen« (Psalm 12,6).

Gott hatte mich und meine Familie an einen Ort der Sicherheit gebracht, nach dem ich mich gesehnt hatte – so viele Jahre.

Ich habe mich nie so verletzlich und gefährdet gefühlt wie damals, als ich von der Stalkerin verfolgt wurde, doch Gott hat mich und meine Familie beschützt. Wo er mich auch hingeführt hat, er hat mich immer beschützt. Der Wille Gottes ist ein Ort der Sicherheit. Das heißt nicht, dass nichts Schlimmes geschehen wird, sondern selbst wenn etwas Schlimmes geschieht, spüre ich Gottes schützende Hand und den Frieden, den sie schenkt.

Dabei betrachte ich Gottes Frieden und Sicherheit niemals als Selbstverständlichkeit. Der Apostel Paulus schrieb vom Tag des Herrn, der kommen wird: »Denn ihr wisst ja selbst genau, dass der Tag des Herrn unerwartet kommen wird wie ein Dieb in der Nacht. Wenn die Menschen sagen: ›Überall herrschen Frieden und Sicherheit‹, dann wird die Katastrophe so plötzlich über sie hereinbrechen, wie eine Frau vor der Geburt ihres Kindes von den Wehen überwältigt wird. Und dann wird es kein Entkommen geben. Aber ihr, liebe Brüder, lebt nicht in der Finsternis und werdet nicht überrascht sein, wenn der Tag des Herrn kommt wie ein Dieb« (1. Thessalonicher 5,2-4).

Dann sagt Paulus uns, dass wir, die wir die Kinder des Lichts sind, wachsam und nüchtern bleiben sollen. »Wir wappnen uns mit Glauben und Liebe und schützen uns mit der Hoffnung auf Erlösung« (1. Thessalonicher 5,8).

Der »Tag des Herrn« ist die Rückkehr Christi. Er wird unerwartet kommen, wie ein Dieb in der Nacht. Doch die gute Nachricht für uns, die wir im Licht leben und Gottes Sohn empfangen haben, lautet, dass wir in dieser Sache nicht in Finsternis leben. Wir werden nicht davon überrascht werden, denn wir sind die Söhne und Töchter des Lichts. Wir leben nicht mehr in der Finsternis, denn wir haben Jesus, wir haben das Licht des Heiligen Geistes, der in uns wohnt. Wir können gar nicht mehr in der Finsternis leben, es sei denn, wir entschließen uns ganz bewusst, von Jesus fortzugehen und ohne ihn zu leben, weil wir nicht bereit sind, Buße zu tun.

Wachsam sein bedeutet, ohne Unterlass zu beten. Wir dürfen uns nicht von unseren eigenen Wünschen beherrschen lassen, sondern müssen aufmerksam sein, offen für alles, was Gott tut und was er in und durch uns tun will. Wir müssen vorbereitet sein auf das, was geschehen wird. Es ist zu spät, als dass wir es uns leisten könnten, unvorbereitet zu sein.

Vor Jahren, als ich den Herrn empfing, las ich in der Bibel und in christlichen Büchern viel über die Endzeit. Damals konnte ich mir nicht vorstellen, wie diese Dinge eintreten sollen. Wie können zum Beispiel alle Menschen zusammen Zeugen der Rückkehr des Herrn sein? Jetzt kann man sich das leicht vorstellen, mit der Technik, die wir schon heute haben, und dem rasanten Fortschritt, den sie macht.

Wir sehen, wie bestimmte Länder der Welt sich anderen anschließen, genau so, wie es in der Bibel vorhergesagt ist. Alles, was prophezeit ist, kann jederzeit geschehen – und wir sollen darauf vorbereitet sein. Wir brauchen nicht in Angst zu leben, weil wir Kinder seines Lichts sind. Wir sind auserwählt, um durch Jesus gerettet zu werden, und wir werden an seinem endgültigen Ort der Sicherheit leben.

Wir brauchen keine Angst vor der Zukunft zu haben, wenn wir mit Gott gehen. Er wird uns immer an einen sicheren Ort führen. Er kann aber auch die Orte, an denen wir uns jetzt aufhalten, zu Orten der Sicherheit machen. Er kann uns aus diesen Orten herausholen oder mit uns durch die Gefahr hindurchgehen an den Ort der Sicherheit, den er uns bereitet hat. Gottes Ort der vollkommenen Geborgenheit finden wir, wenn wir ihm vertrauen und unerschütterlich an seinem Licht und seinem Willen festhalten.

Das habe ich fest vor. Und ich will anderen helfen, das Gleiche zu tun.

Stormie Omartian

Mein Gebet macht mich stark
Was geschieht, wenn Frauen beten

Gebunden, 14 x 21,5 cm, 248 S.
Nr. 226.608, ISBN 978-3-417-26608-5

Was geschieht, wenn Frauen beten? Das beliebte Buch von Stormie Omartian hilft Ihnen, die persönliche Beziehung zu Gott zu vertiefen. In 31 Kapiteln (diese Neuauflage enthält ein neues Kapitel) zeigt sie, worauf es beim Beten wirklich ankommt und berichtet aus ihrem eigenen Leben.

Stormie Omartian

Mein Gebet macht uns stark
Was geschieht, wenn Frauen für
ihren Mann beten

Gebunden, 14 x 21,5 cm, 192 S.
Nr. 226.607, ISBN 978-3-417-26607-8

Dieses Buch hat bereits viele Ehen verändert! Diese 14. Gesamtauflage enthält ein zusätzliches Kapitel. Wie können Sie Ihren Mann am besten unterstützen? Indem Sie für ihn beten! Wenn Sie Gott beim Wort nehmen, werden Sie entdecken, wie das Gebet Ihren Partner und die Ehe stark macht.

Bitte fragen Sie in Ihrer Buchhandlung nach diesen Produkten!
Oder schreiben Sie an SCM Verlag, D-71087 Holzgerlingen
E-Mail: info@scm-verlag.de, Internet: www.scm-verlag.de

Was Frauen inspiriert

JOYCE

JOYCE ist eine Freundin, die Frauen in ihrem herausfordernden Alltag zwischen Familie, Beruf und Berufung begleitet. Dazu gehören: Stärkung für den Glauben, Inspiration durch neue Ideen, Ermutigung zum Anpacken – und die Erinnerung, auch sich selbst immer wieder etwas Gutes zu tun.

Ein Abonnement (4 Ausgaben im Jahr) erhalten Sie in Ihrer Buchhandlung oder unter:

www.bundes-verlag.net

Deutschland:
Tel.: 02302 93093-910
Fax: 02302 93093-689

Schweiz:
Tel.: 043 288 80-10
Fax: 043 288 80-11

www.joycenet.de · www.joyce.ch

SCM
Bundes-Verlag